THEORY OF VOLUNTEER

자원
봉사론

자원봉사론

초판 1쇄 인쇄 2022년 10월 18일
초판 1쇄 발행 2022년 10월 25일

지은이 김난실

펴낸곳 인문과교양
주소 (02001) 서울시 중랑구 중랑천로 358-6
전화 02-3144-3740
팩스 031-655-3740

ISBN 979-11-85939-93-3 (93330)
가격 18,000원

THEORY OF VOLUNTEER

자원 봉사론

김난실 지음

SINCE 2013
인문과교양

PREFACE

머리말

우리나라의 자원봉사는 민족 고유의 미풍양속인 두레, 품앗이, 향약 등 상부상조를 근간으로 시작되었다. 자원봉사는 자발적이고 무보수의 복지 성격을 띠고 있다.

이처럼 자원봉사는 타인의 강요가 아닌 자신의 의지와 선택으로 이웃과 지역사회를 위해 활동하는 것이 중요하다. 또한 단기적 봉사에 그치지 않고 장기적인 계획과 프로그램으로 정기적으로 참여하는 지속성이 필요하다.

현대 사회의 복잡한 문제를 해결하고 시민들의 다양한 복지 욕구를 충족하기 위해서 국가가 최선의 노력을 한다고 할지라도 중앙정부와 지방자치단체의 재정이나 행정력으로는 턱없이 부족하고 문제를 해결하기 어려운 실정이다. 자원봉사는 공적·제도적 서비스의 한계를 극복하는 데 기여하고 사회문제를 예방·해결하며, 더 많은 대상자에게 더 많은 서비스를 제공함은 물론 자원봉사자의 성장과 발전을 돕고 지역사회 발전에도 공헌할 수 있게 하므로 자원봉사의 필요성은 날로 부각되고 있다. 또한 자원봉사는 지역사회 내의 문제해결과 조직화 등에도 큰 도움이 될 것으로 기대된다. 자원봉사자에게는 노력에 대한 성취감과 보람을 주며, 더불어 살아가는 안정된 복지사회를 만드는 데 기여하는 만족감을 준다.

갑작스럽고 위급한 각종 재난과 재해는 시민들의 안위까지 위협할 수 있다. 이런 상황의 대체방안으로 자원봉사활동은 위기개입과 인력난 해결에 큰 도움이 될 수 있다.

자원봉사는 공동체의식에 기반을 둔 각 영역(노인, 장애인, 아동, 청소년, 다문화가족 등)이 확대되고 대인서비스 욕구가 많아지면서 더욱 필요하게 되었다.

이 책의 내용은 총 4개 PART와 13개의 CHAPTER로 구성하였다. PART 1은 자원봉사의 이해, PART 2는 주체별 자원봉사활동, PART 3은 대상별 자원봉사활동, PART 4는 자원봉사자 관리로 이루어져 있다.

PART 1에서는 자원봉사의 이해를 돕기 위해 자원봉사의 개요와 자원봉사자의 태도, 자원봉사활동의 과정, 주요 국가 자원봉사활동의 발전과정, 국제자원봉사의 현황을 살펴보고, PART 2에서는 주체별 자원봉사활동을 살펴보기 위하여, 아동 · 청소년에 의한 자원봉사활동과 노인 · 장애인에 의한 자원봉사활동, 대학 · 기업에 의한 자원봉사활동, 가족 · 전문직에 의한 자원봉사활동으로 구성하였다. PART 3에서는 대상별 자원봉사활동을 살펴보기 위하여, 아동 · 청소년을 위한 자원봉사활동과 노인 · 장애인을 위한 자원봉사활동, 다문화가족 · 지역사회를 위한 자원봉사활동으로 구성하였다. PART 4에서는 자원봉사자 관리에 대해서 살펴보았다.

이 책은 자원봉사활동에 대한 학습교재로서 집필되었으나, 자원봉사활동 연구자나, 사회복지현장에서 자원봉사를 실천하는 자원봉사자들에게도 좋은 안내서가 되길 바란다. 첨삭이 필요한 부분에 대해서는 성실한 수정 · 보완을 약속드리며, 바람직한 안내서가 될 수 있도록 노력할 것이다.

끝으로, 이 책이 출판되기까지 아낌없는 수고를 해 주신 인문과교양 대표님과 직원 여러분께 감사의 말씀을 드린다.

2022년 10월

저자 김난실

CONTENTS

PART 2 주체별 자원봉사활동

PART 3 대상별 자원봉사활동

PART 4 자원봉사자 관리

PART 1

자원봉사의 이해

CHAPTER 1

자원봉사의 개요

1. 자원봉사의 의의

자원봉사란 자원봉사자에 의해 행해지는 서비스나 활동으로 특정한 사회적 요구의 인식하에 사회적 책임감의 태도를 가지고 금전적 이득에 대한 관심 없이 또한 의무감이나 타인에 의한 강요로부터 벗어나서 자발적으로 행동할 것을 선택해서 이루어지는 활동인 것이다(조휘일, 1997).

인간을 '사회적 동물'이라고 한 철학자 아리스토텔레스(Aristoteles)의 철학적 논리가 아니더라도, 우리는 다른 사람들과 함께 어울려 살아가야만 한다. 복잡한 현대사회의 구조적 모순과 점차 심화되어 가는 사회 구성원의 개인주의적 성향은 자연적으로 일부 구성원의 소외문제를 일으킨다. 조화로운 어울림이 사회발전의 밑거름이 될 것을 고려한다면, 이러한 소외문제는 사회불안을 조성하고 사회발전을 저해하는 심각한 요소 중의 하나가 될 것이다.

자원봉사(自願奉仕)를 한자 의미 그대로 풀이해 보면, '스스로 자(自), 바랄 원(願), 받들 봉(奉), 섬길 사(仕)'로 '스스로 원하여 받들어 섬김'의 뜻을 가지고 있다. 사전적 의미를 살펴보면, 자원은 '어떤 일을 자기 스스로 하고자 하여 나섬'이고, 봉사는 '국가나 사회 또는 남을 위하여 자신을 돌보지 아니하고 힘을 바쳐 애씀'이라고 설명한다. 이는 한문 뜻과 비슷하게 '사람이 스스로 원해서 다른 사람을 섬기는 것'으로 해석할 수 있겠다. 영어인 'voluntary service'의 'voluntary'는 의지(will)와 욕망(desire)을 나타내는 라틴어 'voluntas'(자유의지)에 기원한다.

자원봉사의 의미를 법적으로 보면 「자원봉사활동 기본법」 제3조에서 "자원봉사활동이란 개인 또는 단체가 지역사회 · 국가 및 인류사회를 위하여 대가 없이 자발적으로 시간과 노력을 제공하는 행위를 말한다."라고 정의하고 있다.

한국사회복지협의회(1987)에서는 '자원봉사란 사회문제의 예방 및 해결 또는 국가의 공익사업을 수행하고 있는 공 · 사의 공식조직에 자발적으로 참여하여, 영리적 보상을 받지 않고서도 인간 존중의 정신과 민주주의 원칙에 입각하여, 낯선 다른 사람들을 상대로 필요한 서비스를 제공함으로써 사회의 공동선을 고양시킴과 동시에 이타심의 구현을 통해 자기실현을 성취하고자 하는 활동'이라고 정의하고 있다.

또한 자원봉사활동이란 '이상사회를 만드는 데 무보수로 봉사하는 활동'(한국노년학회, 2000)이라 하였다.

스미스 등(Smith et al., 1972)은 '자원봉사활동이란 직접적인 보상에 대한 기대, 법 · 관습 · 물리적인 힘의 강제, 신체적인 강압 등에 의해서라기보다는 다른 이유, 즉 동기들에 의해 수행되는 인간적인 행동'으로 정의하였다. 다시 말하자면, 보상이나 강제 · 강압보다는 '기본적으로 정신적 이익을 지향하면서 이루어지는 인간적인 행동'이라는 설명이다.

자원봉사에 대한 이상의 정의를 포함하여 여러 학자나 관련단체의 정의를 정리하면 다음의 〈표 1-1〉과 같다.

〈표 1-1〉 자원봉사의 다양한 정의

학자(단체)	연도	자원봉사의 정의
스미스 외 (Smith et al.)	1972	직접적인 보상에 대한 기대, 법 · 관습 · 물리적인 힘의 강제, 신체적인 강압 등에 의해서라기보다는 다른 이유, 즉 동기들에 의해 수행되는 인간적인 행동

다빌과 먼데이 (Darvill & Munday)	1984	자신의 친족이 아닌 사람들을 위하여 무보수로 자발적인 서비스를 제공하는 것으로서, 비공식적으로 이웃과의 만남을 통해서가 아니라 특정한 공식조직을 통해 행하는 서비스
한국사회복지협의회	1987	사회문제의 예방 및 해결 또는 국가의 공익사업을 수행하고 있는 공 · 사의 공식조직에 자발적으로 참여하여, 영리적 보상을 받지 않고서도 인간 존중의 정신과 민주주의 원칙에 입각하여, 낯선 타인들을 상대로 필요한 서비스를 제공함으로써 사회의 공동선을 고양시킴과 동시에 이타심의 구현을 통해 자기실현을 성취하고자 하는 활동
미국의 사회사업백과사전	1995	욕구가 인식되었을 때 어떤 구체적인 이득을 생각하지 않고 사회적 책임이라는 태도로 행동을 선택한 것이며, 이것은 자선이나 대가를 기대하거나 어쩔 수 없이 행하는 것을 초월하는 의미
한국자원봉사단체협의회	1998	한 개인이 가지는 자원이나 능력을 활용하여 자발적으로 사회와 공동체, 환경 혹은 다른 사람을 위하여 반대급부를 요구하지 않으면서 계획적이고 지속적으로 수행하는 활동으로, 체계적인 노력을 통해 문제를 개선하고 변화시키는 것
조휘일	2002	특정한 사회적 요구의 인식하에 사회적 책임감으로 금전적 이득에 관심이 없고, 기본적 의무감으로부터 벗어나서 행동할 것을 스스로 선택해서 이루어지는 활동

이타주의와 자선, 상호부조, 인간애, 종교적 신념의 실천을 동기로 하는 자원봉사는 현대에 이르러 사회에 대한 개인의 책임성 개념이 증대되면서 사회발전과 사회 구성원의 조화로운 복지적 삶에 대한 적극적이고 발전적인 에너지로 인식되고 있다. 특별히 우리 사회에서는 주 5일제 근무가 시행되면서 여가를 보람되게 보내고자 하는 사회 구성원들의 욕구가 증가하고 있으며, 이들을 위한 더욱 체계적이고 보편화된 자원봉사활동 관리시스템이 요구되고 있다.

이러한 욕구를 효율적으로 관리하고 효과적으로 활용할 수 있을 때, 민주시민으로서의 개인의 성장과 성숙뿐 아니라 공공복지의 동반자로서 조화롭고 균형 잡힌 사회발전을 도모할 수 있기에, 이에 대한 대책 마련이 시급하다.

이와 같은 우리의 사회적 상황을 중심으로 자원봉사활동의 의의를 몇 가지로 나누어 살펴보면 다음과 같다.

첫째, 개인적 측면에서 볼 때, 여가를 보람되고 가치 있는 일로 보냄으로써 스스로에 대한 자아존중감이 높아지고 사회적 인정과 보상을 통하여 심신의 안정과 건강을 도모하여 더욱 적극적이고 건전한 삶을 유지하게 한다. 또한 인간관계와 의사소통의 훈련을 통하여 사회성이 향상되고, 개인이 가진 소질과 소양을 계발하는 데 이바지한다.

'군중 속의 고독'은 현대사회의 인간소외를 언급한 것으로 사회구조적 병리현상으로 말미암은 타율적 소외의 문제뿐 아니라, 특별히 최근 들어 출현된 인터넷을 통한 가상공간은 인간과의 실제적 관계에서 올 수 있는 상처와 갈등에 대한 두려움을 극복하지 못하고 익명의 가상적 존재에 몰입하게 된다. 이는 '나만의 세계'를 형성하고 스스로 사회와 자신을 격리하여 소외시키는 자율적 소외의 문제로까지 심각하게 발전되고 있다. 이러한 현상은 결코 건강한 사회 구성원으로서의 모습이라고 할 수 없는바 사회적 연대감, 공동체감을 형성하고 다른 사람들과의 활발한 상호작용을 통하여 책임 있는 사회구성원으로 통합되게 하는 것이 필요하다.

둘째, 가정적 측면에서 볼 때, 저출산·고령화, 이혼의 급격한 증가로 말미암은 가족해체, 청소년 가출, 약물중독 등과 같은 가정적 문제가 급증하는 현시점에서 자원봉사는 이에 대한 하나의 대책 마련으로 제시될 수 있다. 가정의 건강성을 증진시킬 수 있는 여러 방안이 있을 수 있겠지만, 가족 구성원 전체가 지역사회의 어려운 이웃을 돌보기 위한 자원봉사에 함께 참여함으로써 가족 간의 유대감이 더욱 돈독해질 수 있기 때문이다.

미국은 1990년대에 들어서 가족의 붕괴와 사회문제의 심각성이 고조되면서 이 둘 사이의 상관관계에 대한 인식을 바탕으로 1990년 「국가 및 지역사회봉사법(National and Community Service Act)」을 제정하였다. 아울러 민간봉사단체들을 회원단체로 하여 운영·자문 등의 기능을 수행하는 민간기구인 촛불재단(Points of Light Foundation)을 발족시켰다. 이 재단은 미국사회의 무한한 잠재력으로서의 가족 자원봉사에 대해 탐색하기 시작하였으며, 이에 따라 가족 자원봉사라는 개념이 등장하였다.

이러한 가족 자원봉사는 지역사회 문제해결과 가족 구성원 간의 유대강화를 기본 전제로 하고 있으며, 다양한 사회문제의 해결점을 가족에서 찾고, 가족의 붕괴와 가족기능의 취약화를 방지하기 위해 도입되기 시작하였다. 이는 자원봉사가 건강하고 결속력 있는 공동체 형성을 돕는다는 측면에서나, 시민 사이의 신뢰를 높이고 안정된 공동체의 본질적인 요소인 상호주의와 연대의식 개발을 돕는다는 측면에서 가족 구성원들에게도 충분히 동일하게 적용될 수 있다는 이유에서이다. 그러므로 가족 자원봉사는 우리 사회가 맞고 있는 '가정의 위기'에 대한 우려를 불식시킬 수 있고, 가정의 건강성은 물론 사회의 건강성을 증진시킬 수 있다(장덕희 외, 2001).

셋째, 교육적 측면에서 볼 때, 자원봉사활동을 통하여 사회 구성원, 특별히 자라나는 아동과 청소년들에게 민주시민으로서의 사회에 대한 책임성과 애국심을 가르침으로써, 건전하고 성숙한 가치관을 가진 선진시민으로 성장하게 한다. 특별히 바람직한 자아정체감과 건전한 가치관의 부재에서 오는 청소년들의 방황은 현대사회의 청소년 문제를 심각하게 하는 주요한 요인이 되고 있다.

따라서 자원봉사를 통하여 자신의 존재이유에 대한 명확한 목적의식을 갖게 하고 홍익인간적 가치관을 정립함으로써 사회에 이바지하는 미래의 역군으로 자라나게 하여야 하는 것이다. 한편 성인들에게는 더불어 사는 사회에 대한 책임과 의무를 감당함으로써 개인적 성숙과 사회발전을 함께 이룰 수 있다.

넷째, 사회복지적 측면에서 볼 때, 사회복지실천에 있어서의 부족한 인적·물적 자원을 보완하고 보충하는 동반자적 역할을 통하여 지역사회 발전에 이바지함으로써, 우리 사회 전체의 조화로운 발전과 복지수준 향상을 도모한다. 사회복지가 제도적 측면에서 사회의 변화와 발전을 도모한다면, 자원봉사는 사회복지실천의 테두리 안에서 시민의 자주적인 힘과 역량으로 사회의 개선과 개혁을 꾀하는 적극적 활동이다.

이를 통하여 사회복지실천의 효과성을 극대화시키는 역할을 담당하고 있다고 할 수 있다. 그러므로 사회복지와 자원봉사의 관계는 단순히 보조적이고 보완적인 수단으로서가 아니라, 떼려야 뗄 수 없는 동반자적 관계로서 이해해야 한다는 것을 유념해야 한다.

다섯째, 사회적 측면에서 볼 때, 자본주의 사회의 구조적 모순으로 발생하는 각종 부조리와 사회 병폐적인 문제를 해결하는 방안으로서, 국가에서 시행하는 다양한 정책과

제도적이고 법률적인 문제에 참여함으로써, 이의 개선과 개혁에 이바지하고 사회 각 분야에 대한 긍정적 패러다임 조성을 통하여 우리 사회의 더욱 궁극적인 발전방향 설정에 기틀을 놓을 수 있다.

최근 들어 시민의식의 발전과 더불어 비정부기구(Non Governmental Organization: NGO), 비영리단체(Non Profit Organization: NPO)들과 함께하는 거시적 사회복지실천 분야에서의 사회참여적 자원봉사활동이 활발해지고 있다. 이는 사회의 변화와 발전에 대한 개인적 열망을 이루려는 방안으로 뜻을 함께하는 이들이 모여 조직적인 대응을 함으로써, 사회의 부조리한 부분에 대한 여론을 효과적으로 조성하고 환기시킬 수 있다. 그뿐만 아니라 정치가나 정책권자들의 정책수립 방향에 영향을 미치는 등의 적극적이고 다양한 역할을 담당하고 있다.

또한 산업구조의 변화에 따른 전문인력양성에 있어서 자원봉사활동은 매우 유용한 인력훈련 및 교육 프로그램이다. 이는 산업현장의 지식과 기술, 경험을 습득함으로써 신속한 사회화가 가능하도록 하여 전문인력양성에 대한 사회적 비용을 낮춘다. 우리나라는 천연자원이 턱없이 부족한 나라이기 때문에 우수한 인적자원이야말로 국가발전의 가장 중요한 원동력이 되고 있다는 측면에서 뛰어난 인적자원을 개발하고 훈련하는 일은 사회의 발전적 에너지를 충전시키는 일과 일맥상통한다고 해야 할 것이다.

2. 자원봉사의 필요성

자원봉사는 노인, 장애인, 다문화가족 등의 증가 등과 같은 대인적 서비스를 필요로 하는 대상의 증가, 그에 상응하는 공적·제도적 서비스의 한계 및 다양한 사회문제의 예방과 해결을 위해 필요하다. 또한 자원봉사는 지역사회의 발전과 지역의식에 대한 관심이 고조되고 있으며, 새로운 복지이념이 대두되고 시설의 사회화가 나타나며, 사회복지의 수용에 비해 사회복지 전문인력이 부족하여 점점 필요하게 되었다(조휘일, 1997).

1) 대인서비스 욕구의 증대

노인인구가 급격히 증가하고 치매, 뇌졸중 등과 같은 노인성질환을 가진 도움을 필요로 하는 고령노인이 많아지고, 교통사고, 산업재해, 약물남용, 환경오염 등으로 장애인이 증가하며, 빈곤, 이혼, 가출, 학대 등으로 요보호아동이 증가하고, 결혼이주여성, 외국인근로자 및 북한이탈주민의 증가로 다문화가족이 많아지면서 사회복지를 필요로 하는 대상자가 급증하고 있다. 그와 동시에 시설보호에서 지역사회보호로 사회복지의 방향이 변화되면서 대인서비스 욕구가 점차 증대되고 그들의 욕구를 충족시키기 위한 자원봉사활동이 더욱 필요하게 되었다.

2) 공적 · 제도적 서비스의 한계

사회복지를 필요로 하는 대상자가 급증하고 있음에도 불구하고 그들의 욕구를 충족시키고 사회문제를 예방·해결하기 위한 국가와 지방자치단체의 서비스는 아직도 부족한 실정이다. 또한 소득보장(연금보험, 기초연금, 고용보험, 아동수당, 장애인수당, 국민기초생활보장제도, 노인일자리 및 사회활동지원사업 등), 의료보장(건강보험, 산업재해보상보험, 의료급여), 각종 사회복지서비스, 사회복지시설(기관) 등의 다양한 서비스가 존재하고 있지만 이러한 공적·제도적 서비스에 의해서도 해결하지 못하는 어떤 한계(돌봄, 상담, 말벗, 사회적 지지 등의 어려움)가 존재하므로 공적·제도적 서비스의 보완적 측면에서 자원봉사가 필요하다.

3) 사회문제 예방과 해결

자원봉사를 통하여 사회문제의 대상이 될 수 있는 사람들에게 다양한 서비스를 제공하여 사회문제를 예방할 수 있다. 즉, 노인, 장애인, 아동, 청소년, 여성, 다문화가족 등에게 그들이 필요로 하는 각종 서비스를 제공하여 사회문제를 사전에 예방할 수 있으며, 사회문제라 할 수 있는 노인문제, 장애인 돌봄과 아동 돌봄의 부족, 청소년비행, 다문화가족의 사회부적응 등을 자원봉사자의 활동을 통해 해결할 수 있다. 또한 사회문제를 일으키는 사람들이 자원봉사를 통한 건전한 여가의 선용과 자기실현의 욕구를 충족함으로써 바람직한 인격의 형성, 정신적인 안정 및 자기 충실감을 갖게 되어 그들로 하여금 사회문제를 예방하거나 해결할 수 있게 한다.

4) 지역사회 시민의식 향상

자원봉사는 주민의 지역사회 참여 등을 통하여 지역사회 발전에 기여하기 위한 활동으로서 필요하다고 할 수 있다. 한편 핵가족화 현상으로 가족의 복지기능이 점차 국가나 지역사회 수준으로 이관됨에 따라 지역사회 내에서의 상호부조, 연대감 및 협력관계가 중요시되고 있으며, 지방자치 시대를 맞아 사회복지가 중앙집권화에서 점차 지방분권화가 이루어짐에 따라 지역사회 수준에서의 사회복지 서비스 활동이 많아지게 되면서 자원봉사에 대한 필요성이 더욱 증대되고 있다.

5) 사회복지시설의 사회화

사회복지에서 정상화, 통합화, 복지권, 지역사회보호 등과 같은 이념이 대두되고 있으며, 사회복지시설의 지역사회 내에서의 개방, 시설운영의 사회화 등에 따라 사회복지의 분야가 다양화되면서 전문인력과 동시에 자원봉사자가 필요하게 되었다. 여기에서 정상화는 노인, 장애인 등과 같이 사회적 기능상에 심각한 문제로 인하여 사회생활에 어려움이 있는 사람들이 보통의 생활환경 속에서 어려움 없이 살아갈 수 있도록 물리적·사회적·교육적·직업적 환경(경사로, 음성신호등, 저상버스 등)을 조성하는 것을 말하며, 시설의 사회화는 생활시설(이용시설)을 그 시설을 활용하는 대상자만이 아니라 모든 사회인들에게 개방하고 공유할 수 있도록 하는 것이다.

6) 사회복지전문인력의 부족

사회복지의 분야가 다양해지고 전문화되고 있으며, 그에 따른 사회복지 수요도 점차 증가하고 있다. 사회복지시설이 급속하게 증가하고 있으며, 사회복지사, 사회복지직공무원, 정신건강사회복지사, 학교사회복지사, 의료사회복지사, 건강가정사, 보육교사, 요양보호사 등의 사회복지전문인력이 꾸준히 증가하고 있다. 그럼에도 불구하고 사회복지 수요와 대상자의 증가에 전문가의 서비스가 제대로 미치지 못하는 경우가 많다. 따라서 사회복지전문인력의 업무를 돕고 더 많은 대상자에게 더 많은 서비스를 제공하기 위해서 자원봉사가 필요하게 되었다.

3. 자원봉사의 철학

자원봉사의 역사와 관련해서 볼 때, 헌신과 봉사, 자선, 상부상조 등의 철학적·종교적·도덕적 개념들이 자원봉사 동기의 중요한 기반이 되고 있다. 이들 동기에서 이루어진 자발적 행위는 시공을 초월하여 윤리적 원칙으로 진행되어 왔다. 이러한 자원봉사활동을 구성하는 철학적 요인은 다음과 같다(한국사회복지협의회, 1997).

1) 상호부조 정신

상호부조(mutual aid)는 인간에게 있어 가장 오래되고 보편적인 이웃 간의 비공식적인 보살핌과 유사한 사람들끼리 서로 도우며 공동체문제를 해결하고 복지를 향상시키는 활동이다. 상부상조는 '우리'라는 공동체의식이나 연대의식의 바탕에서 이루어지며, 우리나라의 건국이념인 홍익인간의 사상에서 그 근원을 찾을 수 있다. 상호부조 정신은 이기적 동기가 지배적으로 혈연관계에 제한되거나, 지역적으로 제한적으로 작용하는 폐쇄성이 있을 수 있다는 단점을 가질 수 있다.

2) 인권존중 사상

자원봉사는 자발적으로 활동에 상응하는 보수를 받지 않고, 개인, 단체, 조직, 지역사회 등을 대상으로 원조활동을 행하거나 사회문제의 예방·해결을 위해 행하는 활동이므로 우선적으로 봉사활동의 대상에 대한 존중이 있어야 한다. 특히 개인에게 봉사활동을 전개할 경우 그들의 인권을 존중해야만 효과적인 자원봉사가 이루어질 수 있다.

자원봉사를 포함한 사회복지 분야에서 그동안 일관성 있게 수용되고 준수해야 할 가치와 원리 중의 하나는 사람은 누구나 태어나면서부터 인간으로서의 존엄성과 권리를 지니고 있다는 것이다. 그러나 최근 사회적 기능상의 심각한 문제를 지니고 있는 노인, 장애인, 아동, 다문화가족 등은 가족과 지역사회로부터 소외되고 무시당하는 경향이 있으며, 여러 가지 기능상의 문제나 심신의 손상으로 인하여 정상적인 인간다운 삶을 영위하지 못하거나 일상생활에서 불이익을 당하는 경우가 많다. 특히 이들은 대부분 상대적으로 사회경제적 지위가 낮고 신체적 능력이 부족하기 때문에 인간으로서의 기본적인 권리가 무시되거나 사회적 약자로서 취급되기도 한다.

따라서 자원봉사의 대상인 노인, 장애인, 아동, 다문화가족 등이 인간으로서의 존엄성과 권리를 가지고 사회의 한 구성원으로서 가족 및 지역사회와 밀접한 상호작용을 하면서 그들의 복합적인 욕구를 충족시키고 문제를 해결하면서 인간다운 삶을 영위할 수 있도록 해야 한다(이근홍, 2008). 이와 같이 인간의 존엄성과 권리에 대한 존중은 자원봉사활동의 활성화는 물론 봉사대상자들의 복지증진에도 기여하게 될 것이다.

3) 종교적 윤리사상

기독교에서는 자선(charity), 유교에서는 인(仁), 불교에서는 자비사상을 말한다. 자선이란 교회에서 신성시되는 '자비롭게 베푸는 행위'로서 배고픈 자, 병약자, 고통받는 자의 당면한 욕구에 대하여 무엇인가를 제공해 주는 행위이다. 종교적 윤리는 성서의 '선한 사마리아인(the good samaritan)'의 행위와 연관 지을 수 있는 일종의 비이기적이고 직접적인 도움의 행위로서 새로운 공동체적 삶으로서의 구현을 의미한다.

4) 공동체의식

자원봉사는 공동체의식에 바탕을 두고 자기 자신의 이익이나 안위보다는 지역사회 주민들과의 함께 협력하고 도우면서 더불어 살아가는 정신으로 활동이 전개되어야 한다. 공동체 의식은 지역사회 주민들과 함께하고 있다는 생각과 감정으로서 지역의 공통적인 욕구와 문제를 함께 공유하고 해결해 나가기 위해 참여하고자 하는 마음이다. 이것은 기관이나 지역사회와 같은 공동체에 소속감을 가지고 공동의 욕구와 문제를 해결하는 데 함께 참여하려는 의식이며, 개인의 자율성과 독립성을 인정하면서도 책임감을 가지고 상호부조의 정신을 바탕으로 하여 다른 사람들과 협력하면서 함께하고자 하는 마음이다.

자원봉사에서는 공동체의식을 바탕으로 봉사대상자의 인격을 존중하고 배려하며 그들의 입장에서 서비스를 제공해야 하며, 자원봉사자는 기관과 지역사회의 발전에 기여하는 마음으로 활동을 전개해야 한다. 개인은 사회적 존재이므로 개인의 권리보다는 사회의 공동선을 중요시해야 하며, 다른 사람들과 교류하고 긴밀히 협력하면서 살아가야만 한다. 이러한 측면에서 자원봉사자는 봉사대상자를 지역사회 발전과 사회복지 증진의 동반자로 생각해야 하며, 그들과 함께 지역사회의 일원으로서 공동의 정신을 바탕으로 협력하고 발전해 나가야 한다.

5) 시민참여 정신

자원봉사는 희랍시대의 민주주의 철학에 기반을 두고 있는데, 봉사의 대상을 특정한 요보호자에게만 한정시키는 종교적 자선과는 달리, 시민참여정신(citizen participation)에 입각한 자원봉사는 전체 시민을 자원봉사의 대상으로 삼는다. 자원봉사란 인간복지의 증진에 관심을 둔 민주적 제도가 내포하는 책임을 분담하기 원하는 지역사회 개인이 경제적 보상 없이 자발적으로 이루어지는 노력으로서, 이러한 시민참여의 기회는 모든 시민의 특권인 동시에 의무이다. 왜냐하면 모든 사회문제의 해결은 시민참여의 질적인 정도에 의해 거의 좌우되기 때문이다.

시민참여에서 오는 이익과 이런 행동이 가져다주는 개인적인 만족을 경험함에 따라 우리는 더욱 이러한 종류의 참여적 사회에 대한 책임감과 사명감을 갖게 된다. 아울러 이러한 과정을 지켜보면서 우리는 계속해서 시민참여에 대해 시민이 가지는 신념을 확인할 수 있다. 따라서 시민참여를 유지하고 강화할 책임을 느끼는 사람이 이를 이해하고 강화시켜 나가는 것이 중요하다고 역설하고 있다. 사실상 시민참여는 민주적인 생활방법 자체로서, 진정한 민주사회의 생존과 발전은 시민의식에 기반을 둔 자원봉사에 의해 실현될 수 있을 것이다.

6) 권리보장

자원봉사의 대상자인 노인, 장애인, 아동, 다문화가족 등은 다른 사회구성원들에 비해 사회적 기능상의 심각한 문제로 인하여 정상적인 인간다운 삶을 영위하지 못하는 경우가 많다. 즉, 신체적·정신적 기능이 저하되고 심리적으로 위축되며 사회적 편견과 차별을 경험하고 경제적으로 어려우며, 사회적 지위와 역할이 상실되어 인간다운 삶을 영위하지 못하고 사회적 소외자로 살아가는 경우가 많다. 따라서 자원봉사 대상자들의 인권이 보장되고 그들이 필요로 하는 서비스에 쉽게 접근하며, 사회참여를 촉진하고 잠재능력을 발휘할 수 있는 기회를 증진하기 위해서는 그들의 권리가 최대한 보장되어야 한다(이근홍, 2020).

자원봉사 대상자들이 사회구성원으로서 욕구에 따라 필요한 서비스를 제공받으면서 최소한의 문화적인 생활을 영위할 수 있는 권리가 보장되어야 한다. 그들은 지역사회 내의 다양한 자원과 서비스에 접근할 수 있어야 하며, 그들이 필요로 하는 서비스를 제공하는 자원봉사자를 언제든지 접촉하고 활용할 수 있는 권리가 보장되어야 한다. 그와 동시에 자원봉사자들은 상해보험, 건강검진 등과 같이 그들을 보호하고 안전을 보장할 수 있는 제도가 마련되어 안심하고 봉사활동을 전개할 수 있는 체계와 권리가 보장되어야 한다.

4. 자원봉사의 특성

1) 자발성

자발성(free will)이란 자신의 판단 아래 스스로 보고, 듣고, 생각하고, 판단해서 실천에 옮기는 활동을 말한다. 자유의지를 강조하는 것으로 타인의 강요나 억압에 의해서 이루어지는 것이 아니라 타인을 스스로 돕고자 하는 이타성을 포함하는 이념이다.

자원봉사활동의 특성 중 자발성은 가장 중요한 요소 중 하나이다. 선진국의 자원봉사활동 참여율이 높은 이유는 사회문제 해결에 자발적으로 참여하는 사람들의 비율이 높기 때문이다. 자원봉사활동에 참여하는 비율을 증가시키기 위해서는 자발적인 동기부여를 통해 그들을 교육·훈련하여 자원봉사활동에 참여하도록 하여야 한다.

특히 현대사회에서는 시민 각자가 사회의 일원으로서 이웃의 불행, 공동체의 위기나 사회문제를 외면하지 않고 문제해결을 위하여 자주적으로 스스로 행동하는 결단이 요구된다(김혜선, 2004).

자원봉사활동을 활성화하기 위해 우선적으로 고려되어야 할 점은 자원봉사의 자발적인 동기를 조직화하여 자원봉사활동으로 연결해 나가는 방법이다. 스스로 생각해서 자신이 결정하고 행하는 것, 즉 다른 사람의 강제나 명령에 의해 행하는 것이 아니라 사람들의 고민이나 사회문제를 자신의 문제로 받아들여 개개인의 자유로운 의사와 주체성에 의해 활동해 가는 것이 중요하다. 자원봉사활동에서 자발성은 가장 중요한 전제조건이다.

2) 무보수성

자원봉사는 우리 사회의 어두운 곳을 밝게 하거나 공익을 증진시키기 위한 것으로 자신의 활동에 대한 보수나 이익을 얻는 것을 목적으로 하지 않는다. 무보수성이란 무상을 말하며, 엄격히 말하면 자원봉사활동을 하면서 발생하는 여러 소요경비를 스스로 책임지는 것을 의미한다(김범수 외, 2018).

그러나 최근에는 자원봉사활동의 지속성을 위하여 식사비나 교통비에 해당하는 최소한의 활동비를 지급받으며 활동하는 실비자원봉사제도도 도입되고 있다.

즉, 무급을 원칙으로 하되 다양한 계층의 사람들이 참여할 수 있도록 여러 가지 지원방법이 모색되고 있다. 그러므로 실비자원봉사는 실비를 지급한다 해도 봉사의 대가로 지불하는 것이 아니라 봉사활동에 소요되는 비용을 기관 측에서 제공한다는 의미로 보아 무급성의 원칙을 훼손하지 않는 것으로 해석된다.

이처럼 자원봉사활동은 어떠한 대가도 바라지 않는 활동이다.

3) 이타성

인간에게는 누구나 남을 돕고 싶어 하는 정신이 있는데 이를 이타성 또는 이타주의(altruism)라고 한다. 어려운 환경에 처해 있는 사람들을 도와야겠다는 생각은 누구나 가지고 있다. 자원봉사의 동기나 과정, 결과에 있어 자원봉사자 자신의 이익이나 명예를 먼저 생각하지 않고 도움의 대상자를 먼저 생각하는 행동을 말한다(김범수 외, 2003).

그러나 이를 행동으로 옮기기는 쉽지 않다. 이타성이 중요하다고는 하지만 자원봉사자에게 절대적인 이타성을 바라는 것은 무리가 있다. 따라서 자원봉사활동을 시작한 초기에는 이타성이 없이 시작했다 하더라도 활동을 지속적으로 해 나가면서 자연스럽게 이웃을 사랑하고 도움을 주고자하는 마음이 생길 수 있도록 유도하는 노력이 필요하다. 즉, 타인의 어려움에 동참하는 사람이 증가할 수 있도록 사회적 분위기를 조성하고 상부상조하는 정신을 함양하고, 자원봉사문화를 정착시키는 것이 매우 중요하다.

4) 사회복지성

사회복지성은 자원봉사자가 어려운 이웃 및 취약계층을 돕거나 지역사회의 사회문제의 예방·해결을 통하여 사회복지를 증진시키는 것을 말한다. 이와 같이 자원봉사는 개인의 자아실현을 목적으로 하는 경우도 있지만, 대부분 전체 사회의 공익을 증진시키거나 지역사회 주민의 욕구충족이나 문제해결과 같이 사회복지를 증진시키기 위한 활동이라고 할 수 있다. 이것은 어려움에 처한 사람들을 대상으로 인간의 존엄성을 유지하고 인간다운 생활을 보장받을 수 있도록 하는 활동이며, 인간으로 하여금 사회적 행복을 누릴 수 있도록 원조하는 활동인 것이다.

5) 교육성

자원봉사활동에의 참가를 통해서 다양한 체험학습의 효과를 얻을 수 있다. 사회복지에 대한 관심과 이해를 돋우는 복지교육, 그리고 민주시민으로서 바람직한 역할과 자세를 배우는 시민교육의 기능을 수행하며 지역사회 문제와 대인관계 기술, 새로운 정보, 기술 등도 습득하게 된다.

한국사회복지협의회 및 대부분의 사회복지기관에서는 자원봉사활동을 하려면 일정한 교육을 이수하도록 사전교육을 제공하는 등 교육성을 강조하고 있다. 봉사활동 전에 일정 기간 공식적인 교육을 받음으로써 봉사의 대상과 특성, 봉사활동 지침과 윤리, 봉사자의 태도를 학습하여야 봉사활동 과정에서의 시행착오를 최소화하고 편견 없이 수용하는 자세로 도움이 필요한 대상에게 적절한 도움을 줄 수 있기 때문이다. 이러한 사전 교육은 봉사활동 체험 과정을 통해서 재인식되어 봉사활동의 책임완수를 높일 수 있게 한다. 그러므로 자원봉사활동은 타인에게 도움이 되는 것도 중요하지만, 봉사의 준비·교육·참여의 과정을 통해서 학습과 태도변화가 이루어지는 교육적 요소도 효과의 매우 중요함을 알 수 있다(김혜영 외, 2018).

6) 지속성

사회복지의 한 부분인 지속성은 자원봉사활동이 일회성이나 충동적 이벤트로 끝나서는 안 됨을 의미한다. 자원봉사는 단순히 도움을 주는 활동이 아니라 도움을 매개로 하여 변화를 도모하는 활동이다. 그리고 혼자서 할 수 있는 개인활동이 아니라 대상자, 자원봉사자, 조정자 등 여러 사람들이 함께 수행하는 체계적 활동이다. 따라서 자원봉사는 근본적으로 절차와 과정이 중요한 활동이며, 계획된 일련의 과정을 통해 변화를 꾀하는 것이다. 자원봉사의 지속성은 단순한 참여와 지역사회의 일원으로서의 체계적인 자원봉사활동을 구분할 수 있는 중요한 잣대가 될 수 있는 특성이 있다.

자원봉사활동은 인간의 공동 복지 구현을 위한 자발적인 협동의 형태로 현대 시민사회를 구성하고 지지하는 필수요소이며, 복잡하고 다양한 사회문제를 예방하고 해결하기 위한 방안 중 하나라고 할 수 있다. 이로 인해 각 개인은 자신을 사회구성원의 일원으로 자각하고, 봉사 경험 이후 인격성장과 잠재능력의 실현 기회를 가지게 되어 자신의 삶을 보다 다채롭고 성숙하게 만들 수 있다(안은영, 2002).

이와 같은 자원봉사의 의의를 강조하기 위해서는 위에서 언급한 각 특성들을 잘 살리는 노력이 필요하다. 즉, 자발적으로 자원봉사에 참여할 수 있도록 각 기관이나 단체는 사전에 치밀한 기획단계를 거친다. 또한 다양한 홍보방법을 이용한 연결 통로를 마련해야 하며, 사전교육을 실시하여 기관과 지역사회에 대한 바른 이해를 가지고 공공의 차원에서 자원봉사활동의 의미를 부여해야 연대성이 증가된다. 또한 자원봉사활동의 지속성 향상을 위하여 공식적·비공식적인 형태의 보상을 실시하는 등 체계적인 관리 과정을 수립하여야 할 것이다.

7) 자아실현성

자신에 대한 가능성과 잠재능력을 발견하고 만족감, 성취감을 가지게 될 뿐 아니라 새로운 사람들과의 관계 형성을 통해 인격적 성장과 더불어 자신을 사회적 존재로 자각하는 경험을 가지게 된다. 자원봉사활동자와 수혜자와의 관계가 일방적이고 수직적인 관계가 아닌 상호보완적, 대등한 관계임을 인식해야 한다.

자원봉사활동에 참여하면서 자원봉사자가 얻을 수 있는 가장 중요한 소득 중의 하나가 자아실현성과 자기충족감이다. 이는 어려운 이웃을 도우려는 동기에서 자원봉사에 참여하면서 새로운 경험, 성취감, 보람, 만족감, 폭넓은 인간관계 등의 심리사회적 보상과 사회적 인정을 얻게 되고, 새로운 가치추구를 하게 되며, 자신의 삶에 대하여 수용하고 감사하게 되면서 자기만족감과 자기긍정을 경험하게 되기 때문이다(김범수 외, 2018).

8) 조직성

현대사회의 복잡하고 다양한 사회문제에 대응하기 위해서는 산발적이거나 비조직적으로 행해지는 활동을 조직화 · 체계화시켜 나가는 것이 필요하다. 조직화란 자원봉사집단의 효율성과 지속성을 증진시키기 위한 계획, 재정, 인사, 통제 등의 절차를 의미한다.

따라서 자원봉사가 보다 교육적이고 체계적이며 효율적이기 위해서는 자원봉사를 관리하고 운영하는 조직이 필요하고 이러한 조직을 중심으로 활동하는 것이 필요하다(안은영, 2002). 따뜻한 마음을 가지고 개인적인 활동을 하기보다는 조직적인 활동을 통해서 지역사회 내에 통합되는 보람도 얻을 수 있을 것이다.

9) 전문성

현대의 자원봉사는 전문성을 필요로 한다. 대상자에게 서비스가 체계적이고 효율적 · 효과적으로 이루어져야 하기 때문이다. 이를 위하여 봉사활동의 사전준비와 계획 및 실천과정이 전문적이어야 한다.

CHAPTER 2

자원봉사자의 태도

1. 자원봉사자의 동기

동기는 개인의 행동 결정에 매우 중요한 기능을 하며 개인의 욕구에서 발생한다. 동기(motivation)란 단어는 라틴어인 'movere'(움직이다)에서 유래하였으며 욕구를 충족시키기 위해 움직인다는 의미를 내포하고 있다. 욕구를 충족시키기 위해 목표지향적 행동으로의 전환을 가능하게 하며 개인의 행동을 자극한다는 의미이다(한덕웅, 1990).

자원봉사활동이라는 구체적인 행동도 자원봉사자의 동기에 의해 실천으로 연결된다고 본다. 그러나 자원봉사활동에 참여하는 동기는 매우 다양하며 자원봉사활동의 진행 중에도 새로운 동기가 부여될 수 있다. 이처럼 동기는 항상 변화하는 역동성을 지니고 있다고 할 수 있다. 따라서 자원봉사자의 동기는 자원봉사활동의 시작과 지속에 영향을 미치는 중요한 요인이다.

자원봉사활동에 참여하는 동기에 관한 연구 결과는 자원봉사자의 욕구 파악과 이를 관리하는 기관에서의 관리라는 측면에서 매우 중요하다. 참여 동기에 관한 선행 연구들에서는 종교적 신념이나 이타주의적 성향이 자원봉사활동의 주된 동기로 나타났다.

그러나 최근에는 단지 보람된 일을 하기 위해서 또는 종교적 신념에서 출발한다는 동기 이외에 다양한 동기가 있는 것으로 나타난다.

자원봉사 자체는 이타적인 활동이지만 자원봉사자의 동기는 자신의 발전을 위한 자기중심적일 수 있다는 것이다. 즉, 자원봉사활동을 추상적인 개념보다는 '보상'과 '비용'이라는 구체적인 개념을 근거로 동기화하여 봉사에 참여하려는 자원봉사자들이 증가하고 있음을 의미한다(이금룡, 1999). '사회적 책임'과 '종교적 동기'에서 출발한 이타주의에서 자신을 위한 '경험추구적 동기'가 증가하는 것으로 나타나고 있다(전주시 자원봉사센터, 2000).

자원봉사활동에 참여하는 동기를 크게 목적 지향적 동기, 수단 지향적 동기, 종교 지향적 동기의 세 가지로 구분할 수 있다(이금룡, 1999). 첫째, 목적 지향적 동기는 자원봉사활동에 참여하는 자체가 목적인 경우로 자원봉사활동 그 자체에서 봉사의 본질적인 의미를 추구하며 실천하는 경우이다. 따라서 이러한 동기로 활동에 참여하는 경우 봉사에 대한 보람, 가치 추구, 재미 추구 등의 목적을 기대하는 것이다. 보람된 일을 하고 싶다는 욕구를 충족시키기 위한 동기로 참여할 때, 나보다 어려운 사람을 돕고 누군가에게 도움을 주고자하는 순수한 참여 동기가 이에 속한다. 가치추구형은 자원봉사자 자신의 가치관과 자원봉사활동이 가지고 있는 활동의 가치가 부합되는 경우로 사회적으로 가치 있는 일에 참여하고자 하는 동기가 있을 때 참여가 가능하다. 재미추구형은 자원봉사활동 프로그램에 참여함으로써 자신도 즐거울 수 있는지가 참여 여부의 기준이다. 여가시간을 활용하여 자원봉사를 하거나 자원봉사활동이 즐거워서 참여하는 봉사가 이에 속한다.

둘째, 수단 지향적 동기는 자원봉사활동이 자신의 다른 목적을 달성하기 위한 수단을 제공하기 때문에 참여한다. 자아실현 추구, 사회적 보상 추구, 물질적 보상 추구 등을 들 수 있다. 자원봉사활동을 통해 자기계발을 할 수 있고 이는 자아실현을 추구하는 기회이며 자원봉사활동은 이러한 목적의 수단으로서 기능을 하는 것이다. 사회적 보상 추구는 자원봉사활동에서 인맥을 쌓을 수 있고 봉사 경력 등을 사회적 보상으로 기대할 수 있는 경우이다. 또한 물질적 보상 추구는 자원봉사활동을 통해 활동비를 받거나 세금을 줄일 수 있는 경우로서 경제적 보상의 혜택이 자원봉사활동에 참여하는 동기가 된다.

셋째, 종교적 동기는 종교적 신념이나 가르침이 자원봉사활동의 참여 동기가 되는 경우이다. 자원봉사활동을 통해서 얻을 수 있는 목적 지향적 동기나 수단 지향적 동기와는 다른 관점에서 출발한다고 볼 수 있다.

이러한 자원봉사 참여의 동기를 노인 자원봉사자들을 대상으로 조사한 연구에서 가치 추구를 위하여 자원봉사에 참여한다는 비율이 가장 높게 나타났다. 이어서 자아실현 추구, 재미 추구 순으로 참여 동기가 높게 나타났다(이병순, 2005).

이는 자원봉사 참여 동기가 연령과도 무관하게 가치지향적으로 변화하고 있음을 보여 주고 있다. 과거의 자원봉사에서 강조해 온 박애주의에서 사회의 일익을 담당하는 가치 있는 일이 자원봉사활동이라는 인식으로 변화하고 있음을 확연히 보여 주고 있다 하겠다.

이와 같은 변화를 근거로 자원봉사센터에서는 자원봉사자들의 흥미와 관심, 기대를 고려하여 자원봉사활동에 참여할 수 있는 기회를 제공하여야 한다. 자원봉사 프로그램이 단순한 노력 봉사 수준에서 자원봉사자들의 경력과 지식을 활용할 수 있는 전문적인 프로그램으로 발전되어야 한다. 자원봉사자들 또한 자원봉사에 참여하기 전 자신의 참여 동기를 정확히 인지하고 자원봉사활동에 참여할 때 보람과 가치와 재미를 추구할 수 있으며 자원봉사활동을 지속적으로 실천할 수 있을 것이다.

2. 자원봉사자의 자세

1) 사전준비

자원봉사자는 봉사활동을 나가기 전에 활동과 관련된 사전준비를 철저하게 해야 한다. 어느 분야이든 사전에 준비를 하는 것은 매우 중요하지만, 특히 자원봉사에서 사전

준비는 봉사대상자들에 대한 존중, 배려, 양질의 서비스 등과도 관련되어 있다고 할 수 있다. 자원봉사를 수행하기 전에 교육과 훈련을 통하여 사전에 자신의 분야에 대한 지식과 기술을 충분히 습득할 수 있도록 해야 하며, 매일매일의 봉사활동과 관련된 부분에 대해 사전에 많은 준비를 해야 한다.

자원봉사자는 봉사활동을 통하여 노인, 장애인, 아동, 다문화가족, 기관, 지역사회 등 자신이 서비스를 제공하는 사람과 분야에 대한 책임감을 가지고 있어야 한다. 자원봉사자의 서비스는 봉사대상자 및 기관에 많은 영향을 미칠 수 있으며, 그러한 영향이 긍정적·발전적인 방향으로 이루어져야 한다. 자원봉사자의 활동이 봉사대상자나 기관에 좋지 못한 영향을 미치는 일이 있어서는 안 되며, 자원봉사자는 자신이 맡고 있는 분야에 책임감을 가지고 성실하게 활동해 나가야 한다.

2) 약속 지키기

자원봉사는 자원봉사자와 봉사대상자 간의 서비스를 제공하기로 한 상호교류관계의 약속인 것이다. 이러한 약속은 철저하게 이행되어야 하며, 약속을 제대로 이행하지 않으면 관계가 단절될 수 있다. 자원봉사자는 서비스 제공에 대한 약속은 물론 시간에 대한 약속을 잘 지켜야 한다. 자원봉사자가 기관이나 봉사대상자에게 시간 약속을 제대로 지키지 않는다면 기관 내에서 자원봉사자의 관리가 어려울 수 있으며, 봉사대상자의 입장에서는 기다리는 시간을 지루하게 느끼거나 자신이 무시당하고 있다는 느낌을 받을 수도 있다. 한편 자원봉사자는 어떠한 경우에도 봉사대상자에게 지킬 수 없는 약속을 하지 말아야 한다(김혜영 외, 2018).

자원봉사자가 부득이한 사정으로 봉사대상자와의 약속을 이행할 수 없을 경우에는 그 사유를 가급적 미리 이야기해야 하며, 기관의 관리자에게도 연락하여 다른 자원봉사자로 대체하거나 대체할 수 없을 때에는 봉사대상자가 기다리지 않도록 해야 한다. 자원봉사자가 특별한 사유로 봉사대상자와의 약속을 이행하지 못함을 사전에 알리지 못했을 경우 사후에 반드시 그 사유를 봉사대상자에게 정확하게 전달하여 상호 간에 신뢰관계가 손상되지 않도록 해야 한다.

3) 겸손한 태도

자원봉사자는 봉사대상자에게 서비스를 제공할 때 모든 자원봉사자들을 대표한다는 생각으로 자만심을 버리고 항상 겸손한 태도를 갖도록 노력해야 한다(박태영 외, 2016). 대개 자원봉사의 대상자들은 노인, 장애인, 다문화가족 등과 같이 사회적 약자일 수 있으므로 자원봉사자가 겸손한 태도를 보이지 않게 되면 그들이 마음의 상처를 받거나, 거부감을 갖게 되거나, 낙인감과 좌절감을 갖거나, 서비스를 거절할 수도 있다. 그러므로 자원봉사자는 봉사대상자를 대할 때 언제나 겸손하면서도 공손한 태도를 갖도록 해야 한다.

자원봉사자가 봉사대상자에게 겸손한 태도를 보이는 것과 더불어 옷차림도 단정하게 하며 항상 웃는 얼굴로 그들을 대해야 한다. 웃는 얼굴로 대한다는 것은 상대방을 이해하고 존중하며 배려한다는 차원의 비언어적 의사소통일 수 있으며, 서비스를 받는 봉사대상자의 마음이 한결 가벼워질 수 있고, 봉사활동을 즐겁게 받아들이고 봉사대상자에게 최선을 다하겠다는 표현일 수 있다. 또한 이것은 서비스 제공을 통하여 봉사대상자가 독립적이면서 적극적으로 자기발전을 위해 노력하는 데 기여할 수 있다.

4) 예의 바른 태도

자원봉사자는 봉사활동을 수행하는 동안 봉사대상자를 친절하게 대해야 하며, 항상 명랑하고 밝은 표정으로 활동에 임해야 한다. 자원봉사자의 이러한 태도는 봉사대상자에게 관심을 가지고 봉사활동에 임하고 있음을 보여 주는 것이며, 봉사대상자가 서비스를 즐겁고 기쁘게 받아들이고 자원봉사자와의 관계에서 더욱 신뢰감을 갖게 되는 계기가 될 수 있다. 그와 더불어 자원봉사자는 어떠한 경우에도 예의에 어긋나는 행동이나 언어를 해서는 안 되며, 항상 예의 바른 태도로 활동에 임해야 한다.

자원봉사자는 친절하고 예의 바른 태도 외에도 봉사대상자와의 의사소통에서 항상 공손한 언어를 사용해야 한다. 특히 봉사대상자가 사회적 약자일 수 있으므로 그들에 대한 존중과 배려의 차원에서 공손한 언어의 사용은 중요하다. 자원봉사자는 봉사대사자에게 억양이 세거나 거친 말투로 대해서는 안 되며 심한 사투리나 은어 등과 같이 봉사대상자가 이해하기 어려운 말을 사용해서도 안 된다. 자원봉사자는 공손한 언어의 사용과 더불어 봉사활동 기간 동안 항상 자기 자신, 가족, 직장, 기관, 지역사회 등에 감사하는 마음가짐으로 활동에 임해야 한다.

5) 편견과 선입관 탈피

자원봉사자는 노인, 장애인, 다문화가족 등과 같은 사회적 취약계층이라 할 수 있는 봉사대상자들과 함께 활동을 전개하는 경우가 많으므로 편견과 선입관을 가지고 그들을 대할 수 있다. 여기에서 편견은 한쪽으로 치우친 공정하지 못한 생각이나 견해를 말하며, 선입관은 어떤 사람이나 사물 또는 주의나 주장에 대하여 본인이 직접적으로 경험하기 이전에 이미 마음속에 형성된 고정적인 관념이나 견해를 말한다. 자원봉사자는 봉사활동 기간 동안 봉사대상자에 대한 어떠한 편견이나 선입관을 가지고 있어서는 안 되며, 특히 연령, 신념, 인종, 문화, 종교, 가치관, 경제적 지위 등의 차이로 발생되는 편견과 선입관으로부터 탈피하기 위한 노력이 필요하다(엄명용 외, 2011). 편견과 선입관은 봉사대상자를 이해하고 수용하며 신뢰관계를 형성하고 지속적으로 활동을 전개하는 데 좋지 못한 영향을 미칠 수 있으며, 자원봉사자 자신은 물론 기관에 대한 인식에도 좋지 못한 영향을 미칠 수 있다.

6) 욕구 중심 활동

자원봉사는 봉사대상자의 욕구를 중심으로 활동이 이루어져야 한다. 자원봉사자가 자신이 관심을 두고 있는 분야부터 봉사활동을 시작해야 하듯이, 봉사대상자에게 제공하는 활동은 그들이 원하는 것을 중심으로 이루어져야 한다. 자원봉사자가 봉사대상자의 뜻을 무시하고 자신의 생각과 방식대로 도와주다 보면 잘못된 결과를 가져올 수 있다. 자원봉사자가 자신의 생각과 방식대로 활동을 하는 것은 진정한 자원봉사가 아니며(박태영 외, 2016), 자원봉사의 초점은 봉사대상자에게 있음을 잊지 말아야 할 것이다.

자원봉사자는 봉사대상자에 적합한 서비스를 제공해야 하며, 봉사대상자가 받아들일 수 있는 상호 합의된 활동을 전개하는 것이 바람직하다. 자원봉사자가 활동계획을 일방적으로 정하는 것은 바람직하지 않으며, 계획한 목표를 달성하기 위해서 무리한 활동을 해서도 안 된다. 자원봉사는 봉사대상자를 중심으로 그들이 원하는 활동을 제공하는 것이어야 하므로 그들의 욕구를 중심으로 이루어져야 하며, 그들과의 협력을 통하여 원하는 활동이 전개되어야 할 것이다.

7) 자기결정권 존중

자원봉사자는 노인, 장애인, 다문화가족 등과 같은 사회적 약자라 할 수 있는 봉사대상자들과 함께 활동을 전개하는 경우가 많으므로 그들이 원하는 것을 스스로 결정할 수 있는 기회를 제공하지 않고 자원봉사자의 의지에 따라 그들의 자기결정권을 침해할 수도 있다. 봉사대상자의 자기결정은 봉사대상자 자신이 그들의 욕구를 충족시키고 문제를 해결할 수 있는 서비스를 스스로 선택하고 결정할 수 있는 자유를 인정하고 존중하는 것이다. 자원봉사자는 봉사대상자로 하여금 그들의 자기결정권을 존중하여 자신에게 적절한 자원을 인식하고 활용할 수 있도록 하며, 자기가 나아갈 방향을 스스로 결정할 수 있도록 하고, 그의 잠재능력을 자극하고 최대한 발휘할 수 있도록 원조해야 한다(이근홍, 2020).

자원봉사의 대상자들은 대개 그들의 욕구를 스스로 해결할 수 없다고 생각하여 원조를 제공받기를 원하지만 자신의 욕구충족과 문제해결에 필요한 서비스에 관해서는 스스로 결정할 자유를 가지고 싶어 한다. 자원봉사자는 봉사대상자의 선택의 자유를 존중하고 가능한 한 자신이 원하는 서비스를 결정할 수 있도록 해야 한다. 이러한 봉사대상자의 자기결정에는 자원봉사자가 제시하는 대안이 필요하며, 봉사대상자와의 협력을 통하여 스스로 결정할 수 있도록 해야 한다.

8) 성장과 발전을 위한 노력

자원봉사자는 자신이 담당하고 있는 분야에 대한 지식과 기술을 소유하고 있어야 하며, 지속적인 관심과 노력을 통하여 그러한 분야에 대한 확신을 가지고 있어야 한다. 이를 위해서는 자신의 활동영역과 관련된 지식과 기술을 축적하기 위해 서적, 학위논문, 정기간행물, 지침서, 안내서 등을 보고 필요한 내용을 숙지해야 하며, 자신의 분야와 관련이 있는 교육, 훈련, 세미나, 워크숍, 학술대회 등에 참석할 필요가 있다.

자원봉사자는 자신의 성장과 발전을 위해 끊임없이 노력해야 하며, 이러한 일은 봉사대상자에게 양질의 서비스를 제공할 수 있는 기반이 되고 자기발전에도 큰 도움이 될 수 있다. 자원봉사를 통하여 그동안 부족했던 분야에 대한 관심과 노력으로 더 많은 지식과 기술을 습득할 수 있으며, 그동안 하고 싶었지만 여러 가지 이유로 하지 못했던 새로운 분야에 대한 도전도 할 수 있는 계기가 되어 새로운 분야에 대한 경험은 물론 자신의 성장과 발전에도 도움이 될 것이다.

9) 가정과 직장의 조화

자원봉사자는 봉사활동을 전개할 때 가정생활이나 직장생활과 조화를 이루면서 활동을 해야 한다. 자원봉사자가 무리한 활동으로 인하여 가정생활을 제대로 돌보지 않는다면 자원봉사를 지속적으로 하기 어려울 수 있으며, 가정불화로 이어질 수도 있다. 자원봉사자는 가정을 우선적으로 잘 돌본 이후에 자원봉사를 해야만 불안감을 느끼지 않고 자신감 있게 활동을 전개할 수 있을 것이다.

자원봉사자가 직장인이라면 자원봉사보다도 직장생활이 우선시되어야 한다. 직장생활을 소홀히 하면서까지 봉사활동을 전개한다면 직장인으로서의 올바른 자세가 아니며, 직장생활에서 성공할 수 없을 것이다. 직장에서는 자신의 역량을 충분히 발휘하여 성공적인 직장생활을 하면서 여가시간을 활용하여 자원봉사도 열심히 한다면 직장으로서나 자원봉사자로서 두 가지 역할을 충실히 할 수 있을 것이다. 그와 더불어 가정생활이나 직장생활을 충실히 하면서 자원봉사를 할 수 있다면 큰 축복일 수 있으므로 항상 감사하는 마음으로 봉사활동에 임해야 할 것이다.

10) 기관 직원과 우호적 관계유지

자원봉사자는 대부분 사회복지기관이나 자원봉사기관에 소속되어 활동을 전개하는 경우가 많으므로 기관의 담당직원들과 우호적인 관계를 유지해야 한다. 자원봉사자가 기관의 직원들과 좋은 관계를 유지하지 못하고 관계가 악화되어 물의를 일으키는 경우도 있기 때문이다(박태영 외, 2016). 자원봉사자는 기관의 사명, 정책, 규정 등을 존중하고 필요할 경우 이를 준수해야 하며, 직원의 지도와 관리에 따르고 좋은 관계를 형성하고 유지하면서 협력해야 한다.

자원봉사자는 기관에 소속되어 함께 활동하는 동료 자원봉사자들과 우호적인 관계를 유지해야 하며, 봉사활동 기간 동안 함께 협력해야 한다. 동료 자원봉사자들과의 우호적인 관계는 봉사활동을 지속적으로 수행하는 주요한 요소가 될 수 있으며, 동료들 상호 간의 우호적인 관계와 교류는 봉사활동기간 동안 정서적·정보적 지지의 원천이 될 수 있고, 봉사활동의 질적 수준 향상과 자기발전에도 도움이 될 수 있다.

11) 비밀보장

자원봉사자는 봉사대상자의 삶의 주요한 부분까지 지속적으로 관여함으로써 그들에 대한 상당한 정보를 얻을 수 있다. 이러한 이유로 자원봉사자는 봉사대상자와 관련된 사생활의 존중에 대한 권리에 특별한 주의를 기울여야 하며 그들의 비밀을 반드시 보장해야 한다(박태영 외, 2016).

비밀보장이란 개인의 기본적 권리로서 각 개인에 관한 비밀정보를 누설하지 않는 것을 말하며, 이것은 자원봉사자가 지켜야 할 기본적인 윤리적 의무이면서 자세이기도 하다.

자원봉사자가 기관의 직원 등과 같은 다른 사람들과 정보를 공유할 경우, 봉사대상자의 동의를 반드시 구해야 하며 그들의 동의 없이 어떠한 정보도 누설해서는 안 된다. 특히 이러한 정보는 자원봉사활동의 목적 달성에 필요한 최소한의 것만을 공유해야 하며, 목적 달성과 관계없는 어떠한 정보도 다른 기관이나 사람들과 공유해서는 안 된다. 봉사대상자와 관련된 비밀의 누설이 그들에게 손해를 입힐 수 있기 때문에 자원봉사자는 그들의 비밀을 철저하게 보장해 주어야 한다.

12) 기록과 평가

자원봉사자는 자신의 활동상황이나 업무내용을 기록하여 지도감독이나 평가에 필요한 자료로 활용해야 한다(김혜영 외, 2018). 자원봉사활동에 관한 기록은 자신의 활동을 되돌아보고 부족한 점들을 보충할 수 있고 자기 자신에 대한 냉철한 평가를 바탕으로 더욱 발전할 수 있는 계기가 되며, 자원봉사활동을 시작하는 사람들에게나 다른 자원봉사자들에게 소중한 자료가 될 수 있다.

자원봉사자는 전반적인 활동에 대한 내용을 요약기록을 통하여 명확하게 기술해야 하며, 활동 내용 중에서 중요한 내용들을 중심으로 체계적으로 서술하고, 자신은 물론 다른 사람들도 쉽게 알아볼 수 있도록 기록해야 한다. 자원봉사활동에 관한 기록을 바탕으로 활동내용에 대한 평가가 이루어져야 하며, 이러한 평가는 봉사대상자의 복지향상은 물론 봉사활동의 질적 수준을 높이며 자기 자신의 발전을 위한 기회로 활용해야 한다.

읽기자료

자원봉사자 10계명

1. 원칙을 존중하는 실천을 행한다.

   기관과 조직의 규칙 준수, 책임감, 약속 이행, 비밀 엄수 등을 행한다.

2. 자신에 대한 이해와 성찰을 지속적으로 한다.

   자신의 자원을 발굴(resource finding), 개발(developing), 공유(sharing)하여 전문성을 제고한다.

3. 비전을 가지고 가치 있는 삶을 실천한다.

   세상의 변화는 희망을 가지고 꿈꾸는 사람의 몫이다. 자신의 가치를 높여야 한다.

4. '사회적 효'를 실천한다.

   사회적 효는 자원봉사활동을 통해 불우이웃, 노인, 장애인 등을 도움으로써 실천할 수 있다. '효'를 행함으로써 자신과 사회를 건강하게 만든다.

5. 상대방의 입장을 역지사지로 생각한다.

   자원봉사자의 자세는 자신을 낮추고 겸손하게 주변을 돌아보는 생활태도이다.

6. 긍정적인 인간관계를 실천한다.

   갈등은 사람과의 관계에서 비롯된다. 인간관계의 중요성을 인식한다.

7. 나의 발전과 동료의 발전을 함께한다.

   동료의 발전을 지지할 때 나에게도 같은 지지가 되돌아온다.

8. 줄 수 있는 능력이 있을 때 대가 없이 준다.

   먼저 베풀 때 더 큰 기쁨이 찾아온다.

9. 생활 속에서 좋은 습관을 기른다.

   항상 미소 지으며, 친절한 인사, 경청하기, 칭찬하기 등 좋은 습관을 실천한다.

10. 자원봉사하는 삶에 자긍심을 가진다.

   자원봉사활동은 자신의 변화와 함께 지역사회를 변화시킨다.

3. 자원봉사자의 역할

자원봉사자의 역할을 간단하게 규정하기는 쉽지 않으나 크게 개인적 역할과 사회적 역할로 나누어 설명할 수 있다(김영호 외, 2006).

1) 개인적 역할

(1) 서비스 제공 역할

문제를 가진 사람들에게 상담, 개별지도 및 집단지도, 일상생활의 문제를 해결해 주거나 편의를 제공하는 일, 즉 도움을 필요로 하는 개인이나 집단과 직접대면해서 관계를 맺고 서비스를 제공하는 역할을 한다.

(2) 동반자 역할

사회복지시설, 기관 및 사회단체 등에서 간단한 우편업무를 처리하고 서류분류, 정리, 접수 등 행정의 업무를 지원함으로써 유급직원의 동반자 역할을 담당한다.

(3) 간접지원 역할

섭외, 홍보활동, 모금활동 등 기관의 운영과 발전을 위한 다양한 행사를 지원한다.

(4) 정책자문 역할

경영이나 행정 분야에 경험이 많은 자원봉사자는 정책결정을 위한 위원회 또는 자문위원회의 성원으로 기관의 발전과 운영에 이바지하며, 지역사회 내의 다른 사람들과 기관 사이에서 갈등을 완화시키는 역할을 수행한다.

2) 사회적 역할

(1) 문제예방 역할

사회문제를 예방하고 통제하는 사회복지기관의 방침을 결정하거나 직접 서비스를 제공하는 활동에 참여한다.

(2) 대변자 역할

도움이 필요한 개인, 집단, 지역사회의 문제를 알리는 대변자로서의 역할과 자원봉사

대상자, 사회복지기관, 지역사회 간의 도움을 중재하는 매개자의 역할을 한다.

(3) 변화자 역할

바람직한 사회변화를 위해 필요한 사회적 서비스를 지원하며, 인간존중 정신이 구현되는 사회를 위해 제도적·구조적 개혁을 주장하고 변화시키는 역할을 한다.

(4) 파수꾼 역할

사회의 정화와 정의로운 사회 실현을 위해 환경오염, 부정부패 등을 감시하며 고발하는 파수꾼의 역할을 한다.

4. 자원봉사자의 권리와 책임

오늘날 사회복지의 주된 공급자는 국가이다. 그러나 국가가 역할 수행을 다할 수 없는 부분을 기업과 가정이 담당하고 있으며 각 국가의 복지 수준에 따라 국민의 수혜 정도에 차이가 클 것이다. 그러나 복지 수준이 높은 사회라고 하더라도 국가와 기업, 가정이 문제를 해결할 수 없는 부분이 있기 마련이다. 이 부분의 문제가 자원봉사의 영역으로 인식되어 왔으며 자원봉사활동이 국가 복지제도의 일익을 자연스럽게 담당해 왔다.

자원봉사활동이 제3영역으로서의 역할을 수행하는 데 있어 주된 담당자는 자원봉사자이다. 이들이 자원봉사활동을 실천함에 있어 자신의 권리와 책임에 대한 이해가 선행되어야 자원봉사자로서의 위치와 역할에 대한 인식을 올바르게 할 수 있으며 자원봉사활동의 성과에 있어서도 효율적이면서도 책임감 있는 역할 수행을 이룩할 수 있다.

1) 자원봉사자의 권리

자원봉사자는 자원봉사활동의 참여자로서의 권리에 대한 이해가 선행되어야 그 권리에 대해 요구를 할 수 있다. 역할수행자로서, 인간으로서 존중되어야 하기 때문이다. 자원봉사자의 권리는 자신감을 가지고 활동할 수 있도록 지지하는 역할을 한다. 그러나 이러한 권리 요구는 자원봉사자, 자원봉사대상자, 자원봉사활동기관에 도움이 될 때만 권리로서 존재한다.

자원봉사자들의 권리는 학자들에 따라 다양하게 구분된다. 자원봉사자로서 인정받을 권리, 비밀보장의 권리, 지지받을 권리, 훈련받을 권리, 개인적인 성장에 대한 권리, 개인적인 만족에 대한 권리, 말할 기회의 권리, 동역자로서 처우 받고 싶은 권리 등으로 제시되기도 한다(현외성, 2006). 이는 자원봉사자로서 의미 있고 만족하며 도전해 볼 가치가 있는 활동을 할 권리가 있음을 말하고 있다. 또한 자신의 봉사에 대한 노력이 자원봉사활동 기관의 사명에 대하여 목적을 가지고 공헌하고 있다고 스스로 생각할 권리가 있으며, 나아가 자신이 기관에서 동등한 파트너로 존중받을 권리가 있음을 역설하고 있다.

특히 자원봉사활동 기관과의 관계에서 자원봉사자들은 사회발전을 위하여 활동하는 사람들이므로 기관 직원의 협력자로서 대우를 받을 권리가 있다. 자원봉사자들은 자원봉사활동의 효율성과 성취감을 제고하기 위해서 적합한 업무에 배치받을 권리가 있으며, 자신이 자원봉사활동을 하고 있는 기관과 수행할 봉사업무에 대하여 알 권리를 가지고 있다. 또한 자원봉사활동 업무와 관련하여 교육과 훈련을 받을 권리가 있으며, 자원봉사활동을 통해 다양한 경험을 할 수 있는 기회를 가질 권리를 가진다. 무엇보다도 자신이 수행한 자원봉사활동에 대한 정당한 인정을 받을 권리가 있다. 자원봉사자들은 이러한 권리가 자신들에게 있음을 알아야 하며, 자원봉사활동기관 역시 자원봉사자들의 권리에 대해 숙지시키는 동시에 자원봉사자의 권리에 상응하는 실천을 하여야 한다(삼성사회봉사단, 1996).

또한 자원봉사자들은 자원봉사활동의 평가 차원에서도 주장할 권리가 있다. 자원봉사활동에 대한 정확한 시간을 인정받을 권리가 있으며, 자원봉사활동에 대한 인센티브 및 포상을 받을 권리, 제도적 지원으로 상해보험, 경력 증명서, 활동 실비를 제공받을 권리가 있다. 또한 교육 내용 및 교육프로그램에 대한 요구, 자원봉사활동 전반에 대한 평가와 제안에 대한 추적(follow up), 간담회 및 평가회의 요구, 공개 혹은 투명운영의 요구(활동관리대장, 소식지 공개 등), 수혜만족도 조사결과의 요구 등이 자원봉사자가 요구할 수 있는 권리로 제시되기도 한다(구혜영, 2008). 자원봉사활동에 대한 환류(feed back)와 평가를 받고 제안할 권리가 있음을 나타내고 있다. 그러나 이러한 권리는 국가적 제도의 뒷받침이 있을 때 가능하다.

이와 같은 자원봉사자의 권리는 자원봉사자들이 어떤 위치에서 어떠한 공헌을 하고 있는지 구체적으로 알 수 있도록 해야 한다. 이는 자원봉사활동의 성공과 실패를 가늠하는 중요한 요소가 될 뿐만 아니라 자원봉사자의 자기계발로 연결되어 역량을 강화시키는 요인이 된다.

2) 자원봉사자의 책임

자원봉사자는 권리를 가지는 동시에 자원봉사자로서 이행해야 할 책임 또한 가지게 된다. 맥그리거(McGregor, 1982)는 자원봉사의 책임을 ① 정직해야 할 책임, ② 신뢰받을 책임, ③ 비밀을 지켜야 할 책임, ④ 수용적이며 비심판적이어야 할 책임, ⑤ 충고가 위험하다는 것을 알아야 할 책임, ⑥ 잘 경청해 주는 사람이 되어야 할 책임, ⑦ 슬픔을 이해해야 할 책임 등으로 규정하였다(권중돈 외, 2008 재인용). 이러한 규정은 자원봉사자는 자원봉사활동을 정직하고 열정적이며 헌신적으로 해야 할 책임과 주어진 자신의 활동 업무에 최선을 다할 책임이 있음을 강조하고 있다.

자원봉사자는 상대방을 존중하며 열린 마음으로 경청하고, 기관이나 자원봉사 대상자와의 약속을 준수하며 이를 지킬 수 없을 때에는 기관이나 자원봉사대상자에게 미리 알려 주어 신뢰받는 자원봉사자가 되어야 한다. 특히 자원봉사자로서 기관이나 자원봉사 대상자에 관한 비밀을 지켜야 하는 것이 기본적인 준수 사항임을 인식해야 한다.

CHAPTER 3

자원봉사활동 과정

1. 기획과정

기획은 자원봉사자를 모집하기 전에 자원봉사자들이 하게 될 활동을 세부적으로 계획하고 설명하는 과정으로, 자원봉사 활동설계를 하는 것을 말한다.

자원봉사 활동설계란 자원봉사자에게 의미와 만족을 부여하고 자원봉사대상자에게 질 높은 서비스를 제공하는 것을 목적으로 자원봉사자가 하게 될 활동을 세부적으로 계획하고 설명하는 과정이다. 활동설계 과정은 자원봉사자가 적절히 수행할 수 있는 일에 대한 아이디어를 개발하는 데 직원을 참여시키면서 시작된다. 직원과의 상담하기, 직원의 지속적인 참여 유도 등은 활동설계 과정의 중요한 기능 중 하나이다. 자원봉사자에게 적절한 활동을 부여하기 위한 활동설계와 유의사항을 살펴보면 다음과 같다(김범수 외, 2004).

자원봉사활동기획을 할 때는 스스로 원해서 시간과 재능, 물질을 사용하도록 동기화해 주는 것이 필요하다. 그러기 위해서 다음의 네 가지 내용을 포함하도록 노력해야 한다.

첫 번째 내용은 주인의식(ownership)을 갖도록 하는 것이다. 주인의식을 심어 줄 수 있는 방법 중 하나는 자원봉사자 자신이 담당할 일을 통해 자부심을 느낄 수 있도록 하는 것이다. 자원봉사자가 스스로 통제하고 책임지는 자신만의 프로젝트나 독립된 책임을 부여받도록 자원봉사 프로그램을 제공하는 것이다.

두 번째 내용은 기획할 수 있는 권한(the authority to think)을 갖는 것이다. 개인과 팀의 차이는 자신들의 일을 계획, 평가 그리고 실행할 일에 대해 동의하는 권한, 즉 '생각할 권한'을 가진다는 점이다. 이 권한은 단지 일을 하는 것만이 아니라 하기로 결정하는 데 참여하는 것까지를 말한다.

세 번째 내용은 결과에 대한 책임의식(responsibility for result)을 갖는 것이다. 결과에 대한 책임이란 자원봉사활동 그 자체보다는 자원봉사활동 결과에 주목하여 자원봉사자로 하여금 목적을 달성하도록 그들을 격려하여 자원봉사자에게도 기관의 사명과 목표달성 결과에 대한 직접적인 책임이 있음을 자각하게 한다.

네 번째 내용은 업적과 활동 결과를 측정(keeping score)하는 것이다. 자원봉사자의 참여와 노력의 성과를 어떻게 측정하는가를 분명히 밝힘으로써 자원봉사자 자신이 기여한 가치를 평가할 수 있도록 해야 한다. 참고로 자원봉사관리자들은 자원봉사자들의 업적향상을 위한 상담 시 사용할 측정도구를 가지고 있는 것이 바람직하다(최유진, 2000).

활동기획은 자원봉사자를 모집하기 전에 행해지는 것으로서, 시설 및 기관의 목적달성에 이바지함과 동시에 자원봉사자들의 욕구충족 및 동기부여에 적합하도록 해야 한다. 이를 위해 구체적인 자원봉사활동과 절차를 설정한다. 즉, 활동기획에는 자원봉사활동시간, 활동기간과 예산, 구체적 활동 등을 구상하고, 각 자원봉사자들의 역할에 따른 활동설명서를 작성한다. 활동설명서는 직책명, 활동목적, 구체적 활동내용, 자격, 담당자 및 연락처, 훈련유무 및 내용, 소요시간, 평가 및 혜택, 관리체계, 정책 및 규정 등으로 구성되어 있다(볼런티어 21, 2001).

자원봉사활동을 통해 성취하기를 원하는 결과들에 초점을 맞추어 자원봉사활동설명서를 작성하는 것이 좋다. 자원봉사활동설명서의 구성요소는 다음과 같다(최유진, 2000).

1) 목적

활동수행을 통해 얻고자 하는 것으로 활동의 구성요소에서 가장 중요한 부분이다. 자원봉사활동이 기관과 봉사 대상자에게 왜 중요하고 필요한가를 인식할 수 있어야 하며, 활동을 통해 무엇이 변화될 수 있는지를 분명히 알려 주는 것이 좋다.

2) 활동내용

목적을 달성하기 위해 자원봉사자가 수행해야 할 활동을 구체적으로 서술한다. 무슨 활동을 어떤 기술을 가지고 누구와 함께 하게 되는가를 설명한다.

3) 관리체계

누가 자원봉사관리자인지를 알려 준다. 활동을 중단하거나 상의할 문제가 있을 경우 자원봉사관리자가 누구인지 그 자원봉사관리자는 전체 조직체계 중 어떤 위치에서 어떤 역할을 하고 있는지에 대해 알게 한다.

4) 훈련

자원봉사지원자는 자신이 훈련을 통해 새로운 기술을 배우고 새로운 활동을 경험할 수 있는지 여부를 관리자와 함께 판단해야 한다.

5) 소요시간

활동을 수행하는 데 필요한 시간, 주 또는 월 몇 회, 1회당 몇 시간 등을 구체적으로 밝힌다. 또한 활동기간 중 활동시간이 조정 가능한지도 밝혀 둔다.

6) 평가

자원봉사자들이 성취하고 있는 결과들을 관리하고 표시하게 될 방법이나 활동수행의 성공기준이 있다면 서술해 준다.

2. 모집과정

자원봉사자 모집이란 지역사회의 문제를 효과적으로 해결하기 위하여 잠재되어 있는 유용한 인적자원을 끌어내는 활동이다. 이는 지역사회에 참여, 기여하고자 하는 자원봉사와 도움을 필요로 하는 수요처(수요자)와 만나는 과정이다(한국중앙자원봉사센터, 2012).

자원봉사자 모집기술은 자원봉사자를 모집하기 전에 자원봉사활동 분야 및 수요처에 대한 정보, 관련한 표적집단을 구체적으로 정한 후 수요처와 활동자 양측의 정보를 고려하여 모집하는 것이 중요하다. 가장 효과적인 모집은 적합한 자원봉사자를 충분하게 모집하여 자원봉사인력을 확보하는 것이다.

1) 모집유형

자원봉사자 모집은 자원봉사자 개인이나 집단이 가지고 있는 욕구와 활동 기관, 조직이 원하는 욕구를 확인하여 연계하기 전의 과정이다. 자원봉사자나 자원봉사를 하고자 하는 사람들은 자원봉사를 할 만한 곳이 마땅하지 않다고 하고, 자원봉사 수요처에서는 늘 자원봉사자가 부족하다고 한다.

어떤 자원봉사자를 모집할 것인지에 대해 봉사활동처와 관련한 표적집단을 구체적으로 설정하고 봉사활동 내용과 자원봉사자 자질의 적합성을 고려하여 모집하는 것이 중요하다.

자원봉사자와 자원봉사활동처 간의 만족스럽고 효과적인 모집유형으로는 일반적으로 다음의 네 가지 유형을 제시하고 있다(최경덕 외, 2008 재인용).

〈표 3-1〉 자원봉사의 효과적인 모집유형

모집유형	내용	모집방법
다수모집	단기간 동안 단순한 일에 많은 자원봉사자를 찾고자 할 때 특히 효과적임	• 홍보물: 모집 포스터, 리플렛, 기념품, 현수막 등 • 대중매체: 케이블 텔레비전, 언론홍보 등 • 인터넷: 팝업, 배너 등 • 지역단체와의 직접 접촉
표적모집	특별한 기술을 가진 자원봉사자를 모집할 때 효과적이며, 어떤 심리적인 특징을 가진 자원봉사자를 모집할 때도 용이함	• 대중매체: 케이블 텔레비전, 언론홍보 등 • 관련 단체와의 직접 접촉
동심원모집	어떤 기관과 관련을 맺고 있는 사람들을 시작으로 밖으로 확산하여 자원봉사자를 모집해 나가는 방법	• 자원봉사자나 지역사회 관련 지도자를 통한 회원 독려, 참여
연계성모집	특정 성향의 그룹으로 이루어진 체계에 대한 모집 방법	• 특정 단체와 직접 접촉

2) 모집방법

자원봉사자 모집은 활동처에 따라, 모집 대상자에 따라 그 특성을 이해하고 다양한 방법 가운데 효과적인 방법을 선택하는 것이 중요하다. 다양한 매체 가운데 주요 사용자가 어느 대상인지 파악하여 자원봉사자가 사용빈도가 높은 매체를 활용하여 봉사자를 모집한다면 효과적이고 효율적인 접근이 가능하다. 또한 모집을 원활하게 하기 위해서는 활동명, 활동의 구체적인 업무와 모집 대상, 요청인원, 활동시간이 명확하게 제시되어야 하며, 자원봉사자에게 어떤 혜택(슈퍼비전, 보상 등)이 제공되는지가 제시되어야 한다.

〈표 3-2〉 자원봉사자 모집방법

모집방법	매체	내용
대중매체	인터넷, 텔레비전, 라디오, 신문 등	• 영향력이 크기 때문에 많은 봉사자 모집에 용이 • 개별 특성 파악이 어렵기 때문에 부적합한 봉사자들이 모집될 수 있음
정기간행물	우편발송	• 정해진 독자층에게 전달되는 편이기 때문에 적합한 모집자를 모집하는 데 용이
우편	우편발송	• 설정된 집단이나 무작위 집단을 임의 결정하기 용이하며, 결정에 따라 우편물로 전달
모집 캠페인	이벤트 행사, 모집 홍보	• 이벤트나 지역사회 행사와 함께 캠페인을 진행
지도자와의 접촉	개별 방문 접촉	• 지역사회 지도자 개별 접촉을 통한 지도자 회원들의 참여 독려 가능
일대일 모집	개별 접촉	• 현재 자원봉사자와 관련 있는 잠재적 봉사자와의 개별 접촉

또한 자원봉사활동자의 활동 주기나 패턴을 이해하여 모집방법을 활용하면 더욱 효과적일 수 있다. 학령기 청소년, 대학생의 경우 학년 말보다는 학기 초의 홍보가 효과적일 수 있고, 방학 직전에 홍보하면 일정기간, 하루 종일 상주가 가능한 봉사자를 확보할 때 유리하다. 주부봉사자의 경우는 국경일, 명절 등 가족과 함께 보내야 하는 기간을 피해서 모집해야 하며, 가족봉사단의 경우는 주말과 같이 온 가족이 시간을 맞출 수 있는 시간을 계획해야 한다.

〈표 3-3〉 자원봉사자 특성에 따른 모집방법

활동자	모집방법	내용
아동 및 청소년	• 대중매체 • 지도자와의 접촉	• 대중매체 접촉 빈도가 높은 연령층의 특성을 고려하여 인터넷 홈페이지, 아동 청소년용 케이블TV 등을 통한 홍보 • 학교장, 자원봉사 담당교사 등과 직접 접촉하여 협의, 홍보

성인	• 대중매체 • 우편 정기간행물	• 텔레비전, 신문, 우편물 등을 통한 홍보 • 성인이 속한 회사, 동호회 등을 통한 홍보
전문가집단	• 지도자 접촉 • 개별 접촉	• 전문가가 소속된 전문가 집단 장을 통한 접촉 • 직접 방문을 통한 1:1 접촉

자원봉사자 모집과정은 모집목표를 가지고 일련의 진행과정에 충분한 평가 및 조정 단계를 거침으로써 성공적인 자원봉사자 배치가 될 수 있도록 진행되는 중요한 과정이다. 한 명의 자원봉사자를 모집하는 일은 자원봉사자 한 개인뿐만 아니라 자원봉사 수요처와의 소중한 시작점이다.

〈표 3-4〉 자원봉사자 단계별 모집과정

단계	내용
1단계 모집목표 정하기	• 모집 전 업무설명서 등 자원봉사업무에 대한 구체적인 계획을 확인, 점검하여 모집 목표를 수립함 • 어떤 업무에서 일할 사람을 언제까지 몇 명 모집하기 원하는가?
2단계 모집대상 정하기	• 누가 이 일을 하고 싶을까? • 어디에서 그들을 찾을 수 있을까? • 실제 접근 가능성이 있는 집단(표적집답)을 정하고 활용가능 자원을 찾아봄
3단계 홍보방법 정하기	• 어떻게 그들과 연락할 수 있을까? • 어떻게 하면 쉽게 연결되고 또 설득력 있게 전달할 수 있을까?
4단계 홍보자료 작성하기	• 어떤 동기가 이 활동에 참여하도록 이끌까? • 모집하고자 하는 대상에게 적합한 스토리텔링 방법은?
5단계 모집활동 진행하기	• 어디서, 어떻게 홍보할 것인가? • 온라인과 오프라인 어떻게 접근할 것인가?
6단계 평가 및 조정하기	• 모집 과정에 따른 모집 상황이 원활한지 등 모집 과정 중 모집활동 전반에 대한 점검을 통해 모집 계획을 조정함

3. 교육과 훈련과정

1) 교육과 훈련의 필요성

자원봉사자를 위한 교육과 훈련은 이들이 자원봉사활동에 필요한 기본적 기술을 습득하는 데 도움을 주어야 하고, 개인적 성장을 위한 기회가 되어야 한다. 또한 자원봉사활동의 의미와 자신의 참여 동기를 성찰하는 시간도 마련되어야 할 것이다. 자원봉사자는 서비스 대상자를 대하는 방법, 자원봉사자의 자세와 역할, 직원이나 동료와의 관계, 자원봉사활동의 규칙과 의무, 그리고 업무에 필요한 실천적 기술습득에 대한 교육이 필요할 것이다.

이와 같은 교육과 훈련은 자원봉사활동에 대한 동기를 강화하고, 자원봉사활동의 사회적 의미를 이해할 수 있도록 도와주며, 자원봉사자로 하여금 수행하게 되는 업무에 대해 기술적으로나 심리적으로 준비되도록 돕는다(류기형 외, 2003).

자원봉사 관련 선행연구에서도 교육과 훈련이 자원봉사활동 수행에 긍정적임을 보여주고 있다. 구체적으로 심층적인 오리엔테이션 교육이 자원봉사자의 불안감과 역할 모호성을 해소하고, 자원봉사활동의 의욕을 높이며, 자원봉사활동의 성취도와 지속성 제고에 긍정적인 점을 밝히고 있다. 아울러 직무준비, 교육과 훈련의 만족도가 자원봉사활동의 지속성과 밀접한 관련이 있음이 확인되고 있다(조남호, 2005).

2) 교육과 훈련의 욕구

오늘날 자원봉사자들을 위한 교육과 훈련 프로그램이 효과적으로 수행되지 못하는 경우가 많이 발생한다. 그것은 대상자들에 대한 정확한 이해가 부족하고, 거기에 따른 방법이 제대로 적용되지 못하고 있기 때문이다. 그뿐만 아니라 교육과 훈련담당자의 전문성도 모자라는 경우가 많다.

자원봉사자들은 자신의 흥미, 기술, 잠재력을 더욱 유용하게 활용하길 바라며, 프로그램 목적에 대한 이해와 목표를 달성할 수 있는 기술에 대한 충분한 교육과 훈련을 기대한다. 자원봉사자들은 프로그램에 제한적으로 참여하는 데 그치는 것이 아니라, 지역사회를 개선하는 데 자신의 능력과 기술을 활용하려고 한다. 또한 그들은 노인 또는 청소년일 수도 있고, 고학력 또는 저학력자일 수도 있다. 전문적 경험이나 직업상의 경험이 있을 수도 있고 없을 수도 있다. 직장인일 수도 있고, 은퇴 또는 실직상태일 수도 있다.

따라서 교육방법과 내용을 계획함에 있어서 더욱 충분히 개별화할 필요가 있다. 특히 과업을 위한 훈련과 교육내용뿐 아니라 새로운 상황에 적응하고, 기술과 지식, 이해를 적절히 전환시킬 수 있는 학습이 가능해야 한다(Stenzel & Feeney, 1976). 그러므로 교육과 훈련 프로그램을 짤 때는 자원봉사자의 특성과 동기, 여건 등을 고려하여 자원봉사자들의 요구에 들어맞는 교육훈련이 되도록 해야 한다.

자원봉사에 대한 마음가짐과 준비가 한 번의 교육으로 완성되는 것은 아니다. 자원봉사자 교육 시 강조해야 할 점은, 자원봉사자는 활동을 하는 동안 자기개발을 위한 교육과 훈련을 계속적으로 받을 필요가 있다는 점이다. 또한 기관 혹은 센터에서도 이들을 위한 교육과 훈련기회를 계속적으로 개발하고 제공해야 할 의무를 지닌다.

읽기자료

자원봉사 교육과 훈련 프로그램 원칙

성인교육 전문가 레인맨(E. S. Rainman)과 리피트(R. Lippitt)는 자원봉사 교육과 훈련에 중요한 의미를 갖는 원칙을 다음과 같이 제시하고 있다.

- 자원봉사자는 다양한 경험과 지식, 기술을 가지고 있다. 따라서 자원봉사자는 경험과 지식, 기술을 토대로 할 때, 가장 효과적이고 연관성 있는 학습이 가능하므로 이를 고려하여 교육과 훈련방법을 정한다.
- 자원봉사자는 대부분 자발적이며 분명한 동기와 흥미를 가지고 있다. 따라서 자원봉사자가 피동적으로 교육훈련을 받을 것이 아니라, 자신들의 학습경험을 스스로 계획하고 운영하도록 한다.

- 자원봉사자는 자원봉사자활동을 하는 데 필요한 실제 방법을 배우기 위해 교육과 훈련에 참여한다. 따라서 교육과 훈련은 실제적이고 배우는 사람들에 관련된 것이어야 하며, 그들이 실생활과 관련되어 있어야 한다.
- 자원봉사자는 형식적이고 지루한 주입식 교육 등과 같은 학습상황을 경험한 경우가 많은데, 이러한 경험은 자원봉사가 흥미를 잃게 할 수 있다. 따라서 학습활동은 비공식적인 경험위주의 분위기에서 진행시켜야 한다.
- 자원봉사자는 부모·직장인·학생·시민으로서의 다양한 개인적 역할을 하고 있으므로 시간적 제약을 받는다. 따라서 자원봉사자 대부분은 시간에 제약을 받고 있다는 사실을 감안하여 교육과 훈련계획을 세워야 하며, 그들이 다른 일에도 당연히 시간을 바쳐야 한다는 사실을 인정해야 한다.
- 자원봉사의 세계에서는 교육과 훈련에 참여하는 것을 지원하거나 그것 자체를 보상하는 규범이나 절차가 발전되어 있지 않다. 따라서 단체 혹은 센터는 교육과 훈련 자체를 자원봉사로 보상하고 인정해야 한다.
- 교육과 훈련방식과 내용은 여러 해에 걸쳐 반복되는 동안 특정한 시기와 특정한 참가자에 맞게 수정되지 못한 채 계속되어 왔다. 따라서 가능하면 교육과 훈련마다 교육과 훈련담당자와 참가예정자 중 몇 명이 함께 계획하도록 하여 특정한 집단이 가지고 있는 요구를 충족시킨다.
- 교육과 훈련은 흔히 자원봉사자에게 지속적인 지원기회를 주지 못하고 일회성으로 끝나 버리는 경우가 있다. 따라서 자원봉사자에게는 계속적인 교육과 훈련이 필요하다. 처음부터 후속교육과 훈련의 중요성을 충분히 주지시켜야 한다.
- 자원봉사지도자 교육과 훈련은 보통 한 기관 혹은 단체에 의해서 특정 계층의 자원봉사자를 대상으로 실시된다. 따라서 교육과 훈련은 여러 기관의 공동주최로 하여 가능한 모든 자원을 활용한다.

출처: 류기형 외(2009).

3) 교육과 훈련내용

교육과 훈련은 그 시기에 따라 업무 전 교육, 업무 중 교육으로 구분할 수 있다. 업무 전 교육에는 오리엔테이션, 사전훈련 등이 포함되며, 업무 중 교육은 초기훈련과 인서비스훈련이 있다(조휘일, 1996).

(1) 오리엔테이션(orientation)

오리엔테이션은 기관의 사명과 목적, 기관의 구조, 프로그램 등의 설명 등이 제공되는 것으로, 기관의 전반적인 소개과정이라고 볼 수 있다.

또한 기관이나 센터의 사무실 방문, 관련 직원과의 인사와 소개 등은 기본적으로 이루어져야 한다. 즉, 자원봉사자가 그들이 일할 영역뿐 아니라 전체 기관과 친숙해질 필요가 있다.

(2) 사전훈련(preservice training)

사전훈련은 오리엔테이션 후 자원봉사자들이 활동을 하기 전에 활동에 필요한 지식과 기술을 습득하도록 마련된 연수훈련이다. 훈련내용은 자원봉사자의 욕구와 특성, 기관에서 필요한 업무, 자원봉사자의 경험정도에 따라 다양하게 구성된다. 훈련 시기는 단시일 내에 집중적으로 진행되는 방법과 분산해서 실시하는 방법이 있다(류기형 외, 2009).

(3) 초기훈련(start-up training)

자원봉사자가 활동에 앞서 교육과 훈련을 받았다 할지라도 봉사활동에 참여하는 초기단계에는 매우 미숙한 상태에 있다. 따라서 의사결정 등에 어려움을 겪을 수 있으며 도움이 필요한데, 이에 대한 교육이 초기훈련이다. 이러한 초기훈련의 방법에는 여러 가지가 있다. 예를 들어, 최초의 활동을 마친 후 관리자와 훈련자가 자원봉사자와 직접 만나거나 전화로 일이 잘 진행되었는지, 어떤 느낌을 받았는지, 활동과 관련하여 질문이 있는지 묻고 답하는 의견교환의 방식으로 이루어질 수 있다. 또는 자원봉사활동 초기부터 경험이 많은 직원과 짝을 지어 활동하면서 서로 관찰하고 경험한 사실에 대해 토의할 수 있다. 이때 경험이 많은 파트너는 조언자의 역할을 할 수 있다. 이 밖에 봉사활동에 참여한 단기모임을 만들거나 그룹별 토의를 통해 봉사활동에 대해 서로 피드백을 주고받을 수 있다.

(4) 인서비스훈련(inservice training)

인서비스훈련의 목적은 자원봉사의 기술을 향상시키고, 그들이 매너리즘에 빠지지 않도록 하며, 문제점을 해결함으로써 자원봉사활동의 계속성과 서비스의 질을 고양시키는 데 이바지하는 것이다. 또한 인서비스훈련에서 중요한 요소는 자원봉사자에게 새로운 지식과 기술, 태도를 소개하는 것이다. 구체적으로는 회의참석, 정기적인 모임을 통한 토론에 참여, 유사한 사업을 수행하는 다른 기관·조직에 일정 기간 파견하여 그 기관·조직의 과업수행 방법과 기술을 배우게 하는 것 등이 있다.

또한 자원봉사자 단기안식제(mini-sabbatical)를 도입하여 일정 기간 휴식하면서, 지역사회의 다른 기관·조직을 방문하여 새로운 아이디어를 얻게 하거나 훈련세미나 등에 참여하도록 하는 것이 있다. 이 밖에 자원봉사자에게 유익한 공개강좌 및 교육 프로그램이 있다면 자원봉사자에게 수강을 권하거나 경우에 따라 기관·조직에서 등록비를 부담해 줄 수도 있다.

(5) 정기적인 점검(periodic review)과 피드백(feedback)

자원봉사활동의 전 과정을 통하여 정기적으로 점검하고, 이에 대한 피드백을 이후 자원봉사활동에 반영하는 것은 매우 중요하다. 예를 들어, 자원봉사활동을 정기적으로 녹화하여 관찰하고 나서, 그 결점을 분석할 수 있는 기회를 제공할 수 있다. 정기적인 점검은 자원봉사자에게 가장 필요한 훈련의 종류를 결정하는 데 도움을 줄 수 있다. 자원봉사활동을 위한 훈련계획을 수립하는 데 있어 클라이언트에게 의견을 듣는 것도 한 가지 방법이 될 수 있다. 또한 이러한 점검을 통해 나타난 새로운 제안과 피드백을 실천에 옮기는 것이 무엇보다도 중요하다. 피드백은 사전훈련에서부터 기능전환훈련에 이르는 전 훈련과정에서 모두 중요하다.

(6) 기능전환훈련(transition training)

자원봉사자가 새로운 직무로 옮겨 가는 경우 새로운 지식과 기술을 습득할 필요가 발생하게 되는데, 이때의 훈련을 기능전환훈련이라 한다. 기능전환훈련은 새로운 과업을 추진할 수 있도록 준비시킨다. 이를 위해 토의, 관찰, 역할극, 인터뷰 또는 그 외의 다른 방법을 통해 새로운 과제를 잘 수행할 수 있도록 지원해야 한다.

한편 자원봉사 프로그램의 효과와 성공을 위해서는 자원봉사자뿐만 아니라, 정규직원들에 대한 훈련도 동시에 이루어져야 한다. 정규직원에 제공되는 훈련이 자원봉사자들의 업무와 관련이 있다면, 자원봉사자들도 참여하여 훈련을 받을 수 있도록 할 필요가 있다.

4. 배치와 평가과정

1) 자원봉사자 배치

자원봉사자가 교육과 훈련과정을 마치면 현장에 배치를 하게 되는데, 이때 가장 기본적인 원칙은 인재를 적재적소에 배치하는 것이다. 아무리 능력이 뛰어난 자원봉사자라 할지라도 자신의 능력을 적합하게 사용하지 못한다면 그의 잠재력은 위축되기 때문이다. 여기서 적재란 그 직무를 가장 능률적으로 수행할 수 있는 자원봉사자를 의미하며, 적소란 자원봉사자에게 가장 적합한 직위 혹은 직무를 뜻한다. 따라서 적재적소주의에 입각하여 배치를 하려면, 직무가 요구하는 요건과 인적 적성이 잘 조화를 이룰 수 있도록 고려하는 것이 중요하다. 여기서 직무요건이란 직무를 올바르게 수행함에 있어서 자원봉사자에게 요구되는 신체적·정신적 특질을 의미하고, 적재로서의 요건이란 자원봉사자가 맡은 직무를 충실히 수행할 수 있는 능력과 신체적·정신적 특질을 의미한다(이성록, 1996).

이러한 배치과정에서 선행되어야 할 것은 자원봉사 지원자에게 직무조건에 대한 정보를 주고, 이에 대한 충분한 이해와 협의과정이다. 즉, 지원자에게 자원봉사자로서 자신이 활동하게 될 영역과 직무를 수행하기 위한 기술, 능력, 요구시간에 대하여 충분히 설명해야 한다. 일부 자원봉사 지원자는 합리적인 판단보다는 충동적으로 활동영역이나 직무유형을 선택하기도 한다. 따라서 관리자는 면접을 통하여 자원봉사 지원자 개인의 기대와 욕구를 파악하고, 지원자의 기술과 잠재력 등 개인적 특성을 고려하여 적재적소에 배치하는 과정이 필요하다.

효과적인 직무수행을 위하여 오리엔테이션, 교육과 훈련과정의 목적과 필요성, 일정에 대한 정보를 제공하고 참석에 대한 협의가 이루어져야 한다. 선발과 배치에서 자원봉사자, 클라이언트, 기관 등 삼자의 욕구에 적합한 자원봉사업무에 선발·배치되어야 한다. 조휘일(1998)은 자원봉사자 선발·배치기준을 확정하기 위한 행동지침을 다음과 같이 제시하고 있다.

① 자원봉사자는 유급직원을 대치하는 역할을 담당해서는 안 된다.

② 자원봉사자는 그들이 가진 기술과 능력, 욕구를 적절히 반영할 수 있는 역할에 배정되어야 하며, 차별대우가 없어야 한다.

③ 자원봉사자는 그들의 능력과 그들에게 요청되는 일을 수행하겠다는 의욕에 따라서 업무가 배정되어야 한다.

④ 자원봉사자는 기관에 대해서 동정심과 헌신적인 마음을 줄 수 있을 정도로 충분히 도전적이고, 자원봉사자에게 성장의 계기를 마련할 수 있는 업무가 제공되어야 한다.

⑤ 자원봉사자의 선발은 클라이언트는 물론 기관에 대해서도 책임성을 강조해야 한다.

⑥ 자원봉사자의 업무배정은 초기 접촉 후 짧은 시간 내에 이루어져야 한다.

⑦ 자원봉사자가 특정 업무에 배정되기를 원한다 할지라도 그 업무의 수행에 적합

하지 않은 자원봉사자일 경우에는 수용되지 않아야 하며, 이때 자원봉사 관리자는 다른 기회를 찾아보도록 권유해야 한다.

⑧ 잠정적인 자원봉사자들은 장기간의 봉사를 약속받기 전에 견습기회를 가져야 한다.

⑨ 상호협의에 의해 체결된 계약은 자원봉사자의 욕구보다 능력에 맞게 조정되어야 한다.

⑩ 자원봉사자의 특수하고 독특한 기술, 경험과 재능을 충족시키기 위해서는, 필요하다면 이들의 업무가 새로이 창조되어야 한다.

⑪ 자원봉사자가 자원봉사자 교육과 훈련기관에 의해 의뢰된 경우에는 의뢰받은 기관 또는 부서는 최소한 다음의 요구사항을 준비하고 자원봉사자를 수용해야 한다.

- 의뢰된 자원봉사자를 수용하는 기관과 부서는 자원봉사자 서비스를 최대한 잘 활용할 것에 동의한다.
- 서면으로 작성된 업무분장을 준비해야 한다.
  - 자원봉사자를 지도·감독할 직원을 배정한다.
  - 자원봉사자에 대한 오리엔테이션과 훈련을 제공해야 한다.

⑫ 자원봉사자는 반드시 기관에 배속되어야 한다. 개인에게 의뢰되면 안 된다.

2) 자원봉사자 지도 · 감독

자원봉사자도 직원과 마찬가지로 기관 내의 모든 상황을 파악할 수 있으며, 어떤 일이 행해져야 하는지 알 수 있는 직원으로부터 지지받기를 원한다. 따라서 자원봉사자의 관리에 있어서 가장 중요한 점은 그들이 활동하는 동안 책임을 함께 나눌 수 있는 직원을 정하고, 접근할 수 있는 통로를 마련하는 것이다(조휘일, 1998). 기관에서 공식적인 훈련을 한 후 자원봉사자를 내버려 두거나 획일적으로 관리하는 사례를 볼 수 있는데, 이는 심각한 문제를 가져온다. 즉, 관리자가 기관의 목적과 욕구가 무엇인지는 알지만, 자원봉사자의 활동목적과 욕구는 무엇인지 잘 모르거나 무관심한 경우가 많기 때문이다. 이러한 경우 클라이언트는 물론 기관의 직원들과 갈등을 빚거나 문제를 가져올 수 있다(이성록, 1996).

올바른 지도·감독을 위해서는 우선 자원봉사자를 책임지고 지도할 수 있는 직원을 지정하고, 직무분장(job description)에도 이를 명시함으로써, 자원봉사자 지도·감독을 수행하기 위해 시간과 노력을 할애할 필요성을 이해하고 실천하게 된다. 효과적인 지도·감독을 위해서는, 첫째, 직무에 관해 완벽한 지시를 주고, 어떤 질문에도 응답할 준비를 해야 한다. 둘째, 기관이 기대하는 것을 명확히 전달한다. 셋째, 자원봉사자의 활동에 인정과 감사를 표시한다. 넷째, 부적절한 행동에 대해서는 바로잡을 수 있게 도와준다. 다섯째, 자원봉사자의 욕구를 충족시키는 데 융통성을 발휘할 수 있어야 한다. 예를 들어, 자원봉사자의 욕구가 성취지향이냐 권력지향이냐 하는 친화지향에 따라 지도·감독의 내용도 달라질 수 있다(이성록, 1996).

훌륭한 지도감독자가 되려면, 자원봉사자가 일단 자신들의 업무를 파악하면, 그들의 업무수행이 질적·양적 측면에서 어떻게 평가될 것인지를 알려 주어야 한다. 또한 자원봉사자를 위해 가능한 훈련 프로그램의 기회와 성장기회를 알려 주어야 한다(Macduff, 1987).

3) 자원봉사자 평가

자원봉사자가 자원봉사활동을 통해 자신의 잠재능력을 최대한 발휘할 수 있도록 돕고, 기관은 자원봉사자들과 더 잘 일할 수 있도록 하기 위해 자원봉사자 평가가 이루어진다. 따라서 자원봉사활동이 이루어진 뒤에는 자원봉사자가 실천한 일의 계획과정에서부터 실천과정에 이르는 사이에 있었던 클라이언트와 기관, 소집단, 지역사회, 기타 자원체계와의 관계에서 있었던 일들을 분석, 평가함으로써 앞으로의 효과적인 실천에 도움을 주어야 한다. 반드시 이러한 평가의 실시와 방법, 내용에 대해서는 초기 오리엔테이션 때 자원봉사자들에게 설명해야 하며, 지도·감독을 하는 직원들이 점검해야 한다.

자원봉사자의 평가유형은 크게 네 가지로 구분할 수 있다. 첫째는 자원봉사자 개개인의 기간별 평가, 둘째는 자원봉사서비스에 대한 클라이언트에 의한 평가, 셋째는 직원에 의한 자원봉사 프로그램 평가, 넷째는 자원봉사 프로그램이 이 기관의 서비스에 주는 화폐적인 기여도의 평가 등이다.

평가를 위해서 관리자는 직원 및 자원봉사자 개개인에 대한 충분한 지식과 협조가 전제되도록 한다. 따라서 평가는 양방향회의가 되어야 한다(김범수 외, 2001). 즉, 지도감독자에게는 자원봉사자의 업무에 관해 칭찬이나 건설적 제안을 할 수 있는 기회가 되어야 하며, 자원봉사자에게는 그들의 참여가 증진될 수 있는 것에 대해 말할 수 있는 기회가 되어야 한다.

평가회의를 수행하는 방법 중 하나가 RAP 방법이다. 즉, 과거를 검토(Review)하고, 현재를 분석(Analyze)하고, 미래를 계획(Plan)하는 것이다. 구체적으로는 업무분장에 따라 자원봉사자가 업무를 수행하는지 확인하고 업무효율성을 살펴보며, 다른 자원봉사자나 직원과의 근무관계, 지난 번 점검과의 비교 등을 통해서 평가할 수 있다. 이때 자원봉사자로 하여금 자원봉사 프로그램을 평가할 수 있는 기회를 주고 효율적인 업무수행을 위한 제안을 하도록 한다(McCurley & Lynch, 1996; 유성호, 1997). 특히 평가에서 고려해야 할 점은 자원봉사자 자신 스스로 평가에 근거하여, 본인의 참여를 통해 공정히 이루어져야 한다.

5. 프로그램 개발과정

일반적으로 사용하는 프로그램이라는 용어의 사전적 의미는 목록, 순서, 예정계획이라는 뜻으로, 프로그램은 의도된 계획에 따라 구체적인 목표를 달성함으로써 사람과 지역사회를 변화시키고자 하는 것이며, 자원봉사자의 참여를 통해 지역사회의 문제와 욕구를 해결하기 위한 활동들의 집합체라고 할 수 있다(볼런티어21, 2004; 한국중앙자원봉사센터, 2011).

이러한 맥락에서 자원봉사프로그램이란 '자원봉사자들의 참여를 통해 지역사회의 문제와 욕구를 해결하기 위한 활동들의 집합체'라 할 수 있으며, 이는 욕구조사 지역의 문제를 반영한 기획에 기초하여 자원봉사자 모집, 교육, 지도, 평가 등 일련의 조직적 과정을 포함한다.

즉, 자원봉사현장에서 가장 최우선의 과제라고 할 수 있지만 프로그램 개발은 단순한 과정이 아니며, 자원봉사조정자의 열정적이고 꾸준한 노력이 없이는 성공할 수 없다는 점에서 함께 고민하고 개발하지 않으면 안 된다(대구광역시자원봉사센터, 2014). 이 자원봉사프로그램은 자원봉사 관련 기관의 장기 또는 연차별 자원봉사활동의 기획과정을 통해 추진된다. 자원봉사활동의 기획은 구체적인 자원봉사 프로그램을 개발하기에 앞서 어떤 목적하에 언제, 어디서, 어떠한 방법으로, 어떻게 문제를 해결할 것인가에 대하여 장기 또는 연차별 활동을 개략적으로 수립하는 것을 의미한다. 이를 통해 볼 때, 자원봉사프로그램 개발은 특정 기간에, 프로그램 담당자들이, 특정한 방법과 자원을 사용하여, 특정한 사람들을, 바람직한 상태로 이끌기 위해 사전에 마련한 장기 또는 연차별 자원봉사활동 계획을 보다 구체화·실제화하려는 시도라고 할 수 있다(한국중앙자원봉사센터, 2011).

1) 자원봉사 프로그램의 특징

첫째, 자원봉사 프로그램은 자원봉사의 가치를 실현할 수 있어야 한다. 당연한 이야기이지만 최근 체험 위주의 프로그램 등이 확산되면서 자원봉사활동으로 보기 어려운 내용이 자원봉사 프로그램이라는 이름으로 운영되는 경우를 발견할 수 있다. 자원봉사 프로그램은 기본적으로 자원봉사의 가치를 실현한다는 전제를 바탕으로 그 내용과 방법이 구성되어야 한다.

둘째, 자원봉사 프로그램은 자원봉사자의 참여로 이루어진다. 자원봉사 프로그램은 공모전이나 특정 형태를 제외하고는 자원봉사자의 직간접적인 참여를 통해 운영된다. 따라서 자원봉사자를 수행 인력이나 활용자원으로 보는 일반적인 사회복지 프로그램과 달리 프로그램의 주요 참여대상으로 인식하고 목표나 대상자 선정 등 모든 프로그램의 개발과정에서 이를 고려해야 한다.

셋째, 자원봉사 프로그램은 자원봉사자, 서비스 대상자나 지역사회, 프로그램을 운영하는 자원봉사기관에 대한 통합적인 고려가 이루어질 때 그 효과를 높일 수 있다. 프로그램은 자원봉사활동의 주체인 자원봉사자와 서비스 대상자의 욕구와 문제, 지역사회 등을 전체적으로 고려하여 내용과 방법이 적합하고 친밀감이 있는 것으로 선정하되, 자원봉사센터의 사명에 부합할 수 있어야 사회적 동의를 확보하고 운영하는 데 도움이 된다.

넷째, 자원봉사 프로그램은 문제를 해결하거나 욕구에 부응하는 결과뿐 아니라 그 과정자체가 큰 의미를 갖는다. 청소년의 경우 봉사활동을 통해 학습을 경험하게 되고, 자원봉사 프로그램의 과정 안에 지역자원의 네트워크와 유기적인 협력이 일어나게 된다. 따라서 함께 할 자원의 조직화와 지역의 독특한 특성을 발굴해 내는 일 또한 중요한 과제가 된다(한국중앙자원봉사센터, 2011).

2) 자원봉사 프로그램 준비단계

(1) 프로그램을 위한 준비

① 모든 자원봉사 대상자와 그 가족들을 포함하여 가능하면 함께 프로그램이 이루어지는 것이 바람직하다.

② 경제적·심리적·문화적 제반 측면을 통합적으로 고려하는 프로그램을 제공하도록 한다. 단순히 수혜자 개인의 신체적 원조나 경제적 원조서비스에만 그치는 것이 아니라, 클라이언트와 그 가족의 사회적 관계망을 유지시켜 주고, 정서적인 안정을 회복시켜 주는 사회·심리적 서비스가 병행되도록 프로그램이 설계되어야 한다.

③ 계속적이며 제도적인 안정성을 띠는 것이 좋다.

④ 공공시설, 기업, 민간단체, 종교계, 사회복지기관과 시설 등 다양한 인적·물적

자원을 연결하여 봉사자에게 체계적인 서비스가 지원될 수 있는 시스템을 구축하여 프로그램을 제공한다.

(2) 자원봉사 관리자를 위한 준비

① 자원봉사정신을 이해하고 스스로 현장체험을 해 본다. 관리자에게는 현장에서 발생하는 여러 상황에 대한 분석, 대처능력이 요구된다.

② 자신감을 가지고 적극적으로 활동한다.

③ 정보와 기술을 제공해 주고, 프로그램 계획과 실행을 도와줄 우호적인 내부자원과 지역사회 협력자원을 발굴한다.

(3) 자원봉사자를 위한 준비

① 자원봉사자의 자발성을 유도하는 내용의 프로그램이 준비되어야 한다. 이를 위해서는 자원봉사자의 욕구와 필요가 반영되어야 할 것이다.

② 자원봉사자 간 유대감이 강화될 수 있는 내용의 프로그램이 준비되어야 한다. 자원봉사활동을 통한 만족감은, 특히 동료 간의 긍정적인 인간관계에 영향을 받게 되는데, 이는 자원봉사활동의 가장 큰 보상 중 하나이다.

③ 성취감을 도모하는 내용을 반영한다. 자원봉사자들이 성취감을 경험할 수 있도록 프로그램을 기획하며, 특히 그 감동을 체험할 수 있는 기회가 마련되어야 한다.

(4) 수혜자를 위한 준비

① 서비스 수혜자의 욕구와 필요에 근거하여 마련되어야 하며, 수혜자가 원하는 것으로 기쁘게 받아들일 수 있는 것이어야 한다.

② 지역사회 문제해결과 실정에 초점을 맞추어 계획되고 실행되어야 한다.

③ 자원봉사 프로그램이 기관의 사명과 비전에 일치해야 한다.

3) 자원봉사 프로그램 개발단계

사회복지프로그램을 개발을 위해서 최일섭 외(1993)는 사회문제의 확인에서 목표 설정, 프로그램 설계, 평가의 단계를 거쳐 문제를 인식하고 프로그램 국면으로 전환할 것을 제안하고 있다. 자원봉사프로그램 또한 이것에 기초하여 관련 내용을 개발하려는 노력이 필요하다.

이에 따라 자원봉사프로그램은 문제 확인, 목적 및 목표 설정, 프로그램 설계, 평가계획의 4단계로 구분할 수 있으며, 이러한 과정은 각각의 단계가 서로 밀접하게 연결되어 있는 유기적인 과정으로 볼 수 있다. 자원봉사조정자는 자원봉사프로그램의 전체 과정과 세부 과정에 대한 균형 잡힌 인식을 바탕으로 지속적이고 안정된 프로그램을 구성하려는 노력이 필요하다(볼런티어21, 2004; 한국중앙자원봉사센터, 2011).

프로그램 개발단계에서의 고려사항은 다음과 같다.

① 자원봉사자가 할 수 있는 활동인가?
② 저녁과 주말에 나누어 활동하는 것이 가능한가? 시간제로도 가능한가?
③ 활동에 필요한 기술을 자원봉사자들이 쉽게 배울 수 있는가?
④ 그 활동내용에 적합한 기술을 가진 자원봉사자들이 있는가? 혹은 그러한 잠재적 자원봉사자들은 누구이며 어디에 많이 있는가?
⑤ 자원봉사자들이 활동하는 것이 비용 면에서 효과적인가?
⑥ 자원봉사 프로그램을 위한 지원체계(자원봉사 정책서)가 마련되어 있는가?
⑦ 자원봉사조정자들은 그 활동이 자원봉사자들에게 맡겨지기를 원하는가?
⑧ 자원봉사자들과 함께 일하게 될 자원봉사조정자들이 자신의 역할을 이해하고 있는가?
⑨ 기획한 활동내용이 참여한 자원봉사자들에게 보람 있고 재미있는 것인가?

〈표 3-5〉 프로그램 개발단계

단계	내용
1단계 문제 확인	• 필요성 검토 • 문제 심각성과 원인 파악 • 해결가능성의 구체적인 검토
2단계 목적 및 목표 설정	• 목적 수립 • 구체적 목표 설정
3단계 프로그램 설계	• 대상자 선정 • 구체적인 활동 계획 • 예산 수립
4단계 평가 계획	• 평가내용, 평가주체, 평가시기, 평가도구 등 계획

(1) 문제 확인

이 단계는 구체적으로 프로그램을 개발하기 전에 자원봉사프로그램이 왜 필요한가를 검토하는 작업이다. 그러나 지역사회에 욕구나 문제가 존재한다는 것만으로는 자원봉사프로그램을 개발하고 수립하기 위한 충분한 전제조건이 될 수 없다. 구체적으로 문제의 심각성과 문제의 원인, 진행과정, 관련된 사람과 기관 등을 파악하고, 이에 대한 구체적인 통계 및 객관적 자료를 제시하고, 다양한 해결 가능성에 대한 구체적인 검토가 이루어져야 한다(한국중앙자원봉사센터, 2011).

이를 위해 지역사회가 안고 있는 여러 가지 문제들을 찾아내는 일은 그다지 어려운 작업은 아니다. 비록 지역적인 특수성에 의해 문제의 심각성의 정도는 차이가 있을 수 있지만, 우리 사회가 직면한 일반적인 사회문제들을 그 지역사회에 적용해 볼 수 있다. 일반적으로 사회에서 논의되고 있는 사회문제의 범주는 도시문제, 빈곤문제, 가족문제, 노인문제, 여성문제, 환경문제, 보건의료문제, 부정부패문제, 청소년문제 등 다양하다. 그리고 이러한 사회문제의 하위영역에는 수없이 많은 세부적인 이슈들이 있다. 즉, 다양한 사회문제 중에서 자원봉사활동 프로그램과 관련이 될 수 있는 이슈들을 찾으려는 노력이 요구된다(볼런티어21, 2004).

〈표 3-6〉 프로그램명 정하기

구분	내용
슬로건을 활용한 프로그램명	• 청소년 수화교육: 수화 배우기 '눈으로 보는 마음, 손으로 전하는 사랑' • 음식물 쓰레기 줄이기 캠페인: '지구를 살리는 잔반 ZERO' • 어르신 핸드폰 교육: 어르신과 함께하는 행복한 모바일 세상 '우리는 엄지족'
유행어를 활용한 프로그램명	• 지역 환경정화 활동: '동방쓸기(동네방네 쓸고 닦기)' • 어르신을 위한 사랑의 손마사지: '애정손 프로젝트'
의미를 살리는 프로그램명	• 사랑의 연탄배달: '구공탄 특공대' • 재활용품을 활용한 책장 만들기: '고물을 보물로'

(2) 목적 및 목표 설정

이 단계에서는 지역사회에서 확인된 문제를 해결하기 위한 목표를 설정하게 되는데, 특히 프로그램의 목적(purpose)을 달성하기 위하여 한 가지 이상의 일반적 목표(goal)가 설정된다. 구체적 목표설정은 반드시 목적으로부터의 논리적 추론(목적 → 일반적 목표 → 구체적 목표) 식으로 설정되는 것이 아니고, 경우에 따라서는 사회문제 또는 지역사회문제의 해결을 위하여 어떤 프로그램이 설정되고 이에 따라 구체적인 목표가 설정되는 경우도 있다.

그리고 목적은 명백하게 문서화되어 있어야 하며, 그 프로그램의 추상적 가치를 포함한다. 실행목표는 간단명료하고, 실행 가능하며, 그 결과를 현실적으로 측정 가능해야 한다. 프로그램의 구체적 목표는 '주어진 기간 내에 계량화될 수 있는 의도된 결과'로서 ① 프로그램에 적합한 것이어야 하고, ② 바라는 결과가 명시되어야 하고, ③ 바라는 결과가 계량화될 수 있어야 하며, ④ 결과를 얻기까지의 시간이 명시되도록 서술되는 것이 바람직하다(최성재, 2006).

(3) 프로그램 설계

목적과 목표가 설정되고 나면 구체적인 자원봉사프로그램을 설계하는 일이 요구된다. 이 단계의 시작은 목적과 목표를 달성하기 위한 자원봉사와 관련한 여러 가지 아이디어를 활용하고 각 아이디어에 대한 실천 가능성을 따져 보는 것으로부터 출발한다. 자원봉사조정자는 자원봉사자들과 함께 아이디어 회의(brainstorming)를 통해 실제적인 활동을 계획할 수 있다(대구광역시자원봉사센터, 2001).

이 단계에서는 이러한 아이디어 회의에 기초하여 적합한 대상자를 선정하고 이들을 위한 다양한 자원봉사활동을 구성해 나갈 수 있다. 자원봉사조정자는 프로그램 설계 과정을 활발하게 진행하는 것이 프로그램의 완성도를 높이는 동시에 자원봉사자의 활동 만족도를 향상시키는 중요한 요인이 될 수 있음을 인식하고 이 단계에 특별한 노력을 기울여야 한다. 또한 이 단계에서 프로그램 성과를 보다 세심하게 고려한 프로그램의 설계를 위하여 다음의 내용을 프로그램 전반에 포함하려는 노력도 필요하다. 이 밖에도 설계 단계에서는 프로그램의 추진을 위해 반드시 필요한 예산 내역도 포함할 필요가 있다.

〈표 3-7〉 프로그램 단계별 고려사항

단계	내용
도입단계	• 자원봉사자와 가치의 공유 • 참여한 자원봉사자의 격려 • 활동목표의 분명한 제시 • 성공적인 활동의 소요시간 제시 • 결과에 대한 성공적인 모델 제시 • 참여한 자원봉사자들의 언어, 관점, 태도 등의 반영 • 열성적인 자원봉사자들의 파악과 협조 요청
전개단계	• 참여한 모든 자원봉사자에 대한 적절한 반응 • 참여에 대한 적극적인 반응과 참여 유도 • 참여한 집단 내에서 응집력 형성 유도
종결단계	• 활동결과에 대한 지속적인 피드백 제공 • 참여한 활동에 대해 효과적인 격려와 인정 • 활동결과에 대해 자원봉사자가 자신의 기여와 책임 인식 • 계속적인 참여 독려와 유인

출처: 한국중앙자원봉사센터(2011).

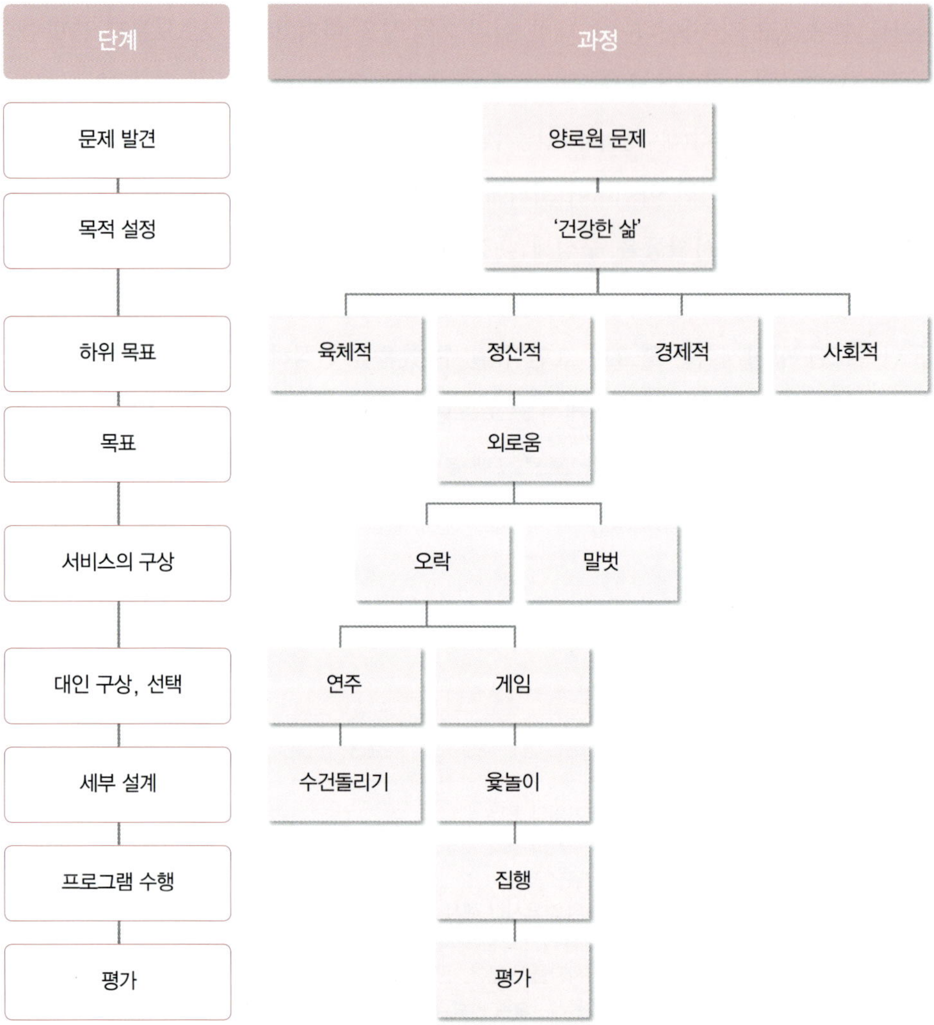

[그림 3-1] 양로원 자원봉사 프로그램 설계단계별 과정

출처: 김영호 외(2006).

(4) 평가 계획

이 단계는 자원봉사프로그램이 목적 및 목표에 부합하고 있는가를 평가하는 계획을 수립하는 작업이 요청된다. 평가 계획 수립과 관련해서는 무엇을 평가할 것인지, 누가 평가에 참여할 것인지, 평가 시기는 언제가 적절한지에 대한 사전 논의와 함께 적절한 평가

지표와 타당성 있는 평가도구를 계획하는 활동이 요구된다. 또한 이 단계에는 필요에 따라 자원봉사자용 프로그램 평가 설문지를 개발하려는 노력도 포함된다. 평가는 단순히 결과에 대한 평가만으로 그치는 것이 아니라 이후 프로그램을 계획하거나 보완할 때 중요한 자료로 활용할 수 있으며, 프로그램 이후 자원봉사자에 대한 후속 관리 및 프로그램 확산 등에 필요한 조치를 취하는 근거가 된다(볼런티어21, 2004; 행정안전부, 2008).

4) 자원봉사 프로그램 개발 사례

〈표 3-8〉 문제해결방법에 따른 프로그램 개발

개발 유형	프로그램
욕구 중심 프로그램 개발	• 충북 ㅇㅇ자원봉사센터 '찾아가는 장수웰빙대학': 노인의 사회참여 및 활력적인 여가생활의 기회를 경험할 수 있도록 교육을 통해 노인 자원봉사자를 육성하고 이들이 경로당 등 지역을 위한 교육봉사활동을 진행하는 프로그램
문제해결 중심 프로그램 개발	• 제주 ㅇㅇ자원봉사센터 '세계 7대 자연 경관 선정 투표 참여 캠페인 및 찾아가는 문화예술활동': 대한민국 브랜드 강화를 위한 세계 7대 자연경관 제주 선정 투표참여 캠페인활동과 문화예술 공연을 지원하는 활동으로 지역의 이슈에 결합한 자원봉사프로그램 • 강원 ㅇㅇ자원봉사센터 '독거어르신 식생활 개선을 위한 농가먹기운동': '농가먹기'는 강원도의 사투리로 나누어 먹는다는 의미로 생활이 어려운 독거어르신의 건강과 식생활 개선, 지역의 문제를 해결하기 위한 음식 나누어 먹기 활동
자원활용 중심 프로그램 개발	• 대구 ㅇㅇ자원봉사센터 '노(老)-고(故)/노인자원봉사자와 고인의 만남': 전문기술(장례)을 가진 지역의 인적자원을 노인전문자원봉사단으로 구성하여 저소득 가정을 지원하기 위한 전액 무료 장례봉사를 실시함으로써 지역의 고급인력을 활용하고 사회참여의 기회를 제공하는 프로그램 • 경북 ㅇㅇ자원봉사센터 '자원봉사! 온(溫/ON)마을, 커뮤니티': 33개 자원봉사 단체의 특성을 살려 수요처에 필요한 봉사활동으로 연계하고, 단체 간의 재능을 조합하거나 연대하여 활동효과를 배가하는 프로그램
직접 기획 · 참여하는 프로그램 개발	• 경기 ㅇㅇ자원봉사센터 '볼런티어 코칭맘-청소년봉사단': 청소년 봉사학습의 주도적 실천을 유도하기 위한 전문 봉사학습지도자를 육성하여 이들 지역 청소년 봉사자를 동아리로 구성하여 청소년이 자기주도적 봉사활동을 실시할 수 있도록 문제발굴, 활동기획, 실천 등을 지도, 연계 진행한 프로그램

출처: 한국중앙자원봉사센터(2011).

〈표 3-9〉 아동지킴이 프로그램 개발

구분	내용
개요	• 학대의 위험에 노출되어 있는 아동이나 학대받는 아동을 위해 신고와 상담을 통해 보호하고, 아동학대예방 홍보활동을 통하여 학대로부터 아동을 지켜 주는 역할을 하는 프로그램
목표	• 아동학대예방 교육을 통해 아동지킴이가 아동학대 발견 시 신속하게 신고할 수 있도록 하고, 이를 통하여 아동학대를 개입할 수 있도록 함 • 지역사회 내에서 적극적인 아동학대 예방 홍보와 교류를 통하여 아동학대에 대한 문제의식을 향상시킴
사전준비	• 자원봉사자는 아동보호전문기관에서 아동학대예방 교육을 반드시 이수하여야 함
활동방법	• 지역사회에 있는 아동보호전문기관 방문 • 자원봉사 담당자와 자원봉사활동의 기본적인 사항 협의 • 교육이수 후 아동지킴이 활동에 관하여 구체적으로 자원봉사 담당자와 협의하고 봉사활동 전개 • 아동학대 사례 발견 시 즉시 아동보호전문기관에 신고 • 자원봉사자는 아동학대예방 캠페인, 전시회 등 아동학대예방사업에 동참
유의사항	• 자원봉사자는 아동학대에 대한 올바른 이해, 이동학대 관련 정책, 아동학대 신고체계의 법적 근거와 실제 이루어지고 있는 신고현황에 관하여 알고 있어야 함 • 아동학대 사례는 반드시 전문가가 개입하도록 하며, 자원봉사자가 임의적인 판단으로 개입해서는 안 됨
평가방법	• 자원봉사자는 아동학대에 관하여 정확히 알고 있는가? • 지역사회에서 아동학대 사례를 발견하고 신고하였는가? • 자원봉사자는 주위사람들에게 아동학대 문제의 심각성을 얼마나 알리려고 노력하였는가?

〈표 3-10〉 독거노인 가정방문 프로그램 개발

구분	내용
개요	• 신체적 · 정신적 · 정서적 장애로 일상생활을 영위하는 데 어려움이 있는 독거노인의 안전을 확인하고 가사지원, 정서지원, 간병 등의 봉사활동 전개
목표	• 독거노인의 신변안전을 확인하고 고독과 소외를 극복할 수 있도록 도움 • 노인의 일상생활상의 문제나 건강상의 문제를 해결할 수 있도록 도움 • 독거노인과 지역사회의 자원과 서비스 연계
사전준비	• 노인복지관이나 동사무소에서 봉사대상을 추천받음 • 가사지원 등 일상생활에서 필요한 소도구 준비

활동방법	• 직접방문 또는 전화로 노인의 신변안전 확인 • 식사준비, 취사, 청소, 잔심부름 같은 가사 서비스 제공 • 말벗, 책 읽어 주기 등의 정서적 서비스 제공 • 병원수행, 안마, 재활운동 보조 등 보건의료서비스 제공 • 생활정보 제공, 취미활동 참여 지원 등 사회적 서비스 제공 • 지역사회의 인적 · 물적 자원 동원 및 서비스 연계
유의사항	• 최소 주 1회 이상 정기적이고 지속적인 봉사를 함 • 노인 가정방문을 할 때에는 언행, 의상에 신경 쓰고, 예절을 깍듯이 지켜야 함 • 어떤 봉사활동을 하든 사전에 노인의 의사를 묻고 봉사활동을 하여야 함
평가방법	• 노인이 정서적 · 사회적으로 안정이 되었는가? • 노인과 원만하게 의사소통이 이루어지는가? • 봉사활동의 내용이 노인의 생활에 실질적인 도움이 되고 있는가?

〈표 3-11〉 다문화가족 사회적응지원 프로그램 개발

구분	내용
개요	• 국제결혼으로 이주한 여성과 그 가족이 한국사회에 성공적으로 적응하고 행복한 가족생활을 영위할 수 있도록 돕는 활동
목표	• 다문화가족 이주여성의 한국문화와 사회에 대한 이해 증진 • 이주여성이 한국사회에 적응하는 데 필요한 언어능력, 사회적 기술 향상
사전준비	• 소집단 학습을 통하여 다문화가족을 형성한 이주여성의 국적에 따라 그들의 문화와 생활양식 이해 • 다문화가족 이주여성의 생활문제나 욕구 조사
활동방법	• 건강가정지원센터, 외국인노동자지원센터 등을 방문하여 다문화가족에 대한 기본 교육을 받음 • 다문화가족 여성을 위한 한글교실, 정보화교실, 문화체험교실의 교사 또는 각종 행사의 업무보조자로 활동 • 다문화가족의 한국인 성원의 다른 문화에 대한 이해를 높이기 위한 교육활동 전개 • 다문화가족 아동의 학습지도와 여가활동 참여 지도
유의사항	• 다문화가족 여성의 국적에 따라 문화와 생활양식, 종교 등에 대한 정확한 이해를 갖추어야 함 • 자신의 문화적 편견으로 인한 오해가 발생하지 않도록 언행에 조심하여야 함
평가방법	• 이주여성의 한국어능력, 정보화능력, 한국문화에 대한 이해가 어느 정도 높아졌는가? • 봉사자 자신의 다른 문화에 대한 이해도가 얼마나 높아졌는가?

〈표 3-12〉 농촌 폐비닐 · 폐농약병 수거 프로그램 개발

구분	내용
개요	• 농촌지역에서 쓰고 버려진 폐비닐과 농약병을 수거, 처리함으로써 토양 및 수질오염을 예방하기 위한 것
목표	• 농촌지역의 토양, 수질오염 예방 • 깨진 농약병 등의 수거로 안전사고 예방 • 폐비닐의 수거로 토양의 통기성 증가 및 토양 미생물 활동 활성화
사전준비	• 포대, 호미, 삽, 면장갑, 지게 등을 준비
활동방법	• 수거활동을 펼 지역을 선정해 사전 방문 • 마을단위로 설치된 농약의 빈 병 수집과 보관시설에 농약병과 폐비닐을 모아 둠 • 한국환경자원공사 순회차량이 마을을 방문할 때 수집해 가도록 함
유의사항	• 수집량이 많을 경우 한국환경자원공사에 직접 연락 • 농약이 피부나 옷에 묻지 않도록 주의
평가방법	• 농약과 비닐 사용을 줄일 수 있는 방안은 무엇인가? • 지역주민의 협조 속에서 이루어졌는가? • 수거활동이 지역 주민으로 하여금 자발적으로 수거할 체계를 갖추게 하는 데 도움이 되었는가?

출처: 권중돈 외(2008).

CHAPTER 4

주요 국가 자원봉사활동의 발전과정

1. 한국의 자원봉사활동

우리나라의 자원봉사활동은 영국과 미국, 독일, 일본에 비하여 비교적 짧은 역사를 가지고 있다. 물론 삼한시대부터 근대화 이후인 1970년까지 전통적인 상부상조의 정신을 바탕으로 하는 계, 향약, 품앗이, 두레 등의 전통이 존재해 왔으나, 이는 자발성과 무보수성 정신에 입각한 현대적 의미의 자원봉사라기보다는 서로 품을 팔아 상부상조하는 공동의 노력으로 해결하려는 개념을 강하게 지니고 있다(박태영 외, 2007).

1) 1980년까지의 자원봉사활동

현대적 의미의 자원봉사가 도입된 것은 1903년의 YMCA(기독교 청년회) 창립을 계기로 대한적십자사(1903)가 설립되고, 1921년에 마이어스(M. D. Myers)선교사에 의해 한국 최초의 인보관인 태화기독교 사회관이 설립되면서부터이다. 태화기독교 사회관에서 여성계몽과 어린이 건강을 위한 봉사활동으로 전개하였으나 기독교의 전파에 따라 기독교 사상, 민주주의 철학 등이 유입되면서 교회 및 관련 단체의 자선적·박애적 성격을 띠는 초보적 형태의 자원봉사활동이 시작되었다. 이후 1960년대 전쟁의 복구가 끝나면서 기독교와 많은 외원단체를 중심으로 자원봉사활동이 조직적·체계적으로 발전되기 시작하게 된다.

1970년대 농촌계몽운동과 함께 전개된 새마을운동은 지역주민들의 생산기반과 생활능력을 개발하여 소득수준을 향상시키고 의식개발을 포함한 사회개발에 기여를 하였을 뿐만 아니라 자원봉사 정신의 확산 및 고취에 영향을 미쳤다. 이러한 흐름은 1978년 한국사회복지협의회에서 5개 지역의 사회봉사안내소를 설치하게 되고, 자원봉사자 교육훈련을 실시하여 사회복지 분야에 배치하면서 본격화되기 시작하였으며, 각종 사회복지단체를 중심으로 자원봉사활동이 전개되었다.

특히 이 시기는 적십자운동이 활성화되었고, 「생활보호법」, 「아동복리법」 등의 사회복지 관련 법이 입법되었으나, 사회복지 측면의 자원봉사활동과 국민적 관심은 그다지 크지 못하였다.

2) 1980~1995년의 자원봉사활동

자원봉사활동에 대한 관심이 본격적으로 생겨난 것은 1980년대부터이다. 이시기는 경제수준의 향상, 국민의식의 증대, 가족구조의 변화와 함께 지방자치제도와 같은 정치민주화운동이 활발히 이루어졌으며, 시민의식도 많이 발달하여 인권에 대한 사회운동과 특히 여성의 사회참여가 많이 이루어졌다. 제5공화국까지의 권위주의 체제에서는 시민사회의 욕구가 억압된 상태로 잠재해 있었지만, 1987년 민주항쟁으로 복지수요층의 욕구가 표출되었다(고수현, 2001).

첫째, 1984년 한국여성개발원에 의하여 자원봉사인력은행이 설치되어 자원봉사를 위한 전문화된 기관이 생겼고, 이후에 1991년 정부 지원의 여성자원센터가 주요 도시를 중심으로 설립되어 여성의 자원봉사를 조정하고 교육하는 역할을 수행하였다.

둘째, 일회적·행사적인 자원봉사로 '1986 아시안게임'과 '1988 서울올림픽'의 개최로 인한 거국적인 자원봉사자 활용은 전국적으로 자원봉사를 인식시키고 확산시키는 데 크게 기여하였다.

셋째, 민간단체의 적극적인 참여로 한국자원봉사능력개발연구회, 생명의전화, 사랑의 전화, 각종 사회복지단체, 시설 등에서 자원봉사자 교육을 받고 자원봉사활동을 하는 자원봉사자의 수를 증가시켰다(류기형 외, 2000). 이러한 민간단체의 자원봉사를 활성화하기 위하여 1994년에는 한국자원봉사단체협의회가 창립총회를 가짐으로써 전국 최초의 전문적인 민간자원봉사단체가 설립되었다. 1997년에는 아시아태평양지역 국제자원봉사 행사를 마쳤으며, 1995년에는 학계, 정부, 기업, 사회복지관 등 각계 자원봉사전문가들이 모여 '한국자원봉사포럼'을 구성, 자원봉사 관련 현안에 대해 정책대안을 제시해 왔다.

넷째, 국제 자원봉사가 시작되었다. 1989년에는 한국국제기아대책기구가 설립되어 인도주의를 바탕으로 지구촌 이웃들에게 긴급식량 원조, 의료활동, 교육사업 등을 펼쳐 국제적 영역으로 확장시켰다.

다섯째, 공공영역에서 자원봉사에 관심을 가지고 활동하기 시작하였다. 1992년에 보건복지부는 한국사회복지관협회에 전국사회복지관 부설 재가복지봉사센터의 관리업무를 위탁하였다. 1994년에는 자원봉사 관련 전산정보체계 구축, 자원봉사자활동 지도자 교육, 자원봉사활동 조사, 연구와 교재발간, 홍보, 정책건의를 목적으로 하는 사회복지협의회 부설 사회복지자원봉사 정보안내센터를 설립하였다.

이 시기는 사회복지 측면에서 유명무실하게 있었던 각종 사회보장제도가 실행되어 복지국가로의 노력이 가장 활발히 이루어졌으며, 특히 사회복지전담공무원의 채용과 지역복지 중심의 재가복지시설센터 건립은 미국과 일본에서의 경험과 같이 우리나라에서도 자원봉사 발전에 많은 영향력을 미쳤다.

3) 1995~2005년의 자원봉사활동

이 시기는 경제적으로 IMF를 비롯하여 불황으로 많은 어려움을 겪은 시기이다. 인구구조적으로는 인구가 급속도로 노령화되고 출산율이 많이 떨어지는 등 고령화사회로 진입하여 많은 사회문제를 야기하였다. 정치적으로 우리 사회는 정치적 비리사건이 많이 폭로되면서 시민단체의 적극적 정치참여가 이루어진 시기라고 볼 수 있다.

1995년 고용보험의 실시로 4대 사회보험이 완성되었으며, 2000년 국민기초생활보장제도를 실시하여 빈민보호가 아닌 권리 차원의 구호로 변화되었다.

이러한 사회적 분위기와 사회복지의 발달은 시민의 목소리에 힘을 실어 주게 되어 시민의 자율적인 사회참여인 자원봉사를 더욱 활성화시키게 되었다.

1994년 11월 언론사 최초로 중앙일보 주최의 전국자원봉사대축제 자원봉사 캠페인을 개최하였다. 또한 자원봉사활동을 통합 관리하는 행정체계 구축이 필요하다고 판단하여 1995년부터 내무부 사회진흥과에서 자원봉사활동 관련 업무를 총괄 관리하도록 하였으며, 1996년부터 20억 원을 지원하여 전국 12개 시·도에 20개소의 자원봉사센터를 설립하여 현재 250여 개소에 설치·운영 중이다. 이것은 기존의 자원봉사활동 영역이 주로 사회복지 분야에서 이루어졌으나 환경, 문화 등의 전 사회영역으로 확산시킬 필요성을 인식하여 정부정책도 자원봉사활동 영역의 확대와 활성화 방향으로 나아가겠다는 의지를 나타낸 것으로 보인다. 정부와 지방자치단체는 이것을 계기로 자원봉사에 적극적으로 참여하였다.

그리고 청소년 자원봉사는 교육적 가치를 인정받아, 1995년 5월 31일 교육개혁의 일환으로 초·중·고 청소년자원봉사활동이 등장하여 입시에서 내신성적으로 인정되어 1996년 청소년자원봉사센터가 개소하여 운영하게 되었다. 또한 언론매체가 국민의 의식전환을 위하여 노력하기 시작하였다. 1994년 중앙일보사에 의한 자원봉사캠페인은 자원봉사자의 날(12월 5일)을 기념하여 '자원봉사축제' 주간을 설정하여 우수자원봉사자들에게 시상하였다(김범수 외, 2003). 자원봉사활동에 있어 대중매체의 적극적 참여로 자원봉사활동의 저변 확대에 크게 공헌하였다.

또한 자원봉사의 필요성에 대한 공감대가 넓어지면서 사법부, 행정부가 자원봉사를 공무원 연수과정의 필수과정으로 택했고, 대법원은 법과 입용 때 사회봉사활동 실적을 반영하기로 하였으며, 대학에서도 자원봉사에 대해 깊은 관심을 가지게 되어 강남대학교가 최초로 1979년 2학기부터 사회사업학과 내에 전공선택과목으로 자원봉사를 채택한 것을 시작으로, 1995년부터는 보다 많은 대학이 교양과목 형식으로 개설하여 강의하기 시작하였다. 그러다 1996년 9월에는 대학사회봉사활동의 활성화를 위해 총장들의 모임인 한국대학사회봉사협의회가 발족되었다.

자원봉사활동의 필요성에 대한 공감대가 확대되면서 대기업들에 있어서도 신입사원 채용과 직원연수의 경우에 자원봉사 실적을 반영하고 있으며, 실제로 삼성그룹의 사회봉사단(1994) 등이 창설되었다. 또한 이러한 기업의 자원봉사로 직능 중심의 전문 자원봉사가 시작되게 된 계기를 제공하였다(이수철, 2002).

정부에서는 국민복지기획단을 구성하여 '삶의 질' 세계화를 위한 국민복지기본구상(안)(1996. 12. 29.)을 발표한 바 있다. 이 안에 의하면, "한국사회복지협의회를 자원봉사활동 진흥 등 민간복지의 중추기관으로 육성하기 위하여 순수한 민간기관협의체로 재편성하고 지역사회의 욕구를 반영할 수 있도록 297개 사회복지관에 지역단위 자원봉사센터를 신설하여 민간복지의 구심점이 되도록 한다."라고 되어 있다(조휘일, 2002).

문민정부 이후 NGO에 대한 정부지원이 이루어지면서 우리 사회에 다양한 영역에서 사회운동을 개척하고, 이러한 NGO 활동의 대부분이 자원봉사로 이루어짐으로써 자원봉사의 영역이 사회복지 영역뿐 아니라 정치영역을 포함한 다양한 영역으로 확장해 나가는 기회를 제공하였다.

그리고 행사적 자원봉사는 2002년 월드컵 대회의 붉은 악마와 2004년 유니버시아드 대회의 시민의 적극적인 자원봉사로 인하여 국민의 인식은 많이 성숙되어 이러한 경험을 토대로 대구지하철 참사 등 다양한 재난현장에서도 폭넓고 적극적인 자원봉사가 이루어졌다.

4) 2005년~현재의 자원봉사활동

2005년 8월에는 10여 년 이상 준비해 오던 「자원봉사활동 기본법」 제정을 통해 봉사활동이 법적인 지원과 보상을 받을 수 있게 되면서 국민생활 속에 자리 잡기 시작한다.

2006년 2월 「자원봉사활동 기본법 시행령」이 제정되고, 같은 해 연말에는 진흥위원과 실무위원이 위촉되었다. 이렇게 「자원봉사활동 기본법」이 제정되면서 자원봉사활동이 더욱 체계적으로 발전하게 되었다.

또한 주 5일 제도가 정착되어 가면서 많은 사람들이 자신의 소중한 시간을 의미 있게 활용하는 방안을 고민하게 되어 자원봉사 관련 기관은 다양한 프로그램 개발에 노력하게 되었고, 각 지방자차단체별 자원봉사활동 지원 조례제정을 위한 노력은 물론 사회지도층 인사들의 노블레스 오블리주 정신이 확대되었다.

특히 2008년부터 「자원봉사활동 기본법」 제9조 제1항에 의거하여 정부가 자원봉사 진흥을 위한 국가기본계획을 책정하게 되고, 관계 중앙행정기관의 장과 협의하여 국가기본계획 및 연도별 시행계획을 수립하도록 하였다. 그 내용으로 자원봉사 문화와 참여, 자원봉사 지원인프라, 자원봉사 관리와 개발, 자원봉사 연구와 평가, 자원봉사 국제교류 협력의 5개의 정책영역으로 구분하고, 이에 따른 각 영역별 세부과제를 구체화하였다.

제1차 국가기본계획(2008~2012)에서는 "자원봉사 국가, 행복한 사회"의 비전을, 제2차 국가기본계획(2013~2017)에서는 "참여와 나눔, 지속가능한 미래"로 정하여 현재를 넘어 미래지향적으로 발전시켰다. 또한 제3차 국가기본계획(2018~2022)은 "성장하는 자원봉사, 함께 가는 대한민국"으로 비전을 정하고 시민성과 공공성기반의 자원봉사 가치 확장, 협력과 책임의 자원봉사거버넌스 구현, 연결과 순환의 자원봉사생태계 조성에 역점을 두고 있다.

자원봉사와 관련한 특징은 지구온난화에 따른 기후 변화로 폭우, 태풍, 폭설 등의 자연재해나 태안 앞바다 기름유출과 같은 인재의 피해를 복구하는 다양한 자원봉사활동이 급증하고 있다. 특히 최근에는 코로나19로 인한 지역사회 감염 환경 속에서 코로나 이전에는 교통안전 봉사, 쓰레기 줍기 및 청소, 연탄 나르기 등 현장봉사를 통해 봉사활동을 인정받을 수 있었으나, 포스트코로나 이후 팬데믹 시대에서는 온라인 플랫폼을 이용한 비대면, 마이크로 자원봉사활동 등 자원봉사의 트랜드의 변화 또한 중요한 변화 가운데 하나이다. 이러한 국내의 변화와 함께 2009년부터는 여러 정부부처가 개별적으로 추진해 오던 해외봉사단사업(외교부의 KOICA봉사단 · KOICA자문단, 과학기술정보통신부의 IT봉사단·과학기술지원단, 교육부의 청년봉사단, 산업통상자원부의 NIPA자문단, 보건복지부의 한방봉사단, 문화체육관광부의 태권도평화봉사단)을 단일 브랜드인 WFK(World Friends Korea)로 통합한 새로운 이름을 통해 전 세계 이웃을 돕고 국가브랜드 가치를 높이는 우리나라 대표 해외봉사단으로 그 영역을 확대해 나가고 있다.

2. 영국의 자원봉사활동

영국의 자원봉사활동은 중세 이후 종교적 자선으로부터 출발하여, 19세기 인보관운동과 20세기 정상화 이념을 바탕으로 발전하였고, 최근에는 사회적 공생으로서의 자원봉사활동으로 정리할 수 있다. 이러한 영국 자원봉사활동의 발달과정을 구체적으로 살펴보면 다음과 같다.

첫째, 16~18세기 말(1501~1800)에 자원봉사라는 용어가 1647년 스튜어트 왕조 때 처음 등장하였으나 현대적 의미의 지원봉사활동은 민간사회복지사업의 발달과 함께인 19세기 이후부터이다. 또한 자원봉사활동의 철학적 기반이 되는 휴머니즘 철학 및 사상이 18세기 홉스(Thoma Hobbes), 로크(John Locke), 샤프츠버리(Shaftesbury) 등에 의해 형성되었고, 이는 이후 근대적인 사회복지로 전환하게 하는 토대를 제공하였다.

둘째, 이후 빅토리아 황금시대인 동시에 민간협회의 황금기인 19세기까지는 경제적·정치적 자유주의의 출현과 더불어 자유방임 사상이 팽배하여, 개인의 자조를 강조한 시대였다. 산업혁명 이후 급속한 산업화로 인한 실업, 범죄, 질병, 비위생적인 환경 등의 도시빈민 등 많은 사회문제에 당면하게 되는데, 당시 영국은 사회 최고의 가치를 자조에 두었고, 이에 대처하기 위해 많은 민간 차원의 구제활동들이 활발하게 이루어졌다. 그러나 민간 차원의 이러한 노력에도 불구하고 빈민 수는 줄어들지 않게 되며, 각종 자선활동의 중복과 누락, 비전문성 등 민간사회복지의 비판에 대한 대안으로 자선조직협회가 생겨나게 된다.

1869년에 세워진 자선조직협회는 다양한 자선단체들을 조직화하여, 빈민에 대한 체계적이고 효율적인 구호사업의 필요성과 급여를 합리화하고 과학적인 방법으로 자선을 조직화할 목적으로 설립되었다.

또한 자본주의 사회의 성립·발전과 더불어 이를 비판하는 사회주의가 등장하면서 사회개량운동의 일환으로 인보관운동이 생성되었는데, 인보관운동의 창시자인 사무엘 바넷(Samuel Barnett)은 교회 주변 빈곤지역 개선의 필요성을 인식하고, 그의 모교인 옥스퍼드 대학 학생들과 교회 청년들에게 교육을 통하여 구제활동에 자원봉사자로 참여할 것을 권유하였으며, 이러한 요청에 많은 젊은이들이 교회를 중심으로 세틀먼트라 불리는 활동을 전개하기 시작하였다. 이와 같이 빈곤자를 위해 사회개량운동을 하던 인보관이 몇 년 동안 영국전역으로 확산하여 설립되었다.

즉, 19세기부터 영국의 자원봉사활동은 자선조직협회의 우애방문원을 통해 등장하여 인보관운동을 통해 현대적 의미의 자원봉사활동으로 일반인에게 확대되기 시작하였다.

셋째, 19세기까지가 민간 차원의 조직화 단계였다면, 1901부터 1978년까지의 영국은 복지국가가 되면서, 여러 학자의 사회조사 결과(Booth, Rowntree, Mean 외)를 토대로 산업화에 따른 사회문제에 있어 민간 차원의 개입이 실패하였음을 지적하고, 국가의 적극적인 개입 필요성 등 국가책임을 강조하게 된다.

그러나 베버리지의 보고서 「Voluntary Action」 중에서 국가만의 집권적인 활동만으로는 전후 영국의 재건을 가로막는 궁핍, 질병, 무지, 타락, 게으름 등을 뿌리 뽑기가 충분하지 않다고 지적하고, 복지국가의 서비스를 보완하기 위해 개인의 자발적 노력이 계속적으로 필요하다고 했다.

이후 1960년 제정된 「자선법(Charity Act)」은 자원봉사활동의 토대가 되었으며, 1968년 시봄보고서의 추천에 따라 지방 차원에서 자원봉사활동을 지원하기 위한 목적으로 1970년 「지방정부 사회복지서비스법(Local Authority Social Service Act)」을 제정하여 효과적인 서비스 전달을 위한 종합적 사회복지서비스국을 설치하게 되었다. 또한 1971년 사회복지부 출현을 통해 지방자치단체 수준에서 자원봉사활동의 지원조직이 정비되게 되고, 전문적으로 책임을 가진 직원인 민간서비스 연락관을 임명·배치하였다

즉, 이 시기 영국은 국가책임을 강화하면서 민간사회복지기관의 역할을 새롭게 전환

하여 자원봉사활동에 대한 근거를 마련하고, 중앙 및 지방조직 등 자원봉사활동의 추진체계를 정비하였다는 점에서 긍정적으로 평가할 수 있으나, 자원봉사활동 자체가 지나치게 전문화 및 관료화되는 등의 부정적인 현상 또한 나타나게 된다.

넷째, 1970년 석유파동과 경제위기로 인한 복지국가 위기론이 대두되면서 다시 자원봉사활동의 중요성이 재인식되었고 이는 현재까지 영국사회에서 중요한 역할을 차지하고 있다.

특히 1979년 대처정권의 민영화정책은 공공재정 지출의 축소를 목표로 기존 지역사회보호 정책에 대해 강하게 비판하였고, 이로 인해 자원봉사활동의 육성을 더욱 강조하게 된다. 이에 공적 서비스보다 자원봉사활동이 재정적으로 효과적이며, 자조와 개인의 책임을 강조하기 때문에 자원봉사활동은 공적 서비스의 보완적 기능이라는 주장을 펀치게 된다. 이로 인해 자원봉사활동의 주요 활동영역이었던 사회서비스, 공공서비스 및 복지서비스 등의 영역에서 민간 중심의 자원봉사활동이 더욱 활성화되었다. 또한 경제대공항으로 인한 실업문제에 자원봉사활동을 연결시켜, 민간뿐 아니라 공공서비스 분야까지 확대됨으로 인해 자원봉사활동에 정부, 기업 및 민간조직의 협력이 강화되었다.

이후 노동당 보고서와 대처정부를 이은 토니 블레어(Tony Blair) 총리 등이 자원봉사활동에 대한 정부 개입의 필요성을 지적하고, 1997년 국가자원봉사활동조사(National Survey of Volunteering)의 결과, 자원봉사활동에 대한 청년층의 시민의식과 활성화의 필요성이 대두되면서 영국정부는 1999년 새천년자원봉사(Millenium Volunteers: MV) 프로그램을 도입하여 젊은 청년층을 대상으로 다양한 자원봉사활동에 참여하도록 지원하게 되었다.

영국 자원봉사활동의 특징은 국가책임에 의한 무차별 평등과 최저생활보장을 지향하는 사회보장제도를 바탕으로 국민생활 전반에 걸쳐 공공정책이 개입되었으며 이는 현재까지도 정부와 민간의 협력관계를 통해 여전히 지속되고 있다. 이러한 영향으로 자원봉사활동에 있어서도 각 지방정부가 독자성을 가지고 자원봉사활동을 추진하고 있다. 특히 18세 이상 인구의 51%가 넘는 국민이 조직적으로 봉사활동을 하고 있으며, 자원봉사와 관련된 별도의 법률은 없으나 사회보장 및 자선사업에 관한 법률인 「자선법」, 「지방정부 사회복지 서비스법」, 중앙정부 보건사회보장부 산하의 자원봉사 서비스국을 바탕으로 이를 지원하고 있다.

3. 미국의 자원봉사활동

미국은 자원봉사의 제도화와 함께 사회적으로는 시민의식이 발달된 선진국가이다. 기독교 문화를 기반으로 선교사에 의해서 시작된 봉사와 희생 활동이 그리스도적 정신으로서 현재도 깊게 뿌리내리고 있으며, 일찍이 시민사회를 확립하고 자신들의 힘으로 사회를 변혁시켜 온 시민운동의 역사도 있다. 또한 다민족 국민으로 구성된 이질적 사회문화를 통합하기 위해 자원봉사활동과 자원봉사정신이 그 원동력이 되었으며, 이는 미국의 자원봉사 제도와 의식이 발전하게 된 배경이 되었다. 이러한 미국 자원봉사활동의 발달흐름을 살펴보면, 첫째, 자원봉사활동의 기초기에 해당되는 18세기 말까지로 이때의 미국 사회복지는 영국 구빈법의 영향, 청교도들의 칼빈주의, 자유방임주의의 영향을 받아 국가는 최소한의 책임을 지고 지역책임제와 가족책임제를 적용하여 빈곤의 책임을 개인에게 두었다. 이에 미국으로 정착한 이민자들은 새로운 땅에서의 생존과 공동체생활을 위해 서로 협력하지 않으면 안 되었고, 이러한 공동체를 위한 활동은 궁극적으로 자신을 이롭게 한다는 생각에 의해 사회적으로 적극 지지 · 권장되었으며, 이러한 분위기는 현대사회에까지 영향을 미쳐 미국 국민들이 활발하게 자원봉사에 참여하고 있다.

둘째, 1801년에서 1950년까지의 미국은 남북전쟁, 1 · 2차 세계대전을 거치면서 사회적 혼란을 극복하기 위해 다양한 민간단체가 활동하게 되었다. 사회경제적으로 자본주의가 발달하면서 빈민문제가 사회문제화되고, 진보주의에 따라 지식인 등의 개혁정신을 가진 사람들을 중심으로 사회개혁을 강조하게 되며, 자립을 강조하는 개인주의의 팽배로 무분별한 자선보다 민간 차원의 자발적 자선만이 사회적응을 돕는다고 보았다.

이러한 영향으로 다양한 민간단체들이 설립되고, 이들의 활동을 조직화하는 우애방문원, 인보관운동, 자원봉사센터, 자원봉사협의회, 공동모금회 등의 민간기관들이 급격히 증가하게 되면서 이를 중심으로 자원봉사활동이 확대되게 된다.

셋째, 1950년에서 1980년까지 미국은 제2차 세계대전 종식과 함께 경제적 성장으로 인해 자유진영을 대표하는 강대국으로 급부상하게 되면서 미국정부의 위치가 세계 안에서 재정립되었고, 한국전과 월남전의 전쟁으로 인한 경제적 호황을 누리게 되었다. 그러나 내부적으로는 학생들의 반전운동, 흑인 및 소수인종 문제에 관한 시위가 끊이지 않았다. 새롭게 대두된 사회문제 해결을 위해 민간의 적극적인 참여는 물론 자원봉사법이 제정되면서 평화봉사단과 VISTA 등의 관주도형 민간사회복지활동이 개발되었으며, 전국자원봉사센터 설치 및 자원봉사 조정을 지원하는 기구 및 조직이 형성되어 활동하였다.

이처럼 미국의 자원봉사에 대한 정부지원은 공화당 리차드 닉슨(Richard Nixon)이 집권하면서 1971년 다시 3개 부처에서 운영되어 오던 연방 프로그램의 7개 봉사프로그램을 하나의 독립기구가 맡아 관장하도록 하고, '정부 내의 독립기관'인 ACTION을 창설, 이를 지원하기 위하여 1973년 「국내자원활동법(Domestic Volunteer Service Act)」이 만들어졌다. 특히 미국의 자원봉사활동은 자원봉사활동법에 의해 실행되었으며, 특히 새로운 대통령이 선출될 때마다 새로운 형태로 발전되어 왔음을 볼 때 자원봉사활동을 공공정책으로 다루고자 하는 정부의 강력한 의지를 엿볼 수 있다. 그러나 민간의 자발적인 활동과 움직임을 통제하거나 압력을 가하는 것이 아니라 자원봉사활동이 민간에 의해 적극적으로 발전될 수 있도록 지원·육성하고 있음을 주목할 필요가 있다.

넷째, 1981년부터 현재까지의 미국사회는 점차 보수화되는 경향과 맞물리면서 신연방주를 주창하는 사회운동이 대두되고, 사회복지비용 증가로 인한 연방정부의 부담을 줄이고 주 혹은 지방정부의 책임을 강조하게 되었다. 이에 지방 차원에서는 지역자원봉사센터를 조직, 설치하고 중앙에는 이들 센터를 지원하고 추진하는 중심조직인 촛불재단(Point of Light Foundation)을 설치하였다. 지역자원봉사센터를 지원하는 중앙조직인 촛불재단은 1990년 5월 부시 대통령의 선거공약으로 설립된 것으로 회장을 대통령이 직접 임명하고 국회에서 독립적인 예산편성을 받는 전국규모의 민간기구이다.

촛불재단은 25년간의 폭넓은 경험과 거의 400명의 지역회원과 56개 기업자원봉사협의회(Corporate Volunteer Council)와 회원 1,200명을 가진 전국자원봉사센터(National Volunteer Center)를 합병해서 조직되었기 때문에 창립 초부터 탄탄한 지역 구성체를 가지고 있으며, 현재 미국에는 지역단위로 450여 개의 자원봉사센터와 4,000개의 지부가 있다(Point of Light Foundation; 한국사회복지관협회, 1997: 206).

그러나 중앙조직과 지방조직은 상하수직적이 아닌 상호 독립적이고 협력적인 관계를 유지하며 지방의 자원봉사센터는 촛불재단의 가입단체일 수도 있고 비가입단체일 수도 있다. 1990년대에 들어서는 부시행정부의 「전국지역사회봉사법(National and Community Service Act)」의 제정으로 보다 확고한 정부 민간체계가 형성되었으며, 자원봉사활성화를 위한 법적 지위가 강화되었다.

국가 및 지역사회봉사단은 아메리콥스(AmeriCorps), 봉사학습(Learn & Serve America), VISTA(Volunteers in Service to America), 전국 노인 자원봉사 프로그램(National Senior Volunteer Program)의 4대 사업을 중심으로 조직되어 있다.

1993년에는 클린턴 행정부가 「전국자원봉사활동법(National Service Trust Act)」을 새로이 제정하여 자원봉사활동을 위한 별도의 전담기구 및 예산지원이 행해지고, 기존의 두 단체인 국가·지역서비스위원회와 1971년 창설된 ACTION으로 프로그램을 통합하여 새로운 단체인 전국서비스연합(Corperation for National Service)기구를 설립했다(김성이 외, 2003).

또 다른 흐름은 자원봉사의 인정과 관련된 것으로 자원봉사를 통한 학습이 학점으로 인정되었고, 정부는 물론 교육계와 기업으로부터도 지원을 받았다. 이렇게 해서 봉사학습은 유치원에서 대학원까지 다양한 학점제도를 적용하면서 들불같이 전국으로 번졌다. 학생들은 지역사회 봉사활동을 장려하기 위해서 청소년자원봉사센터(NICOV)를 세우고 고교생들의 교과과정에 자원봉사에 대한 개념을 넣게 된다.

기업체에 대해서도 봉사학습에 참여한 사람들의 경험을 경력으로 인정해야 한다는 여론이 조성되기 시작하였고, 1970년대 중반부터 고용지원서에 자원봉사 경력란을 처음으로 삽입하였다. 이 시기 미국의 자원봉사는 거주 지역사회 중심의 공공기관과 민간 사이의 협력을 극대화하였고, 또한 자원봉사활동은 민간분야뿐 아니라 공공분야에까지도 정부의 지원을 받아 중요한 부분을 담당하게 되면서 이들의 협력관계가 더욱 강조되고 있다.

자원봉사활동 영역도 공공서비스 분야에까지 확대되었고, 그 종류도 은퇴노인의 자원봉사, 전문직 자원봉사, 문화 및 환경 영역으로 확대되어 일상생활 전체 영역으로 확장되는 경향을 보인다. 또한 자원봉사활동에 대한 보상차원에서도 봉사은행의 도입, 학점인정제, 경력인정제 등으로 체계화되었다.

미국의 자원봉사활동이 생활화된 가장 큰 이유는 국가 및 지방자치단체에서 국민들에게 자원봉사를 적극적인 권유와 지원으로 사회적 보상체계를 통해 타인을 위한 헌신에 대해 어떠한 형태로든 되돌려 준다는 미국사회의 사회적 약속이 있었으며, 어려서부터 봉사정신 함양과 실천을 위한 시민교육이 가정에서, 교회에서, 학교에서, 사회에서 이루어지고 있기 때문이다. 또한 봉사자들의 발굴, 봉사활동에 대한 기술적인 교육, 훈련, 봉사자 관리, 보상 체계가 고도로 조직화되어 운영되고 있다.

4. 독일의 자원봉사활동

독일에서는 1970년대 말을 기점으로 자원봉사에 대한 정부인식에 중대한 변화를 겪었다. 사회복지의 직업적 전문인 시대라고 할 수 있는 그 이전까지는 자원봉사, 혹은 자발적 시민참여는 정책적으로 거의 논의대상이 되지 못하였다. 그러나 1970년대 말 이후 사회서비스 분야에서 시민들의 자원봉사활동은 새로운 조명을 받기 시작하였고, 현재는 새로운 사회적 자원으로까지 인정받기에 이르렀다. 이러한 인식변화의 요인은 사회문제의 급격한 증가 때문이다. 다시 말해, 국가의 능력범위를 벗어나는 급격한 사회문제의 증가와 이의 해결책으로서 정치인들은 자원봉사에 관심을 갖기 시작한 것이다. 이에 따라 자원봉사는 스포츠나 문화, 환경, 예술 및 정치 등 많은 영역에서 이루어졌으나 주된 관심은 사회복지 분야에서의 자원봉사에 그 초점이 맞추어져 왔다.

정부의 인식변화를 더욱 강화시킨 또 다른 계기는 독일 복지국가의 위기라고 할 수 있다. 이는 주로 재정적 위기에서 기인하는 것이었으나 인구통계학적·사회적 요인 또한 일정 부분 작용하였다. 이런 문제들은 독일 통일로 말미암아 더욱 악화되었다. 즉, 동독이 서독에 포함됨에 따라 그 지역의 사회적 문제들까지 떠안게 된 것이다. 이런 문제들은 부분적으로는 사회주의 정치체제의 유산이자 부분적으로는 갑작스러운 통일과정의 부작용이라고 할 수 있다.

그 결과, 1990년대 독일에서는 다른 국가들과 마찬가지로 혼합경제적 복지개념의 도입을 통한 국가와 시장, 자발적 기구들을 묶는 새로운 정책적 접근들이 모색되기 시작하였다. 독일정부의 새로운 정책은 국가 및 대중조직의 역할에 대한 재해석과 그것에 기업 등의 시장세력을 통합시키는 것을 기본 축으로 하고 있다. 1994년 가족 및 노인업무를 관장하는 연방부서는 「자발적 사회참여에 관한 법률적 문제들」이라는 보고서를 제출하였는데, 이것은 자원봉사를 위하여 법적 분야에서 이루어진 첫 번째 시도로서, 자원봉사활동을 증진하고 보호하는 방법에 관한 집중적인 논의를 촉구하기 위한 것이었다.

5. 일본의 자원봉사활동

일본의 자원봉사활동은 영미권 국가와는 달리 사상적 기반이 다소 약하고 가족이나 행정이 정책적으로 개입을 통하여 추진되어 온 경향이 강하다.

근대국가시대(메이지 시대부터 대정시대)에 들어서며 유럽과 미국의 자선조직협회와 인보관운동의 영향을 받아 인보운동이나 방면위원(현 민생위원) 활동이었던 민생구제형의 활동이 나타나면서 사회사업의 역사와 함께 발전해 왔다. 또한 메이지유신 이후 신분제도 폐지 및 교육 보급 등에 의해 자원봉사를 할 수 있는 인적자원들이 성숙할 수 있는 사회적 기반이 이루어졌다. 세틀먼트 활동에서 그 기원을 찾아볼 수 있으며, 사회적으로 확대되기 시작한 것은 제2차 세계대전 이후부터이다.

이러한 일본 자원봉사활동의 흐름은, 첫째, 패전 이후로 사회경제적 혼란수습에 있어 국가적 공권력에 의존할 수밖에 없는 배경에서 생활이 어려운 사람들의 구제와 원조가 급선무였다. 이를 위해 세틀러들과 일본적십자사의 관계자, YMCA · YWCA 관계자, PAT 관계자 등에 의해 가족을 잃은 아동을 보호하고, 가사원조, 아동구제 등의 활동이 주로 이루어졌다. 그러나 전후 자원봉사활동이 태동하기 시작하였으나 사회의 관심은 그다지 밝지 않았으며, 그 행위를 자선으로 규정하고 있어, 자원봉사라는 용어가 본격적으로 사용되지는 않았다.

둘째, 1950년대부터 일본은 세틀먼트 활동과 아동보호 활동이 학생을 중심으로 활발하게 이루어지는 한편 VYS 운동, 희망, 좋은 그룹 등 일본의 자원봉사활동에 선두적 역할을 한 자원봉사 그룹이 결성되었다. 또한 1951년 「사회복지사업법」의 제정에 따라 사회복지사무소가 개설되고, 사회복지법인이 공적복지의 일선을 담당하게 되면서 사회복지가 전문화 및 국민의 복지향상에 큰 역할을 하게 된다. 또한 시민참가 조직으로 사회복지협의회가 전국에 창설되어 사회복지 영역 중심의 자원봉사활동이 적극적으로 추진되게 되는 토대가 마련되었다.

특히 1962년 이후 사회복지협의회에 선의은행을 설치, 오사카자원봉사협회, 후지자원봉사협회, 일본청년봉사협회 등 민간주도의 자원봉사사무국이 활발히 개설되어 운영되면서 자원봉사활동 추진기관의 시대가 열리게 되었고(김영호 외, 1998), 이후 전국의 사회복지협의회로 확대되었다.

1965년에 설립된 오사카자원봉사협회는 일본 최초의 민간자원봉사협회로 교육 · 훈련에 주력하기 시작했는데, 이것은 일본자원봉사학교의 전형이 되었고, 이로써 민간중심이기는 하나 자원봉사의 운영관리체계가 정비되었다고 볼 수 있다.

셋째, 1970년부터 1990년까지의 일본 자원봉사활동의 특징적 움직임은 네 가지로 정리할 수 있다. ① 일본 청소년봉사협회주최의 제1회 전국청소년봉사연구대회에 대표되는 자원봉사활동에 관한 연수회 및 모임이 개최되고 이러한 활동을 통해 시 · 도단위 또는 전국단위의 자원봉사단체가 조직화되기 시작했다. ② 매스컴이 자원봉사활동에 대한 참가의 장을 만들기 시작하였고, 공동모금 등과 같은 복지캠페인이 생겨나게 되었다. ③ 이제껏 학생이나 근로청년 중심의 자원봉사활동이 70년대 이후부터는 주부층을 중심으로 자원봉사활동의 지도가 변화되었다. 또한 활동내용도 아동은 물론 노인 및 장애인을 포함하여 그 범위가 확대되었고, 시설에서 지역지원 활동으로 변화하는 양상을 보이게 된다. 이러한 변화요인으로는 1967년과 1970년에 실시된 전국민생위원협회와 도도부현 사협이 협력하여 실시한 중증노인조사와 독거노인조사에 의해 고령화 사회에 대한 노후생활의 실시가 현존화되고, 주부층이 노인문제를 자신의 문제로 강하게 인식하게 되었다. ④ 후생성이 도도부현·시정촌의 사회복지협의회에 자원봉사센터 설치를 장려하고, 보조금을 교부하게 되며, 이에 따라 대부분의 선의은행이 자원봉사센터로 바뀌면서 사협이 자원봉사활동의 개발 및 알선기관으로서 역할을 하게 되었다.

이 시기 일본은 재가복지사업에 대처하기 위해 자원봉사활동이 확대되면서 행정과 사회복지협의회의 적극적인 지원이 시작되었으나, 자원봉사활동 고유의 특성인 주체성, 개발성, 비판성을 약화시켜 수동적 자원봉사활동으로 변질되었다는 것은 부정할 수 없다.

넷째, 1980년대 후반부터 중앙정부에 의해 복지개혁이 추진되었던 일본은 1990년대에 들어서면서 저출산·고령화에 따른 문제를 해결하기 위하여 40년 만에 복지관계 8법을 개정하고, 노인 및 아동을 중심으로 재가복지서비스를 주민생활을 직접적으로 담당하고 있는 시정촌에서 일원적·계획적으로 제공하는 지역 중심의 체제 정비를 추진하게 된다.

그러나 일본 역시 상대적으로 여성자원봉사자의 비율이 높고, 젊은층의 참여가 적어, 자원봉사자의 고령화가 일본 전역에서 문제로 지적되었다. 이에 일본정부는 1993년 자원봉사활동 중장기 진흥방안을 발표하고, 아동, 노인에 대한 자원봉사활동을 도모함은 물론 기업의 사회공헌활동의 일환으로서 자원봉사활동이 강조되었다. 이러한 노력은 1995년 한신·아와지 대지진을 경험하면서 그동안 정체기에 있던 자원봉사활동에 큰 변화를 가져오게 되었다. 즉, 위기 중심에서 자원봉사활동이 일본 국민들에게 부각되었고, 젊은이들의 적극적인 참여는 물론 전국적으로 130만 명의 자원봉사자가 참여하면서 자원봉사원년으로 불려질 정도로 자원봉사활동에 대한 관심이 높아지게 된다.

또한 민간활동의 활용과 긴급 시 대처의 문제점을 보완하기 위해 1998년 「NPO 활동 촉진법」과 자원봉사활동 지원기금이 제정되면서 자원봉사단 체계가 증가하게 되는 계기가 된다.

한신·아와지 대지진을 통해 다수의 극히 평범한 일반시민들이 자원봉사자로 활동하게 되고, 네트워크형 지원조직이 유기적으로 활동을 전개해 왔다면, 2011년 동일본 대지진은 보다 주민 중심 돌봄의 필요성을 강조하게 되고, 지역사회 내 주민 상호 간의 공조(共助)를 활용한 위기상황 대응 및 주민 간 지원 네트워크 형성의 필요성을 보다 강조하게 되었다.

한국과 일본의 자원봉사활동은 전쟁 후 생활구제를 중심으로 사회복지가 발달하게 되었고, 이후 급속한 산업경제 발달을 경험하면서 자선적 자원봉사활동에서 공생적 자원봉사활동으로 변화되어 왔다는 점에서 그 유사성을 가지고 있다. 특히 최근 우리 사회에서 제기되고 있는 사회적 고립·고독사, 코로나19와 같은 사회적 재난 등의 문제는 위기 중심에서 주민 상호 간의 공조를 활용한 지원활동의 중요성을 재인식시켜 주고 있으며, 지역사회 속에서 자원봉사활동의 중요성을 다시 한번 일깨워 주고 있다.

CHAPTER 5

국제자원봉사

1. 국제자원봉사의 필요성

국제자원봉사는 자원봉사활동을 국내에만 한정하지 않고 국경, 인종, 피부색, 언어, 문화, 종교, 정치이념 등을 초월하여 다른 나라에서 지역개발, 환경보호, 의식개선, 빈민구호, 경제개발, 생활수준향상, 의료지원, 영농지원, 난민보호, 한국어교육, 주거환경개선, 교육제도개선, 인권개선 등을 도모하기 위해 활동하는 것을 말한다. 국제자원봉사는 국제화·세계화 시대를 맞이하여 국가 간의 상호교류 및 원조와 협력이 활발히 전개되면서 더욱 필요하게 되었으며 점차적으로 확대되고 있다. 이러한 국제자원봉사의 필요성은 다음과 같이 제시할 수 있다(이근홍, 2020).

1) 인도적 차원

인도적 차원이란 사람이 지켜야 할 도리나 도덕을 바탕으로 국가 간에 정치적 또는 경제적 손실과 이익에 관계없이 지지하고 원조를 제공하는 것을 말한다. 개발도상국이나 식량위기에 처한 국가들에게 원조를 무상으로 제공하거나, 국가 간 전쟁이나 내전으로 인한 난민의 발생으로 도움이 필요하거나, 심각한 환경파괴로 인하여 환경오염이 확산되어 있거나, 심각한 전염병이 확산되어 치료가 어렵고 의료인력 및 의약품이 부족할 때 그러한 국가들을 돕기 위해 자원봉사자를 파견할 필요가 있다. 또한 태풍 등으로 심각한 피해를 입었으나 복구가 어렵거나, 지진이나 화산폭발 등으로 심각한 피해를 입은 이재민이 발생하여 지원이 필요하거나, 개발도상국의 지역개발 등을 통하여 빈부격차를 해소하고 생활의 편의를 제공하며 그들의 삶의 질을 개선하여 바람직한 인류공동체를 조성하고 세계평화에 기여하기 위해서 국제자원봉사활동이 필요하다.

2) 경제적 협력

경제적 협력이란 개발도상국의 발전을 위해 선진국이 경제적으로 협력하는 일로서 자본 및 과학기술의 협력, 해외투자, 통상 및 무역협정, 국제경제기구의 활동 등을 포함하는 것을 말한다. 개발도상국의 경제발전을 위해서는 선진국이 경제적으로 협력하는 일이 무엇보다도 필요하며, 자본의 무상공여, 차관의 제공, 장기적인 지불조건의 수출, 민간의 직접투자, 자금협력과 전문가의 파견, 기술협력, 기술연수생의 파견 등을 제공해야 한다. 이와 같이 개발도상국의 경제발전을 위해서는 선진국들이 개발에 필요한 자금을 무상으로 제공하거나 전문가를 자원봉사자로 파견하는 것 등을 포함한 국제자원봉사가 필요하다. 선진국의 개발도상국에 대한 자원봉사활동은 자국의 국제적 이미지 향상에 기여함은 물론 수출증대 등을 통하여 경제발전에도 기여할 수 있다.

3) 정치적 안정

정치적 안정은 선진국이 개발도상국이나 정치적으로 불안한 국가들의 정치적 질서를 회복하고 국가 간의 평화를 유지하는 국제정치적 질서를 존중하도록 하는 것을 말한다. 개발도상국의 정치적 안정을 위해서는 선진국이 그와 관련된 전문가를 자원봉사자로 파견하여 활동하도록 하며, 적절한 지원을 통하여 정치적 안정을 추구하고 지속적인 경제발전을 이루어 나가는 데 기여할 수 있도록 하는 것이다. 우리나라의 경우에도 광복 이후 정치적으로 불안할 때나 한국전쟁 이후 경제적으로 상당히 어려움을 겪고 있을 때 선진국의 도움으로 어려움을 극복한 사례가 있듯이 개발도상국이 식수원의 부족, 식량부족으로 인한 빈곤과 기아문제, 정치적 역량의 부족 등으로 정치적으로 불안정 할때 국제협력의 차원에서 자원봉사자를 파견하거나 무상지원을 제공하는 것이 필요하다.

4) 수혜적 차원

수혜적 차원은 과거에 도움을 받아 어려움을 극복하고 경제발전이나 정치적 안정을 이루게 된 보답으로 필요한 지원을 제공하는 것을 말한다. 우리나라의 경우에도 한국전쟁으로 군사적인 어려움이 있을 때 군인을 참전시켜 국권을 회복도록 하고 국제적십자사 등이 의료 활동을 전개한 것은 물론 그 이후 굶주림, 전쟁고아의 발생, 경제적 어려움 등이 있을 때 유엔아동기금(UNICEF) 및 기독교아동복리회, 세계선명회 등 외원기관들로부터 상당한 지원을 받은 사례가 있다(이배근 외, 1997). 우리나라가 1970년대 이후 경제발전을 통하여 이제는 선진국으로 도약하는 단계에 있기 때문에 과거 우리나라가 어려울 때 도움을 주었던 국가들에 대한 보답은 물론 현재 어려움에 처해 있는 개발도상국에게 우리나라가 어려웠던 시절의 도움에 대한 보답의 의미로 그들을 원조하기 위해 자원봉사활동을 전개하는 것이 필요하다.

2. 국제자원봉사의 원칙

국제자원봉사는 다음과 같은 몇 가지 원칙을 준수하고 이를 기준으로 하여 활동이 이루어져야 한다(이배근 외, 1997).

첫째, 국제자원봉사는 국적, 인종, 피부색, 민족, 문화, 종교, 사상, 성별, 연령, 학력, 혼인상태, 가족관계, 사회경제적 지위, 빈부격차 등과 관계없이 누구에게나 자원봉사활동이 이루어져야 한다.

둘째, 국제자원봉사는 세계 어떤 국가나 민족도 인류공동체 발전의 동반자로 인식하고 그들의 건강, 영양, 인권, 교육, 안전, 사회개혁, 경제발전, 환경보전 등을 최대한 보장하면서 자원봉사활동을 전개한다.

셋째, 국제자원봉사는 다른 국가나 민족의 종교, 전통, 관습, 문화, 국민성(가치관, 행동양식, 사고방식, 기질 등), 생활양식, 사회규범, 정치제도 등을 이해하고 받아들이면서 자원봉사활동이 이루어져야 한다.

넷째, 국제자원봉사는 자원봉사활동을 통해서 다른 국가나 민족의 인권개선, 빈곤퇴치, 사회발전, 국가발전, 환경보전 등에 도움이 되며, 주민들의 삶의 질이 개선되고 그들의 성장과 발전이 극대화되면서 자립능력을 키울 수 있는 방향으로 전개되어야 한다.

다섯째, 국제자원봉사는 자원봉사활동 중에 다른 국가나 민족의 주민들에 게 특정 문화와 종교를 강요해서는 안 된다. 또한 주민들에 대한 편견과 선입관을 배제하고 자기결정권을 존중하며, 영리활동을 금지하고 차별대우를 하지 않으며, 그들에게 교육적 · 직업적 · 사회적 · 경제적 · 문화적 기회의 평등을 보장해야 한다.

여섯째, 국제자원봉사는 일정 기간 지속적으로 이루어져야 하며, 외국 주민들과의 약속을 반드시 이행하고 항상 겸손하면서도 감사하는 마음으로 활동에 임하며, 자원봉사활동의 내용을 기록하고 평가해야 한다.

3. 국제자원봉사의 기능

국제자원봉사는 다양한 국가들에 대한 자원봉사활동의 전개로 국가 간에 협력을 증진하는 계기가 될 수 있으며, 인류가 상호 공동하는 기회를 마련할 수 있고, 개발도상국가의 경제발전에 기여할 수 있으며, 환경오염으로 심각한 지구의 생태계를 보전할 수 있게 할 것이다. 그 외에도 국제자원봉사는 자원봉사활동을 전개하는 사람들에게 성격발달은 물론 국제화시대에 적합한 인재로 성장하는 데 도움이 될 것이다. 이와 같이 국제자원봉사는 다양한 분야에 이바지하며 다음과 같은 몇 가지 기능을 수행할 수 있다(이근홍, 2020).

1) 국가 간 협력 증진

국제자원봉사는 국가와 민족을 초월하여 세계적인 연대를 증진하고, 지식과 기술을 공유하여 개발도상국의 교육제도의 개선, 지역사회개발, 경제발전, 경제협력 등에 기여하며, 이러한 활동을 통하여 국가 간에 협력을 증진하는 기능을 수행할 수 있다. 국제자원봉사를 통하여 국가 간에 인식을 증진하고 상호 협력이 필요한 것들을 공유하며, 개발도상국의 어려움과 도움이 필요한 부분을 대변하여 다른 국가들에게도 관심을 갖게 하여 보다 많은 나라들과 협력관계를 유지할 수 있게 할 수 있다.

2) 인류공동체의 실현

국제자원봉사는 개발도상국의 빈곤, 기아문제, 식량부족, 식수원부족, 빈민지역 등에 개입하여 봉사활동과 구호활동을 전개함으로써 그들의 문제를 해결하며, 세계의 전 인류가 상호 협력하면서 살아가야 한다는 공존의식을 바탕으로 인류공동체를 실현하는 기능을 수행할 수 있다. 국제자원봉사는 특히 내전이나 전쟁 이후 피폐해진 국가들에게 자유, 평화, 안전, 정의, 인권보호 등이 실현될 수 있도록 원조하며, 그러한 국가와 민족이 더 나은 삶을 살아가도록 하는 데 중요한 역할을 수행하고 있다.

3) 성장의 기회 제공

국제자원봉사는 다양한 문화와 접하고 많은 분야에서 풍부한 경험을 할 수 있는 기회를 제공하며, 새로운 분야에 대한 도전과 견문을 넓혀 자기성장의 기회를 제공하는 기능을 수행할 수 있다. 국제자원봉사를 통하여 외국어를 숙달할 수 있는 기회가 될 수 있으며, 종교와 문화에 대한 이해는 물론 국제적인 감각을 키우고, 자기 자신에 대한 새로운 발견을 하며, 어떠한 곳에서도 생활할 수 있는 적응력을 향상시키며, 자신의 잠재력을 극대화할 수 있다. 또한 국제자원봉사는 새로운 지식과 기술을 습득할 수 있는 기회를 제공하며, 인성, 책임감, 도전정신, 모험심, 창의력 등을 증진시켜 자기성장의 중요한 계기가 될 수 있다.

4) 지구의 환경보전

국제자원봉사는 다양한 분야에서 활동이 전개되고 있지만 특별히 지구의 환경을 보전하기 위한 비정부기구(NGO)들의 활동이 상당히 많이 존재한다. 지구의 환경을 보전하기 위해 자원봉사자나 자원봉사단체들은 지구환경의 파괴를 유발하는 현장을 조사하거나, 다양한 생물들이 살아갈 수 있도록 보호하거나, 환경파괴행위를 근절하도록 캠페인을 하거나, 심각한 환경오염을 방지하기 위해 노력하기도 한다. 국제자원봉사는 이와 같은 노력들을 통하여 지구환경의 목소리를 대변하기도 하며, 국제사회에 폭로하여 긍정적인 변화를 일으키기도 하여 지속 가능한 자연환경의 조성과 지구의 환경보전을 위해 적극적으로 활동하고 있다.

4. 국제자원봉사의 유형

국제자원봉사의 유형은 상당히 다양하지만 자원봉사활동의 내용과 형태에 따라 워크캠프형, 개인·단기형, 정기방문형, 장기개발형, 긴급원조형, 인턴십형, 국내형 등 일곱 가지 유형으로 분류할 수 있다(류기형 외, 2009).

1) 워크캠프형

워크캠프(workcamp)형은 서로 다른 국적, 인종, 피부색, 문화, 사상 등을 가진 사람들이 1~3주 동안 함께 생활을 하면서 봉사활동과 문화교류를 하는 국제자원봉사활동의 형태이다. 워크캠프 프로그램을 실행하는 대표적인 기구로는 국제워크캠프기구

(International Workcamp Organization)가 있다. 이 기구는 1920년 제1차 세계대전 이후 마을 재건을 위한 평화운동을 시작으로 전 세계에서 국제자원봉사활동을 전개하고 있다. 우리나라는 1999년부터 워크캠프 프로그램에 참가하고 있으며, 전 세계 87개국에서 봉사활동을 하고 있다. 워크캠프는 보통 일주일에 5~6일, 하루 4~8시간 정도의 봉사활동을 하고 있다.

국제워크캠프기구에서 전개하는 봉사활동은 다양하지만 주요한 유형에는 환경(하천 · 국립공원 정화, 휴양림 · 생태마을 조성, 동물보호 및 환경캠페인 진행), 건설 · 보수(학교 · 수련장 · 놀이터 보수, 산책로 조성, 지역의 오래된 교회 · 성당 · 성 등 건축물 보수), 교육(영어 · 수학 · 과학 등 기초과목 교육, 보건교육), 복지(어린이 · 노인 · 난민 등과 함께 활동) 등이 있다. 그 외에도 예술(예술단체와 프로젝트 운영 · 보조, 지역사회 사진촬영 및 전시), 축제(축제 준비와 운영, 무대공연 및 지원), 농업(유기농장에서 파종 · 수확, 황무지 개간사업), 학습(사회쟁점토론, 현지 언어 공부, 세미나 운영), 아동(수혜자가 아동인 학교 · 센터 · 도서관에서 진행되는 활동에 참여) 등이 있다(국제워크캠프기구 홈페이지).

사례

대한적십자 라오스 오지마을 자원봉사

대한적십자사(총재 유종하)는 행동하는 의사회와 서울적십자병원, 전국의 30개 대학과 세 개 고등학교 자원봉사자 41명이 참가하는 제30차 대학적십자(RCY) 해외봉사활동 라오스행 발대식을 열고 7월 26일부터 8월 5일까지 10박 11일간 봉사활동을 벌인다고 밝혔다.

이번 봉사활동은 라오스 루앙푸라방 인근 오지마을에서 의료봉사활동과 주거환경개선활동 등으로 진행된다. 이를 위해 의료진들은 마을 주민들의 진료와 치료로 이들의 건강을 챙겨 주고 대학과 고등학교 자원봉사자는 공동화장실 건설로 마을의 청결도를 높일 계획이다. 또 위생증진교육과 응급상황 때 타인의 소중한 생명을 구할 수 있는 심폐소생술, 구조호흡 등 응급처치교육도 진행된다.

더불어 봉사단은 라오스 적십자사를 방문해 라오스의 국제적십자 운동 및 인도주의 활동탐방과 태권도시범, 사물놀이, 적십자 레크댄스, 아트풍선 만들기, 페이스 페인팅, 즉석사진 만들기와 오지마을 주민들과 투호, 제기차기 등 교류활동을 벌인다. 이와 함께 양국의 음식 페스티벌과 한국의 청소년적십자 단원들이 학용품으로 모은 우정의 선물상자를 라오스의 오지마을 어린이들에게 전달한다.

출처: 뉴시스(2011. 7. 26.).

2) 개인 · 단기형

개인 · 단기형은 활동지 또는 인근지역에 거주하면서 일정 기간(몇 주에서 몇 개월) 상근이나 비상근으로 활동하는 것이다. 일반적으로 식사와 숙박을 제공하며, 아주 작은 활동비를 지급하는 곳도 있지만 기본적으로는 무보수로 활동한다. 참가비를 납부하거나 휴일에도 활동하는 경우도 있으며, 주요 활동 분야는 자연보호, 야생동물보호 관련활동, 복지교육 관련활동 등 다양하다. 이것은 워킹홀리데이(working holiday)와 유사한 프로그램으로 단기간 자원봉사활동을 실천하거나 특정한 경험을 쌓기 위해 참여하는 경우가 대부분이다.

3) 정기방문형

정기방문형은 해외의 민간단체사무소, 병원, 교육시설, 사회복지시설 등에 매일 또는 매주 몇 번씩 정기적으로 통근하면서 활동하는 형태이다. 이것은 자기 집에서 통근하는 국내 자원봉사활동의 해외 형태로 볼 수 있으며, 유학이나 민박을 하면서 활동을 하는 사람, 해외에 몇 개월 사는 동안 활동을 하는 사람도 있다. 여러 가지 이유로 외국에 장기간 체류할 경우 때와 장소를 가리지 않고 적극적으로 지역사회에서 자원봉사활동에 참여할 수 있어야 한다.

4) 장기개발형

장기개발형은 최저 1년 이상 외국의 봉사활동지역에 체류하면서 개발활동(환경, 교육, 농촌개발활동, 기술지도 등)에 종사하는 형태이다. 이것은 주로 개발도상국에서 이루어지는 활동이며, 대부분 전문가로 활동하기 때문에 이에 필요한 전문적 지식·기술·경험이 필요한 경우가 많고, 대개 생활비 정도의 수당과 항공료를 지급받는다. 특히 유엔자원봉사단(UN Volunteers: UNV) 등의 국제기관을 통하는 경우에는 상당한 어학실력과 전문지식이 반드시 필요하다(UNV 홈페이지).

우리나라에서는 국제자원봉사의 유형 중에 장기개발형이 많으며, 종교단체, 민간단체 등이 해외에 장기간 자원봉사자를 파견하고 있다.

5) 긴급원조형

긴급원조형은 재난에 따른 긴급사태가 발생한 지역에 원조활동을 제공하는 형태이다. 이것은 홍수, 지진, 화산폭발 등의 발생 시 인명구조, 생활원조, 난민원조, 분쟁지역 주민의 인권보호활동, 인도적 원조활동 등을 전개한다.

대표적인 사례로는 일본의 고베, 네팔의 카트만두, 중국의 쓰촨성, 터키 서부지역 등에 대지진이 발생하였을 때 재난복구와 이재민 지원을 위해 외국의 자원봉사자들이 신속하게 현지에 도착하여 효율적으로 활동을 전개한 사례들이 있다.

6) 인턴십형

인턴십(internship)은 대개 대학생을 중심으로 사원후보를 선발한 후 일정 기간실습사원으로 채용하고 그동안의 성과를 평가하여 정규직으로 채용할 기회를 제공하는 사원채용제도라 할 수 있다. 이와 같이 인턴십형은 재학 중에 외국에 나가 자신이 흥미를 가지고 있는 기업 등에서 일정 기간 자원봉사를 통해 현장경험을 쌓아 자신의 지식과 기술을 축적하는 데 도움을 받거나 직원으로 채용될 수 있도록 하는 형태이다. 인턴십형의 자원봉사활동은 대부분 무보수이지만 종종 유급인 경우도 있다.

7) 국내형

국내형은 우리나라에 소재한 자원봉사 관련단체 중에서 세계의 환경문제, 인권문제, 개발문제 등의 분야에서 활동하는 단체에 개발도상국 등에 보낼 자금, 물품 등을 지원하거나, 그러한 단체의 사무실에서 봉사활동을 하거나, 자금모금을 위한 바자회에 물건을 보내 주거나, 아동들을 위한 학비나 책을 보내는 형태이다. 그 외에도 외국에서 자원봉사활동을 하기 전에 국내에서 그와 관련된 경험을 쌓는 경우도 있으며, 우리나라에 거주하는 외국인근로자에게 봉사활동을 하는 경우도 이에 속한다고 할 수 있다.

이 밖에 다른 형태의 국제자원봉사의 유형은 근로활동, 교육활동, 문화활동, 캠페인활농, 보건의료활동, 문화교류활동 등으로 분류할 수 있다.

근로활동에는 집짓기, 집수리, 벽화작업, 나무 심기, 농어촌 일손 돕기, 화단 만들기, 우물개발협조, 교실 책걸상 만들기, 낙후지역 개·보수, 교실 개·보수, 난민캠프, 교실 환경미화, 마을 일손 돕기 등이 있다.

교육활동에는 언어수업(한국어 초급, 중급, 상급 단계별 수업, 현지어 배우기, 영어 수업), 태권도, 컴퓨터, 예체능(음악, 미술, 체육, 무용, 댄스 등), 과학 교실(간단한 과학상식 제공, 과학제품 만들기) 등이 있다.

문화활동에는 한국문화소개(부채춤, 태권무, 탈춤, 사물놀이, 케이팝, 난타, 다도 등), 인형극, 음악회, 한지공예, 현지 전통 춤 배우기, 노래 배우기 등이 있다.

캠페인활동에는 에이즈 예방, 쓰레기 분리수거, 깨끗한 마을 만들기, 식수 제공 및 위생교육, 환경보호 활동, 문화재 보호, 평화, 인권 등이 있다.

보건의료활동에는 보건시설 보수, 영양, 예방접종, 방충망 설치, 해충 제거(쥐약, 바퀴벌레약 실지), 기초의료시설 수리·보수, 응급처치 시연 등이 있다.

문화교류활동에는 미술, 문화교류(전통탈 만들기, 태권무, 태권도 격파시범, 율동, 도자기 만들기, 종이연 만들기 등), 음악회(리코더 연주, 오케스트라 등), 체육대회(훌라후프, 줄넘기, 다리 묶고 달리기, 이어달리기, 족구, 피구, 비눗방울 놀이 등), 대중문화 소개(한국영화 및 현지영화 상영), 즉석사진 교환 등이 있다(한국사회복지협의회, 1997).

5. 국제자원봉사의 분야

국제자원봉사는 다양한 분야에서 이루어질 수 있지만 〈표 5-1〉과 같이 난민·빈민 국제구호, 개발도상국 개발지원, 외국인 보호·후원 및 국제친선교류로 구분해 볼 수 있다(이배근 외, 1997).

난민·빈민 국제구호에는 현장 활동으로 기술지원(르완다 난민 정착지원, 기아봉사단 파견) 및 행정지원(르완다 난민 아동의료지원)이 있다. 국내후원으로는 모금활동(평화의 주머니 보내기, 사랑의 달리기 모금, 개발도상국 빈민촌 우물 파 주기, 사랑의 동전 모으기, 북한 어린이 급식후원, 사랑의 굶기 운동, Famine24 운동, 사랑의 빵 운동, 사랑의 쌀 한 줌 모으기, 우정의 선물상자 만들기)과 업무지원(사랑의 맨발 걷기, 동전 분류 업무지원, 카드 분류와 봉입)이 있다.

개발도상국 개발지원에는 지역사회개발로 기술지원(베트남 직업훈련원 사업, 르완다 재건교육지원, 네팔 상수원 건설), 행정자문(연변지역 새마을운동, 인도네시아 양돈 사업, 방글라데시 양어장 사업, 인도네시아 멜론 재배) 및 교육지원(연변과학기술대학 교육봉사, 필리핀 교육봉사, 스리랑카 한국어교육, 인도 초등학교 교육, 베트남 태권도교육, 중국 한국어교육, 스리랑카 보건교육)이 있다. 주민서비스로는 의료지원(네팔 적십자사 혈액원 지원, 네팔 진료소 건립, 네팔 병원 및 학교 건립, 탄자니아 의료지원, 네팔 가족계획 업무)이 있다.

외국인 보호·후원에는 보호활동으로 권익보호(외국인근로자 법률상담소 운영, 외국인근로자 상담, 외국인근로자 인권보호) 및 생활안정(외국인근로자 의료지원, 외국인근로자 통역 지원, 외국인근로자 근로조건 개선활동)이 있다. 후원활동으로는 교육지원(외국근로자 한글교육, 외국인근로자 문화교육, 외국인근로자 자녀 학습지도)과 위문활동(해외입양동포 모국어 연수, 외국인근로자 문화축제, 외국근로자 캠프활동)이 있다. 국제 친선교류로는 행사지원으로 현장 활동(국제기독교청소년 교류, 청소년 국제교류 파견사업)과 편의제공으로 후원활동(외국 청소년 민박제공, 한·에티오피아 친선교류, 한·일 청소년적십자 교류)이 있다.

〈표 5-1〉 국제자원봉사의 분야

목표	체계	서비스	프로그램
난민·빈민 국제구호	현장활동	기술지원	르완다 난민 정착지원, 기아봉사단 파견
		행정지원	르완다 난민 아동의료지원
	국내후원	모금활동	평화의 주머니 보내기, 사랑의 달리기 모금, 개발도상국 빈민촌 우물 파 주기, 사랑의 동전 모으기, 북한 어린이 급식후원, 사랑의 굶기 운동, Famine24 운동, 사랑의 빵 운동, 사랑의 쌀 한 줌 모으기, 우정의 선물상자 만들기
		업무지원	사랑의 맨발 걷기, 동전 분류 업무지원, 카드 분류와 봉입
개발도상국 개발지원	지역사회 개발	기술지원	베트남 직업훈련원 사업, 르완다 재건 교육지원, 네팔 상수원 건설
		행정자문	연변지역 새마을운동, 인도네시아 양돈 사업, 방글라데시 양어장 사업, 인도네시아 멜론 재배
		교육지원	연변과학기술대학 교육봉사, 필리핀 교육봉사, 스리랑카 한국어교육, 인도초등학교 교육, 베트남 태권도교육, 중국 한국어교육, 스리랑카 보건교육
	주민서비스	의료지원	네팔 적십자사 혈액원 지원, 네팔 진료소 건립, 네팔 병원 및 학교 건립, 탄자니아 의료지원, 네팔 가족계획 업무
외국인 보호·후원	보호활동	권익보호	외국인근로자 법률상담소 운영, 외국인근로자 상담, 외국인근로자 인권보호
		생활안정	외국인근로자 의료지원, 외국인근로자 통역 지원, 외국인근로자 근로조건 개선활동

외국인 보호 · 후원	후원활동	교육지원	외국근로자 한글교육, 외국인근로자 문화교육, 외국인근로자 자녀 학습지도
		위문활동	해외입양동포 모국어 연수, 외국인근로자 문화축제, 외국근로자 캠프활동
국제 친선교류	행사지원	현장활동	국제기독교청소년 교류, 청소년 국제교류 파견사업
	편의제공	후원활동	외국 청소년 민박 제공, 한 · 에티오피아 친선교류, 한 · 일 청소년적십자 교류

PART 2

주체별 자원봉사활동

CHAPTER 6

아동 · 청소년에 의한 자원봉사활동

1. 아동에 의한 자원봉사활동

1) 아동의 특성

자원봉사 현장에서는 일반적으로 초등학령기 전 및 초등학령기까지의 아동을 '아동 자원봉사자'로, 중고등학령기를 '청소년 자원봉사자'로 분류하는 경향이 있다. 본 내용에서의 아동 자원봉사활동은 5세부터 13세경(만 3~12세)의 아동에 해당하는 봉사자를 아동봉사자로 지칭하였다.

아동기는 아동개인의 성장과 아동을 둘러싼 환경의 영향이 무엇보다 중요한 시기이다. 특히 자원봉사활동 역시 봉사실천 개념보다 봉사학습의 개념이 강하여, 아동의 인지발달과 봉사학습과의 관계, 아동을 둘러싼 환경과의 관계를 중심으로 아동기 특성을 살펴볼 필요가 있다.

피아제(Piaget)는 모든 아동은 개인차가 있지만 정해진 단계를 거치며 성장해 간다고 하였다. 그는 감각운동기, 전조작기, 구체적 조작기, 형식적 조작기로 나누어 연령별 특징을 제시하였다.

〈표 6-1〉 피아제의 인지발달 단계

단계	시기	특징
감각운동기	출생~2세	• 대상연속성 시작 • 목표지향적 행동 시작
전조작기	2~7세	• 상징적 사고의 시작 • 자아중심성 • 물활론적 사고 • 보존개념 결여 • 불완전한 분류능력
구체적 조작기	7세~11세	• 보존개념의 이해 • 유목화 및 서열화 • 조망수용
형식적 조작기	11세 이후	• 추상적 사고

2) 아동자원봉사활동의 필요성

아동의 자원봉사활동은 이타성을 발달시킨다. 이타성은 타인을 이롭게 하는 행동으로서 친구에게 자기 소유물을 나누어 주거나, 곤경에 처한 사람을 돕거나, 자신보다는 남을 칭찬하고, 다른 사람의 복지증진에 관심을 가지는 것을 의미한다. 아동기의 이타성 발달은 성장과정의 밑거름을 만드는 중요한 과정이다(권민균 외, 2005).

3) 아동자원봉사자를 대하는 자세

우리나라 아동 자원봉사활동은 1995년 5월 31일 대통령 자문 교육위원회가 지금까지의 교육과는 달리 학생 자원봉사활동, 단체 수련활동 등 실천적 교육방안을 제시하면서 활성화되기 시작하였다.

아동이 자원봉사자로 참여하는 봉사활동 진행 시 아동이라는 대상에 대한 특성을 반영하여 프로그램을 진행하는 것이 중요하다. 아동은 성장과정에 자원봉사활동을 통하여 민주화의 역할을 강화할 수 있다. 자원봉사자의 민주적 가치나 그 실천을 향한 지도력을 통해 아동이 민주시민으로 성장하는 것을 도울 수 있다. 아동이 타인의 인격을 존중하고 의사도 자유롭게 표현하며 결정된 일에 대해서는 책임감을 가지고 폭넓게 참여하며 협력하는 생활방식을 가지도록 지도한다. 아동에 대한 자원봉사활동은 가정, 보육시설, 유치원, 초등학교, 도서관, 소아과 병동, 사회복지시설 및 기관 등에서 전문직원들과 함께 일하거나 전문직원의 지도하에 아동을 돌봐주는 활동이 주를 이룬다(한국여성개발원, 1990).

아동의 자원봉사활동은 자원봉사활동정신에 입각한 활동보다는 봉사학습의 개념이 강하다. 따라서 아동의 자원봉사활동은 봉사학습이라는 목적을 두고 프로그램을 계획하여 자발적으로든 비자발적으로든 봉사활동을 체험하게 하는 것이 중요하다.

(1) 만 3~5세의 아동자원봉사자를 대하는 자세와 프로그램 소개

유아기 봉사활동은 봉사학습의 초기과정으로 다양한 시청각교육자료를 제시해 줌으로써 나와 지역사회, 이타심 실현의 기쁨, 긍정적 경험 등을 감각으로 느낄 수 있게 하는 데 주안점을 둔다. 자원봉사활동과 관련하여 아동들이 직접 참여하는 활동으로 그림 그리기 및 시청각 활동자료, 이야기 나누기 등과 같이 계획된 자료를 준비하는 것이 중요하다. 또한 아동이 직접 보고 느낄 수 있는 기회를 제공하고 상호작용과정에서 칭찬과 격려를 적극적으로 부여하는 것이 좋다.

유아가 가정 내에서 가족들과 함께 실천할 수 있는 방법을 가정에 연계 자료로 전달함으로써, 교육시간 외에 가정 내에서도 기본생활습관으로 자리 잡을 수 있도록 병행하는 것이 중요하다.

사례

어르신 잔치에 노래로 사랑을 나눠요

1. 목표

지역사회 어르신을 위한 '효잔치'에 노래선물을 드림으로써 아동들에게는 '효'의 의미을 배우고 이타심 실현의 기회를 가진다.

2. 프로그램 개요

- 운영: 매해 어버이날, 명절 행사
- 대상: 만 4~5세 반 전체
- 장소: 지역사회 복지관
- 내용: 지역사회 노인복지관, 요양원, 종합사회복지관, 주민센터 내 경로잔치 등의 효잔치 행사, 명절행사들에 참여하여 노래선물을 전달한다.

3. 기대효과

- 아동에게 나눔의 아름다움을 인식
- 성장기 아동에게 이타심을 알고 실천하는 기쁨을 전달
- 아동기의 긍정적 경험을 통하여 자원봉사활동의 지속성 강화

(2) 만 6~11세의 아동자원봉사자를 대하는 자세와 프로그램 소개

초등학생 자원봉사활동은 봉사학습이 가능하도록 다양한 활동정보를 알려 주고, 개별 활동보다는 또래집단별 활동을 제시함으로써 봉사활동의 성공적이고 긍정적인 경험을 알려 주는 것이 중요하다.

아동 개인의 독립적 수행보다는 반별 활동을 모둠활동인원으로 구성하여 역할 수행

에 대한 정보전달과 긍정적 강화를 제공하는 것이 중요하며, 초등교육과정에 부합되는 봉사활동으로 엮어서 봉사학습으로 진행되는 것이 좋다.

제7차 교육과정에서는 초등학교 특별활동을 자치, 적응, 행사, 계발, 봉사활동의 5개 영역으로 구분하고, 5개 영역의 이수시간을 학교재량에 따라 비율을 정하게 하고 있으며, 1학년 30시간, 2~3학년 34시간, 4~6학년 68시간으로 지도하고 있다.

〈표 6-2〉 제7차 교육과정 초등학생 자원봉사활동 유형별 내용

영역	활동내용
일손돕기 활동	학교 내 일손돕기, 복지시설 일손돕기, 공공시설 일손돕기, 병원 일손돕기, 농어촌 일손돕기 등
위문 활동	고아원 위문, 양로원 위문, 장애인, 병약자 위문, 자매부대 위문 등
캠페인 활동	공공질서 확립 캠페인, 교통안전 캠페인, 학교 주변 정화 캠페인, 환경보전 캠페인 등
자선구호 활동	재해구호 활동, 불우이웃 돕기, 국제협력과 난민구호 등
환경 · 시설보전 활동	깨끗한 환경 만들기, 자연보호, 문화재 보호 등
지역사회 개발 활동	지역사회 문화재 보호활동, 지역사회 문화 예술제 참여 등

4) 지역사회 아동자원봉사 프로그램 사례

아동기는 독립적으로 수행하는 활동보다 보호자나 교사 등 조력자를 통해 학습해 가는 과정상의 특징이 있다. 또한 청소년기에 비하여 학업에 대한 부담이 적기 때문에 가족과 함께 수행 과제물을 정하여 실행할 수 있는 시간적 여유가 있는 시기이다. 따라서 아동기 봉사활동은 크게 아동이 독립적으로 수행하는 자원봉사와 가족과 함께 참여하는 봉사활동으로 구분할 수 있다.

(1) 독립적으로 하는 아동자원봉사활동

아동이 독립적으로 봉사활동을 하는 경우는 자원봉사관리자, 학교 교사 등의 조력자를 통하여 아동이 모둠을 형성하여 진행되는 경우이다. 아동에게 자원봉사활동의 성공적 경험을 제공하기 위해서 조력자는 프로그램 기획과정 전반에 관여하게 되지만 실제 활동은 아동 주도로 이뤄지게 된다. 주로 지역사회 자원봉사센터, 종합사회복지관, 학교 내 반별 프로그램 등에서 방학특별 프로그램, 학기 중 일정 기간 동안 계획된 회기 내에서 진행되는 경우가 많다.

사례

테마가 있는 어린이 벼룩시장

1. 목표

경제교육을 통하여 합리적인 소비의 장을 체험하며 재활용 벼룩시장을 통하여 자원의 재활용의 필요성을 깨닫고 매월 테마로 진행되는 벼룩시장을 통해 언어, 문화 등을 교류하여 다양한 자원봉사활동을 할 수 있도록 한다.

2. 사업개요

- 운영: 2020년 3월부터
- 일시: 월 1회(토요일)
- 대상: 초등학교 3~6학년 30명
- 장소: 매월
- 내용: 테마별 다른 장소 예정

진행시간	내용	진행내용
09:00~10:00	경제교육	올바른 소비습관, 용돈관리 등

10:00~11:30	벼룩시장판매활동	어린이 벼룩시장
		청소년 벼룩시장
11:30~13:00	나눔교육, 기부활동	경제골든벨 진행
		나눔교육 후 원하는 기부처를 선택하여 기부

3. 기대효과

- 경제개념 및 합리적 소비의식 향상
- 자원의 재활용 경험으로 인해 자원 절약 학습
- 다양한 문화 체험 및 교류

(2) 가족과 함께하는 아동자원봉사활동

초등학령기를 포함한 영유아 아동의 봉사참여 경험은 봉사에 대한 학습의 의미가 크기 때문에 부모와 자녀 간의 봉사활동, 학교교사와 학생간의 봉사활동, 지역사회지도자와 아동 간의 봉사활동 등은 아동에게 봉사의 경험뿐만 아니라, 현장에 대한 학습 경험을 더불어 제공하는 장점이 있다.

최근에는 기업봉사가 활성화되어 성인남성의 자원봉사 참여도가 높아지면서 엄마와 자녀의 봉사활동만큼 아빠와 자녀의 봉사활동이 증가하고 있다. 6개월 이상의 가족자원봉사 경험이 가족건강성의 모든 영역에서 유의미한 영향을 미쳤다는 연구결과는 가족 자원봉사활동을 통한 부모-자녀의 긍정적인 상호작용이 부모-자녀의 의사소통의 개방성과 명료성을 높이고, 가족 간의 정서적 친밀감에 영향을 주며, 더 나아가 이웃에 관심과 필요한 도움을 주고, 부모가 자녀에게 공동체 규범을 잘 전달하고 있음을 시사하고 있다(이연숙 외, 2008).

읽기자료

구마다 자원봉사센터서 연결… 자녀 나이에 맞춰 활동 선택을

가족회의를 거쳐 자원봉사에 나서기로 결정했다면 자원봉사센터로 전화를 해서 상담을 하는 것이 좋다. 자원봉사센터는 자체적인 가족봉사 프로그램을 운영하기도 하고, 없는 곳은 지역의 다른 봉사 프로그램과 연결해 준다. 복지관도 가족 자원봉사 프로그램을 운영하기도 한다. 요즘은 인기가 많아 대기자 명단이 있을 정도다. 가족 자원봉사의 종류가 다양한 만큼 아이들의 연령에 따라 적당하게 선택하는 것이 좋다. 초등학생이 있는 가족은 연말카드 만들기, 독거노인 도시락 배달, 가족 요리봉사 등 단순하면서도 즐겁게 할 수 있는 프로그램을 선택한다. 서울 강남구 자원봉사센터에서는 스쿨존 불법주차 차량에 가족이 함께 만든 불법주차 경고문과 풍선을 매다는 자원봉사가 아이들 사이에 인기를 모았다.

출처: 동아일보(2007. 12. 5.).

2. 청소년에 의한 자원봉사활동

1) 청소년 자원봉사활동의 이해

청소년은 자신의 자아를 발견하고 삶의 의미와 보람을 스스로 찾고자 하는 강한 내면적 욕구를 가지고 있다. 이러한 청소년들의 내면적 욕구를 실현시키면서 상부상조의 정신과 공동체의식, 합리적 사고를 키울 수 있는 기회들을 제공할 수 있는 대표적인 방법이 바로 청소년 자원봉사활동을 통한 접근이다. 최근 우리나라도 사회적으로 자원봉사활동에 대한 관심과 욕구가 늘어나면서 국가 차원에서 청소년 자원봉사활동을 활성

화 및 제도화하기 위한 노력들이 이루어지고 있다.

청소년 자원봉사활동은 자원봉사활동의 한 분야로, 상위 개념인 자원봉사의 기본정신이나 철학, 이념 등을 바탕으로 하면서도 활동자인 청소년의 특성이 충분히 반영되어야 한다.

즉, 자원봉사활동이 일반적으로 가지는 특성인 자발성, 이타성, 무보수성, 지속성, 공익성 이외에 학생 봉사활동이 가지는 특성으로 학습성이 포함되어야 한다. 학습성이란 봉사자가 봉사활동을 통해 문제해결력을 기르고 이웃에 대한 관심과 사랑을 키우며, 시민으로서 참여적 태도와 책임성을 형성하는 등 내적 정신세계와 외적 행동을 변화시키는 학습 경험을 하게 되는 것을 의미하며, 이는 청소년들에게 봉사활동을 장려하는 이유에 해당한다.

청소년 봉사활동에 대한 관점은 크게 학습으로서 자원봉사, 활동의 방법으로서 자원봉사, 생활구조로서의 자원봉사의 세 가지로 구분하여 살펴볼 수 있다(류기형 외, 2009).

첫 번째 관점은, 학습으로서 자원봉사를 바라보는 관점이다. 이 관점은 청소년이 봉사활동을 통하여 문제해결의 방법을 스스로 구형해 보도록 하며, 지역사회의 다양한 문제에 대하여 학교에서 배운 이론의 적용과 사회 현실의 경험 그리고 도덕적 가치의 체험까지 동시에 통합적으로 습득할 수 있는 과정을 배우는 것이다.

두 번째 관점은, 자원봉사 실시에서 나타나는 활동의 방법으로서 자원봉사를 바라보는 관점이다. 이는 자원봉사가 시간과 장소를 불문하고 교육이 아닌 활동으로 이루어지기 때문에 참가 청소년들의 주체성·자발성이 중요시된다. 또한 본인의 봉사활동 경험을 기초로 스스로 봉사활동 경험을 평가하며, 나아가 집단토의나 사례발표 등을 통하여 지식과 경험을 상호 교환하는 활동이다.

세 번째 관점은, 더불어 살아가는 생활의 한 요소로서 자원봉사활동을 바라보는 관점이다. 더불어 살아가는 생활은 상호 간에 도움과 협동을 필요로 하며, 구성원들이 상호 부조와 연대감을 가지고 개인생활을 전개해 나갈 때 가능한 것이다. 이러한 점에서 청소년 자원봉사활동은 청소년 생활의 한 부분이며 동시에 복지공동체 성립에 중요한 기초가 된다는 것을 알 수 있다.

이와 같은 청소년 봉사활동에 대한 세 가지 관점 중에서 현재는 청소년의 자원봉사활동을 학습과 연결해서 보는 시각, 즉 청소년 자원봉사활동의 개념은 자발성이 강조되는 봉사보다는 교육이 강조되어야 한다는 시각이 지배적이다. 그 이유는 청소년 자원봉사활동은 청소년들의 전인적 발달과 성장에 직접 연결되어 있을 뿐 아니라 민주시민사회의 덕목으로 인식해야 한다는 것이다. 한승희(1995)는 청소년 자원봉사활동은 해도 되고 안 해도 되는 것이 아니라 반드시 해야 하는 어느 정도의 강제성을 부여하는 것이 더 타당하다고 주장한다. 여러 선진국에서는 초·중·고등학교 그리고 대학교가 학교 자체의 자원봉사 프로그램을 수립하여 주위의 관련 기관들과 긴밀한 협조 하에 학교교육의 일환으로 자원봉사활동을 전개하고 있다(조휘일, 1995). 미국의 메릴랜드주 교육위원회의 경우에도 자원봉사를 봉사활동학습(service learning)이란 용어로 대치하여 사용하고 있다(한승희, 1995).

봉사학습으로서 자원봉사활동은 일반적인 자원봉사활동과는 구별되는 다음과 같은 특성을 가진다.

첫째, 봉사학습은 실천적 교육으로서 학생들의 발전을 향상시키기 위해 의도적으로 구조화하고 봉사를 통해서 인간과 지역사회의 욕구를 함께 해결하고자 하는 활동에 학생들을 참여시키는 교육을 의미한다(Jacoby, 1996).

둘째, 봉사학습은 수혜자뿐 아니라 봉사에 참여하는 학생의 삶까지 개선하는 상호호혜성의 성격을 지닌다. 즉, 청소년들이 타인에게 도움을 주는 일을 행함으로써 동정, 이타심, 헌신 등의 만족감을 느끼는 협소한 봉사로 끝나는 것이 아니라 인간의 존엄성을 깨닫게 하고 지역사회에 대한 이해를 넓혀 주는 활동이다.

셋째, 봉사학습은 복지제도 및 대상에 대한 비판적 인식을 길러 주며 사회적 책임감과 애국심을 길러 주고, 민주시민의식을 함양하는 데까지 나아가도록 한다. 이와 같이 봉사활동이 지닌 교육적 성격으로 인해 청소년 자원봉사활동은 학교 교육과정의 일부로 지정하여 청소년들에게 자원봉사활동을 장려하고 있으며, 그 활동결과를 학생생활기록부에 반영함으로써 더욱 활성화하고 있다(오윤선, 2018).

2) 청소년 자원봉사활동의 필요성

일반적으로 청소년기를 제2의 탄생기, 제2의 반항기, 질풍노도의 시기 등과 같은 용어로 표현하며 어려운 시기라고 일컫고 있다. 또한 청소년기는 무한한 신체적·정신적 에너지가 내재되어 있는 시기이다. 청소년들이 그 에너지를 비행, 폭력 등 비사회적·반사회적 형태로 표출하는지, 아니면 자원봉사활동이나 집단 활동 등의 적극적이며 긍정적인 활동으로 발산하는지는 청소년의 발달에서 매우 중요한 문제이다.

청소년 봉사활동은 체험활동을 통해서 개인적 만족감을 증진시킬 뿐만 아니라, 사회참여 기회와 사회적 책임을 실천하는 기회가 된다는 이중적 의의를 가진다. 또한 자아정체감과 도덕성을 형성하고 통합시키는 시기인 청소년기에 사회참여의 기회로서 자원봉사활동 참여 경험은 청소년의 건전한 성장을 돕기 위해 꼭 필요한 활동이다(김동배, 1997).

청소년 자원봉사활동은 자원봉사를 교과과정의 일부로 생각하는 경우 일반자원봉사활동과는 다른 특성들을 가진다. 즉, 바람직한 청소년 자원봉사활동은 구조화된 학습경험으로 결과보다는 건전한 참여 동기의 확립과 참여 방법 및 과정에 중점을 두어야 하며 자원봉사활동을 통해 얻어질 수 있는 리더십과 인간관계 기능의 훈련을 더 중요시해야 한다.

3) 청소년 자원봉사활동의 기대효과

일반 자원봉사활동과는 다른 특성을 가진 청소년 자원봉사활동의 효과는 다음과 같이 세 가지로 정리할 수 있다.

첫째, 청소년 자원봉사활동은 청소년의 인성개발에 유익하다. 봉사활동을 통해 어려운 과업을 완수하고 새로운 경험에 도전하면서 자신의 잠재력을 발견할 수 있으며 일에 대한 성취감을 통해 자신감, 긍정적인 자아상을 확립할 수 있다. 또한 집단 경험을 통해 다양한 사회문화적 배경이나 가치를 가진 사람들과 상호작용하면서 타인의 의견을 이해하고 수용하는 힘을 키우고 인간에 대한 존엄성과 사회적 연대감, 공동체 의식을 키워 간다.

둘째, 청소년 자원봉사활동은 민주시민으로서의 자질을 배양한다. 청소년들은 자원봉사활동을 통해 자신의 행동에 책임을 지고 전체 집단의 이익을 위해 자신을 양보하고 집단성원들과의 의견을 조정하고 타협하는 과정을 통해 문제해결 능력을 고양하게 된다. 또한 지역사회에 산재해 있는 유용한 자원을 발견 및 이용할 수 있는 능력을 개발하게 된다. 또한 나 혼자만 잘 살아야 한다는 이기적인 생각에서 벗어나 더불어 함께하는 삶이 건강한 시민의식의 발로이며 책임이라는 것을 인식하게 된다.

셋째, 청소년 자원봉사활동은 현장교육을 통해 지적인 발달을 돕는다. 지역사회가 당면한 문제를 발견하고 그 문제에 영향을 미치는 사회적 · 경제적 · 환경적 요인을 분석하며 문제의 파급효과 및 대처방안 탐색 등 일련의 과정을 통해 기본적인 학습기술들을 실제로 실행, 응용할 수 있을 뿐 아니라 종합적이고 체계적인 사고력을 기를 수 있다(홍봉선, 2013).

4) 청소년 자원봉사활동의 유형

청소년들은 개인, 가족, 동아리 · 단체 등의 집단 형태로 활동에 참여하고 있다. 청소년 자원봉사활동은 일손 돕기 · 환경미화 · 취약계층 활동 보조 등의 노력봉사, 학습 지도 · 멘토링 · 공부방 운영 지원 등의 교육봉사, 지역행사 운영 · 보조, 캠페인 활동 등의 문화봉사, 청소년들의 다양한 재능을 활용한 재능봉사 활동 등 다양하게 이루어지고 있다.

청소년 자원봉사활동 유형은 활동 분야와 장소, 참여 경로 및 방식에 따라 다음과 같이 분류할 수 있다.

(1) 분야별 자원봉사활동

분야별 청소년봉사활동은 일손돕기 활동, 위문 활동, 지도 활동, 캠페인 활동, 자선구호 활동, 환경시설보호 활동, 지역사회개발 활동, 기타 봉사활동으로 분류된다. 일손돕기는 일손이 모자라는 공공기관, 복지시설, 보건소, 학교, 농 · 어촌 등을 찾아 도움을 주는 봉사활동이다. 위문 활동은 우리 사회에서 소외되어 외롭고 힘들게 살아가는 사람들을 방문하여 위로하는 봉사활동이다. 지도 활동은 아동이나 어르신들께 학업, 운동, 문화, 레크리에이션 등을 지도하는 봉사활동이다. 캠페인 활동은 특정 사안이나 사회적 이슈에 대해 사람들에게 정보를 주고 계몽하기 위한 활동이다. 자선구호 활동은 재난, 재해, 질병, 빈곤 등으로 어려움에 처한 난민, 병자, 노약자, 빈민, 고아 등을 돕고 구제하기 위한 활동이다. 환경시설보호 활동은 환경오염과 파괴로부터 자연환경과 동식물을 보호하고, 주변 환경이나 시설들을 깨끗하게 유지 및 보호하기 위한 활동이다. 지역사회개발 활동은 지역사회 주민의 요구를 파악하고 반영하여 지역사회의 환경을 개선하고 발전시키기 위한 활동이다. 이상의 일곱 가지 활동에 포함되지 않은 활동을 기타 봉사활동이라고 한다.

(2) 장소별 자원봉사활동

장소에 따른 청소년봉사활동은 공공기관 및 시설 봉사활동, 사회복지시설 봉사활동, 행사장 봉사활동, 어촌 봉사활동, 하천, 산, 바다 봉사활동 등으로 구분할 수 있다.

(3) 참여경로별 자원봉사활동

참여경로에 따른 청소년봉사활동은 학교를 통한 봉사활동, 청소년 단체 및 시민단체 등을 통한 봉사활동, 종교기관을 통한 봉사활동, 개인적 경로를 통한 봉사활동으로 구분할 수 있다. 대다수 청소년의 경우 학교를 통한 봉사활동이 이루어지고 있으며, 개인적으로는 인터넷(1365 자원봉사센터) 등을 통해 이루어지고 있다.

(4) 참여방식별 자원봉사활동

참여방식에 따라서는 직접 봉사활동과 간접 봉사활동, 지지활동으로 구분할 수 있다. 직접 봉사활동은 환자의 보조, 자연보호활동 등 직접적인 활동이 매개가 되는 반면 간접 봉사활동은 음식이나 의료, 기금 등의 모집 및 전달활동으로 이루어진다. 지지활동은 캠페인 조직 및 활동, 사회의식 개선 등의 활동이 이루어진다.

5) 청소년 자원봉사활동 현황

(1) 청소년 자원봉사활동의 도입

우리나라에 청소년 자원봉사활동이 도입된 것은 입시 위주의 학교교육에 매몰된 청소년들의 인성을 함양하고 공동체의식을 제고하며 민주시민으로서의 자질 향상과 사회생활에 필요한 직업 탐색 및 준비 등을 할 수 있도록 도와줄 수 있는 방안이 논의되면서부터이다. 그 결과 1995년 대통령 자문기구인 교육개혁위원회에서 '5.31 교육개혁 방안'을 제안함으로써 다양한 체험활동 및 자원봉사활동을 할 수 있는 제도적 틀을 마련하였다.

(2) 청소년 자원봉사활동 포털사이트 개발

제7차 교육과정에서는 봉사활동을 학교교육과정에 통합시켜 운영하며 조직적이고 체계적으로 개입하는 특별활동의 한 영역인 학생봉사활동으로 지도되고 있다. 이에 청소년 자원봉사활동 관리를 위해 2005년 청소년 봉사활동관리시스템(CS 버전)을 구축하여 청소년들이 인터넷 환경에서 실시간으로 봉사활동 신청 및 경력관리, 봉사활동 확인서 출력 등을 가능하도록 하여 편리성을 갖추게 되었다. 이후 2008년 통합 시스템(web 버전)으로 개편하여 기존 청소년 봉사활동 관리시스템에서 청소년 자원봉사 포털사이트로 발전시켜 청소년 봉사활동관리의 안정성, 편리성, 정보 제공 확대 등을 도모하였다. 2012년에는 여성가족부 청소년 통합정보시스템과 통합 작업을 추진하여 기존 청소년 자원봉사 포털사이트 두볼(Dovol)과 행정안전부 자원봉사 통합관리시스템인 1365 나눔포털의 연계 서비스를 제공하고 있다. 이를 통해 두볼과 1365 나눔포털 간의 자원봉사 실적 연계는 물론 교육부의 교육행정정보시스템 '나이스(NEIS)'를 통하여 학생생활기록부에 봉사활동 실적을 온라인으로 전송할 수 있도록 하고 있다(청소년백서, 2016).

여성가족부		행정안전부		교육부
두볼(Dovol) 청소년 자원봉사시스템	▶	1365 나눔포털 자원봉사시스템	▶	나이스(NEIS) 학생생활기록부 전산시스템

학생
두볼에서 봉사활동 검색 후 신청

▼

봉사활동 실행 후 두볼–나눔포털 간 봉사활동확인서 자동 공유

▼

학생
나눔포털에서 확인서를 나이스로 전송

▼

학교
나이스에서 나눔포털에서 전송된 실적 자료 확인 후 승인

▼

학교
학교생활기록부 기재

※ 1) 2014년 7월 27일부터 '두볼–나눔포털–나이스' 간 봉사활동 실적 연계서비스 실시
 2) 두볼에서 2014년 3월 1일부터 참여한 봉사활동만 나이스로 전송 가능

[그림 6–1] 두볼–나눔포털 봉사활동 실적 연계

출처: 경상남도교육청(2018).

(3) 청소년 자원봉사활동 현황

청소년 봉사활동은 봉사활동 인증터전을 통해 이루어지고 있는데, 인증터전 이란 청소년 활동정보서비스 포털(youth.go.kr)에 봉사활동 실적을 등록 · 운영 · 관리할 수 있도록 17개 시 · 도 청소년활동진흥센터에서 인증한 기관을 의미한다. 현재 활동 인증터전으로는 청소년기관 및 단체, 사회복지기관 및 시설, 문화 · 예술시설 및 단체, 체육 · 관광시설 및 단체, 의료보호시설 및 단체, 기업체(사회공헌재단 등) 등의 다양한 기관이 참여하고 있다.

2016년부터는 청소년자원봉사의 안전한 봉사활동 환경 보장과 자발적 봉사참여 촉진을 위해 자원봉사 상해보험 지원을 시작하였다. 2017년에는 자원봉사 포털(1365 나눔포털, VMS) 간 종합보험 통합 제공 추진을 통해 자원봉사 상해보험 수혜 대상자를 크게 확대하였다.

한편 2017년부터 청소년 자기주도형 봉사활동의 시범사업이 추진되고 있다. 자기주도형 봉사활동은 청소년이 지역사회의 문제나 변화가 필요한 주제를 스스로 조사 · 분석하고, 참여하는 봉사활동을 의미한다. 기존 봉사활동이 봉사시설 및 기관의 담당자(성인)가 계획한 봉사활동에 청소년 자원봉사활동의 유형은 활동 분야, 내용, 참여 경로와 방식, 활동 장소, 발달단계에 따라 다음과 같이 구분할 수 있다. 청소년들이 참여하는 형식으로만 진행되어 온 반면 자기주도형 봉사활동은 참여 청소년들이 스스로 활동의 목적과 수단, 실행방법을 기획하고 실행한다는 점에서 큰 차이가 있다. 2017년에는 4개 시 · 도(대전, 경기, 광주, 전남)에서 27개 팀이 참여하였으며, 2018년도에는 전국의 17개 시 · 도로 확대 · 운영하여 전국에서 930명의 청소년들이 자기주도형 봉사활동 시범사업을 통해 지역사회의 문제 등에 대해 스스로 생각해 보고 봉사활동을 주도적으로 실행하는 자기주도형 봉사활동에 참여하였다(여성가족부, 2019).

청소년 자원봉사활동은 제7차 교육과정에 특별활동 시수에 반영되어 있어 청소년들은 의무적으로 봉사활동에 참여해야 한다. 각 시 · 도 교육청은 중 · 고등학교에 공통적으로 3년간 학교 교육과정에서 실시하는 자원봉사활동 20~30시간을 포함하여 한 학생이 3년 동안 60시간 이상의 자원봉사활동을 하도록 장려하고 있다. 따라서 중학생의 경우 3년간 60시간의 자원봉사활동을 할 경우 고등학교 입시에서 내신 성적상의 봉사활동 점수는 20점 만점을 얻게 된다. 고등학생의 경우 봉사점수가 내신 성적에 반영되지는 않지만 기본 봉사시간을 채우지 않을 경우 불이익을 받을 수 있다.

〈표 6-3〉 봉사활동 연간 권장 시수

학교급		학생봉사활동 연간권장시수	비고
초	1~3	5시간 이상 권장	–
	4~6	10시간 이상 권장	–
중		15시간 이상 권장	입시총점(300점)의 4%, 학년당 4점 배정
고		20시간 이상 권장	–

※ 학교교육계획(정규교육과정, 수업시간 외)에 의한 봉사활동과 개인계획에 의한 봉사활동 포함
출처: 서울특별시교육청(2018).

6) 청소년 자원봉사활동의 진행과정

(1) 청소년 자원봉사활동 계획

황인숙(2018)은 청소년봉사활동을 계획할 때 고려할 사항으로 다음과 같이 여섯 가지를 제시하였다.

첫째, 청소년봉사활동의 의도에 부합하고 설정한 목표에 도달할 수 있도록 충실한 활동계획을 세워야 한다. 현재 학교체제에서 봉사활동에 점수가 도입된 지 20여 년이 흐르다 보니 봉사활동의 원래 취지와는 다르게 점수를 획득하기 위한 방안이 될 때가 많다. 따라서 학생들의 자원봉사에 대한 요구나 관심을 조사하고 활동에 대한 배경지식의 습득 및 봉사대상이나 기관에 대한 사전 파악을 통해 적절한 활동 방법을 계획하고 봉사 후 마무리 활동까지 상세하게 계획하는 것이 필요하다.

둘째, 지역사회의 여건이나 특수성과 관련지어 이루어질 수 있도록 한다. 청소년들의 지역사회에 대한 관심과 애정을 키우고 지속적인 봉사활동의 계기를 마련할 수 있도록

봉사활동을 계획할 때 기관에 대한 충분한 이해를 바탕으로 봉사활동의 적절성에 대해 파악하고 설명하는 것이 필요하다.

셋째, 봉사활동의 계획과 실행과정에서 청소년들이 주도적이고 자발적으로 참여하여 계획할 수 있도록 하여 청소년 스스로 자발적으로 원하여 이루어지는 활동이 될 수 있도록 하는 것이 바람직하다.

넷째, 참가 학생들의 발달수준을 고려하여 계획한다. 봉사자의 발달수준과 욕구를 고려하여 할 수 있는 일을 선정하고 사전교육을 통해 활동에 대해 충분히 이해할 수 있도록 한다.

다섯째, 봉사학습 자체보다 봉사학습이 이루어지도록 계획해야 한다. 청소년들이 봉사활동에 대한 충분한 지식과 태도 및 기능을 숙지할 수 있도록 교육적으로 접근하며 마무리 단계에서 봉사활동에 대한 생각이나 느낌을 정리하고 반성할 수 있는 기회를 가지도록 해야 한다.

여섯째, 지속적인 봉사활동이 이루어질 수 있도록 사후지도가 필요하다. 체계적인 계획에 의해 봉사활동이 이루어지고, 봉사활동을 통해 봉사의식이 길러졌다면 의무와는 별개로 주말이나 방학 기간을 활용하여 자발적으로 봉사활동을 지속할 수 있도록 한다.

(2) 청소년 자원봉사활동의 과정

청소년 봉사학습의 과정은 준비(계획), 실행(실천), 평가(피드백), 인정과 보상(축하, 칭찬, 성취)의 단계로 이루어진다. 이와 같은 4단계에 들어가기에 앞서 사전교육이 필요하다. 봉사자에 대한 사전교육은 봉사활동의 취지와 가치, 중요성을 인식시키고 내재적인 동기를 유발하도록 하는 것으로써 봉사활동의 성공적인 운영을 위해 매우 중요한 부분이다.

① 준비단계(preparation): 모든 봉사학습은 준비로부터 시작된다. 준비단계는 다양한 활동들이 포함되어 있으며 참가자의 요구를 확인·조사·분석하고, 실행을 위한 계획을 수립하는 대표적인 활동이다. 활발한 학습과 비판적 사고의 과정에서 학생들은 관련 주제뿐만 아니라 근원적인 문제를 이해하게 되는데, 봉

사활동 계획이 구체화됨에 따라서 학생들의 기술, 능력, 흥미 등을 이끌어 내게 된다. 준비단계에서 고려되어야 할 사항은 다음과 같다.

- 스스로 원하는 자원봉사활동 분야가 무엇인가를 검토하고 생활주변에 어떤 문제가 있는지 찾아본다.
- 활동 주제 선정 후 구체적인 봉사계획(장소, 날짜, 활동터전, 비용, 준비물, 담당자)을 수립한다.
- 활동에 필요한 사전교육과 훈련을 반드시 받는다.

② **실행단계**(action): 실행단계는 준비단계에서 마련된 계획이 직접적으로 실천되는 단계이다. 청소년들이 실제 현장에서 봉사활동을 하면서 다양한 인간관계를 형성하고 경험 속에서 참된 의미를 발견할 수 있도록 충분한 시간이 주어져야 한다. 이때 봉사활동의 주체는 청소년이 되도록 하고 어려운 일이 발생하면 지도교사나 기관담당자가 즉시 도울 수 있도록 해야 한다. 또한 청소년들이 사전에 계획한 대로 활동하고 있는지, 유의사항을 제대로 준수하고 있는지, 봉사 대상자들과 좋은 관계를 유지하고 있는지, 자발성을 가지고 즐거운 마음으로 참여하고 있는지 등에 대해 세심하게 살피며 봉사활동이 일회성으로 끝나지 않고 지속적인 활동이 될 수 있도록 하는 것이 필요하다. 실행단계에서 고려되어야 할 사항은 다음과 같다.

- 청소년 자원봉사활동은 실제적인 체험활동임을 알아야 한다.
- 성실하게 책임 있는 활동을 했는지에 따라 활동 후의 보람과 만족감이 달라진다.
- 자원봉사활동 경험자뿐만 아니라 대상자 및 관련기관이나 시설에도 충분한 도움이 되어야 한다.

③ **평가단계**(reflection): 평가단계는 봉사활동에서 경험하고 느낀 내용을 내면적인 성숙과 각성으로 이어지도록 하는 매우 중요한 단계이다. 이 단계에서 청소년들은 자신이 활동을 통해 경험한 지식, 기술이 자신의 삶과 지역사회에 어떻게 연관되는지를 생각하게 된다. 또한 반성의 과정에서 자신의 기술을 평가하고 다른

사람에 대한 공감과 행동이 서로에게 어떻게 영향을 미치는지 이해하게 된다. 이와 같이 봉사학습이 효과적이려면 학생들과 상호작용하는 성인들이 반성적 행동에 모델이 되어야 한다. 평가단계에서 고려되어야 할 사항은 다음과 같다.

- 준비단계에서 세운 목표가 완성되어나 생각해 본다.
- 활동 중 문제점은 없었는지, 개선할 점은 무엇인지 논의해 본다.
- 앞으로의 계획과 고쳐야 할 점이 무엇인가 평가한다.
- 평가는 자기평가, 실무자 평가, 학교평가로 나눈다.

④ **인정과 보상단계**(celebration): 학생들이 지역사회 참여를 통해 무엇을 얻고, 성취했는지에 대한 증거를 제시하며 봉사활동을 통해 얻은 성과를 공중에게 알리고 공유함으로써 서로 인정하고 격려하는 마무리 단계이다. 활동결과를 스스로 확인하고 활동을 통해 배운 점에 대한 책임을 느끼게 하며 성취와 잘한 일에 대한 축하는 청소년들의 성취를 인정하는 것으로 지역사회 구성원이 그들의 노고를 이해하고 고맙게 생각하는 것을 보여 주는 것이다. 발표는 차후 봉사활동을 어떻게 하겠다는 다짐이나 결의를 보여 주며, 격려는 청소년들에게 자신감과 용기를 부여한다. 따라서 청소년들의 봉사활동 성과를 부각시켜 많은 사람들로부터 격려와 인정을 받을 수 있도록 해야 한다(김영민 외, 2016). 인정과 보상단계에서 고려되어야 할 사항은 다음과 같다.

- 시상식에서 인정서 혹은 상장을 수여한다.
- 학교의 성적증명서 혹은 학교 보관용 파일에 특별란을 만들어 기록한다.
- 졸업앨범 등의 봉사클럽, 봉사과목에 수업내용을 삽입한다.
- 교내 전시회에 자원봉사활동 관련 사진 전시회를 개최한다.

7) 청소년 자원봉사자의 자세

자원봉사활동 장소에서 청소년 자원봉사자는 다음 사항을 유의하여 자원봉사활동에 임해야 한다.

① 활동장소에 알맞은 간편하고 활동하기 편한 옷차림을 하고 자원봉사활동을 시작한다.
② 개인행동은 금물이며 기관의 지시를 받아 자신에게 적합하고 할 수 있는 범위 안에서 봉사를 시작한다.
③ 자원봉사활동 시 기관이나 활동터전의 준수사항과 수칙을 잘 준수한다.
④ 자원봉사활동 기관 담당자 혹은 지도자의 안내와 지도에 따른다.
⑤ 자원봉사활동에 관한 약속은 꼭 지킨다.
⑥ 자원봉사활동은 정성을 다하며 신속하고 책임감 있게 끝까지 완수한다.
⑦ 겸손한 태도로 상대방의 처지를 이해한다.
⑧ 자원봉사자 상호 간에 서로 존중하고 협력한다.
⑨ 자원봉사활동 중에는 웃는 얼굴로 공손한 언어를 사용하고 몸가짐과 복장을 단정히 한다.
⑩ 자원봉사활동 장소를 내 집 같이 깨끗이 사용하고 공공시설을 아낀다.
⑪ 안전에 유의하며 사고예방에 힘쓴다.
⑫ 활동 중 사고나 위험한 일이 발생했을 경우에는 선생님이나 자원봉사활동 담당자에게 즉시 알린다.

8) 청소년 자원봉사활동의 효과적인 방법

청소년들이 보람 있고 유익한 자원봉사활동을 하기 위한 효과적인 방법은 다음과 같다.

(1) 특기와 적성을 살린 자원봉사활동

흥미롭고 재미있는 자원봉사활동은 꾸준한 봉사활동의 원천이며, 봉사를 생활화할 수 있는 지름길이기도 하다. 그러므로 청소년 개인의 소질과 적성을 기초로 하여 타인이나 지역사회의 변화를 위하여 자원봉사활동에 참여하면 더욱 효과적이다. 예를 들면,

종이접기를 배워 영아원에서 아이들과 함께 종이모형을 만들 수 있고, 사진기술을 배워 독거노인 영정사진 찍어 드리기, 컴맹 해소를 위한 컴퓨터 교육, 미용 자원봉사활동 등을 통해 자신의 특기와 적성을 계발할 수도 있다.

(2) 스스로 계획하고 준비하는 자원봉사활동

무분별하고 무계획적인 자원봉사활동은 자원봉사활동기관이나 자원봉사 대상자 그리고 청소년 본인에게 도움이 되기보다는 오히려 부담이 될 수 있다. 언제 어디에서 어떤 자원봉사활동을 할지 청소년 스스로 사전에 일정한 계획을 세우고 준비하여 참여해야 한다. 부모님이나 선생님이 계획하여 가르쳐 주는 학습이 아니라 스스로 계획하여 실천하는 자원봉사활동을 통해 자원봉사를 익히고 배우는 과정이 중요하다.

(3) 친구와 함께하는 동아리 자원봉사활동

청소년 자원봉사활동은 개인적으로 참여했을 때보다 또래 청소년들과 동아리를 구성하여 참여하게 될 경우 집단 구성원들 간의 관계형성, 조직 활동 경험, 다양한 상호작용을 통한 학습과 꾸준하고 지속적인 참여 등의 효과가 더욱 커지게 된다. 동아리 봉사단을 운영하기 위해서는 동아리 활동의 목적을 뚜렷이 해야 하며, 지속적인 교육과 실천이 뒤따라야 동아리 자원봉사활동의 원래 취지를 살릴 수 있다. 따라서 자원봉사활동에 앞서 구성원 모두의 합의를 통해 활동의 내용, 시기, 장소 등을 계획하고 실천함으로써 알찬 봉사활동을 할 수 있다.

(4) 자원봉사활동을 통한 진로계획

자아정체성이 형성되는 청소년 시기의 자원봉사활동 경험은 청소년의 진로탐색에 긍정적인 영향을 미친다. 이는 자신의 장래 희망을 고려한 자원봉사활동 참여를 통해 진로를 탐색할 수 있는 기회를 가지기 때문이다. 간호사가 되고 싶은 사람은 병원에서, 사회복지사의 꿈을 가진 사람은 사회복지시설에서 봉사활동을 함으로써 자신의 적성에 맞는 진로를 탐색할 수 있다.

9) 청소년 자원봉사활동 프로그램 사례

사례

작지만, 소중한 일상의 변화를 꿈꾸는, 즐거운 프로젝트

1. 프로그램

소.소.즐 프로젝트

2. 기간

2015년 10월~현재

3. 목적

다양한 사회문제를 자연스럽게 접하고 의식하며 긍정적으로 변화할 수 있도록 하여 참신한 공공 영역의 자원봉사 확장 및 즐거운 자원봉사로의 인식 변화를 이끌어 냄은 물론 마음과 마음을 잇는 생명사랑 문화 확산으로 사회 갈등 해소 및 건강한 시민사회 도모

4. 대상

청소년

5. 주요내용

- 행복한 이웃, 마음과 마음: 이웃 간 갈등해소와 소통을 위한 아파트 엘리베이터 인사 나눔 스티커 부착 및 세대별 배려주머니 배포
- 배려 운전 및 주차문화 확산을 위한 배려안내판 배포
- 즐거운 학교, 마음과 마음: 학교 내 활기찬 인사 나눔 문화 확산을 위한 교실 문(앞, 뒤) 띠벽지 형태의 인사 나눔 스티커 부착 및 인사 캠페인

- 건강한 시민, 마음과 마음: 학교, 공공기관 등 많은 사람들이 이용하는 공공화장실에 거북목스티커 부착
- 안전한 거리, 마음과 마음: 학교 앞 어린이보호구역(스쿨존) 횡단보도에 '양옆을 살펴요' 메시지 스티커 부착

6. 평가

- 참신한 공공 영역 자원봉사 확산을 선도하는 계기가 되었으며, 참여도의 파급력이 매우 높았음
- 자원봉사활동에 대한 선호도가 높게 나왔으며 지속적으로 활동하고 싶은 욕구가 증가함

7. 느낀 점

참신한 자원봉사활동 영역에 흥미를 느끼며 자원봉사활동에 대한 편견을 깰 수 있었으며 이웃 간 소통하고 배려할 수 있는 계기가 되어 뿌듯하였음

출처: 경기도자원봉사센터(2019).

자원봉사의 나비효과

뜻있는 봉사활동을 고민하던 중 러시아 미리내학교에 대해 알게 되었고 우리가 보내주는 작은 정성이 우리와 같은 친구들에게 한 민족 한 핏줄을 일깨워 줄 수 있는 소중한 밑거름이 된다는 사실을 알게 되어 활동을 진행하게 되었습니다. 이와 연계하여 캄보디아 수원학교에 통학용 자전거 지원을 위해서도 모금활동을 현재 진행 중에 있습니다.

국내 봉사활동과 더불어 우리나라보다 낙후되어 있는 나라의 친구들을 위해 작게는 우리가 생활하는 학교 내에서 크게는 수원시내 거리에서 캠페인 활동 및 모금활동을 진행하였고, 학교 내 재학생과 지역민에게 직접적으로나 간접적으로 봉사에 대한 나눔과

기쁨을 함께하고 전달하고자 하였습니다. 어느 누구나 마음만 있다면 봉사를 할 수 있다는 것을 알려 주고 한 사람 한 사람이 봉사에 참여할 수 있는 계기가 될 수 있도록 하는 것이 우리 활동에 목적과 목표입니다.

저희 팀에서는 봉사에 대한 나비효과를 기대하였습니다.

러시아 미리내학교와 캄보디아 수원학교에 현재 상황을 수원 자원봉사센터 선생님과 수혜국 담당자님들을 통해 사전조사와 브리핑을 받았고 러시아 미리내학교에는 우리나라 한글도서 지원 및 전통 문화 배움을 위한 악기 지원, 캄보디아 수원학교에는 원거리 통학의 어려움을 겪고 있는 학생들의 통학용 자전거가 필요하다는 것을 알게 되었습니다. 이 정보를 토대로 1년간 우리가 해야 할 활동들을 계획하게 되었고 캠페인에 필요한 피켓과 모금활동에 필요한 물품들을 준비하게 되었습니다.

우리가 실제로 남을 돕는 활동을 해 봄으로써 더불어 사는 사회에 대해 이해할 수 있게 되었고 봉사활동의 보람과 즐거움을 알게 되었습니다. 이 봉사는 다양한 활동들을 직접 모색하고 실행하여야 하기에 더 많은 고민과 활동을 하면서도 강도 있는 봉사활동으로 힘들지만 활동 후에 뿌듯함이 많이 남는 활동입니다.

출처: 경기도자원봉사센터(2018).

CHAPTER 7
노인 · 장애인에 의한 자원봉사활동

1. 노인에 의한 자원봉사활동

1) 노인의 특성

(1) 신체적 측면

신체적인 노화 현상은 시기나 진행 속도에서 어느 정도의 개인적인 차이는 있을 수 있겠지만, 누구에게나 공통적으로 일어나는 생물학적인 현상이다. 이러한 노화의 주요 요인은 신체 내적인 것으로서, 점진적으로 일어나면서 신체적인 기능의 약화를 가져오고 결국에는 죽음에 이르게 한다.

노화로 인한 노인의 특성을 신체적 측면에서 살펴보면, 첫째, 신체기능의 쇠퇴를 들 수 있는데, 그 결과 인내력의 감퇴, 활동성의 감퇴, 비위생, 흥미 범위의 협소화 그리고 자기중심성 등이 나타난다.

둘째, 신체적인 외관의 변화로서 노년에 가까이 오면 백발이 늘고, 두발이 빠지고, 주름살이 늘고, 허리가 굽어진다. 여성의 경우 아름다움이 사라져 추하게 되며, 신체적인 장애 등을 호소하여 타인의 주의를 끌려고 하는 경향이 있다.

셋째, 만성질환의 출현으로서 암이나 동맥경화, 고혈압, 당뇨병, 심장병, 신장병 등 만성불치의 질환들이 나타나게 된다.

(2) 심리적 측면

일반적으로 연령이 증가하면 정신기능이 쇠퇴한다는 인식과는 달리 실제로 노인들은 정신적으로 빈틈이 없고, 명석하며, 믿을 수 없을 만큼 지적이라고 한다. 이 때문에 노인들은 평생 동안 축적되어 온 경험과 지식들을 바탕으로 가사는 물론 집안의 모든 일에 일일이 관계하고 싶어 하는 것인지도 모른다. 이처럼 연령 증가에 따른 정신기능의 감퇴는 없으나 노령화에 따른 어떠한 변화는 일어나고 있다. 노화로 인한 신체적인 변화는 정신적인 구조의 변화를 야기하게 되고, 이러한 변화는 연령이 늘어남에 따라 다음과 같이 심리적인 특성들을 현저하게 나타나게 하는 것이다.

① 건강이나 경제상의 불안정에 대한 걱정이다.
② 생활환경에 적응하지 못하는 데에서 오는 불안이 증가하게 된다.
③ 시기심과 질투심이 강화되고 불평이 많아진다.
④ 어떤 일이든 흥미가 없어지고, 비활동적이 되어 사회성이 떨어진다.
⑤ 보수성으로 인한 고집이나 탐욕이 증가하게 된다.

(3) 사회적 측면

노인의 사회적인 특성에는 매우 다양한 요소들이 포함될 수 있지만, 노년기에 있어서 가장 뚜렷한 변화는 지위와 역할의 변화이다. 대표적인 사회적 역할 상실은 직장인으로서의 정년퇴직을 들 수 있다. 이러한 역할상실은 경제적인 수입의 감소를 가져오는 것은 물론 여유로운 시간의 증가 및 소외감이나 고독감 발생 등을 초래하여 일상생활을 변화하게 한다.

2) 노인 자원봉사활동의 필요성

오늘날 의학과 과학기술의 발전과 식생활 수준의 향상으로 인하여 평균수명이 지속적으로 늘어나는 등 고령화 사회가 도래하였다. 또한 날로 증가하는 고령노인들의 서비스에 대한 욕구들도 점차 다양화·복잡화됨에 따라 가정이나 정부의 지원만으로는 감당하기 어렵고, 시민들의 자발적인 참여와 봉사가 필요한 실정이다. 특히 직장에서 은퇴한 노인들의 경우 본인이 평생 동안 축적해 온 지식이나 경험 및 기술 등을 활용하여 자원봉사활동에 적극 참여한다면, 노인들 스스로 노후에 필요한 심신의 건강을 유지하면서 보람 있는 여생을 보낼 수 있을 것이다. 따라서 노인봉사는 노인을 위해서도 필요하지만, 노인 스스로가 자원봉사자가 되어 장애인이나 소년소녀가장들을 돕기 위하여 활동할 수도 있을 뿐 아니라, 기타 환경이나 교육, 교통, 문화, 예술 등 여러 분야에서 봉사할 수 있기 때문에 노인의 자원봉사활동은 꼭 필요한 활동이라고 볼 수 있다. 그러나 우리나라의 경우 노인빈곤현상이 세계적으로 두드러지게 나타나고 있으며, 노인 부부가구 및 독신가구의 증가, 노인의 의료비용 및 사회적 비용의 증가, 노인범죄의 증가 등으로 노인자원봉사활동을 기대하기 어려운 실정이다. 하지만 고령화시대를 사는 노인들을 위한 자원봉사활동뿐만 아니라 성공적인 노화를 위한 노인들의 자원봉사활동도 필요하다고 할 수 있다.

3) 노인 자원봉사활동 프로그램

노인에 의한 자원봉사활동은 노화현상을 고려하여 선택하도록 하며 자신의 건강과 연령에 따라 자신에게 적합한 프로그램을 선택하도록 하는 것이 바람직하다. 노인 자원봉사활동 프로그램은 연령에 따른 자원봉사 프로그램, 개인과 집단활동 구분에 따른 자원봉사 프로그램으로 구분하기도 하며, 자원봉사활동 영역을 문화 영역, 교육 및 지식 영역, 지역사회봉사 영역, 청소년 관련 봉사 영역, 환경 영역, 행정보조 영역 등의 여섯 개 영역으로 구분하여 프로그램이 제시되기도 한다(고양곤 외, 2003).

〈표 7-1〉 연령에 따른 자원봉사활동 프로그램

연령	자원봉사 프로그램
60~69세	심신이 건강하고 활동여건에 부합된다면 모든 유형의 활동이 가능함
70~79세	생활체육활동 및 구호활동, 국제교류활동 중 각종 행정업무 보조, 선거 및 각종 지역행사 보조, 각종 모니터링 및 평가활동, 향토문화 조사연구, 자료정리 등이 가능함
80~89세	장학금 지급, 번역봉사, 전문적인 영역에서의 자문활동 등이 가능함

〈표 7-2〉 개인/집단활동 자원봉사활동 프로그램

구분	봉사영역	봉사내용
개인활동	보건/의료활동	병원 안내, 의료기관 업무 보조, 호스피스 간호 지원, 의료기관 모니터링, 바른 식생활 교육 등
	환경활동	쓰레기 분류 및 관리, 나무 심기, 환경교육, 상수원 보호구역 감시, 병원폐기물 처리 감시, 산업폐기물 처리 감시, 일회용품 사용량 조사, 중고제품 재활용 운동, 지역사회 환경정화 계몽활동 등
	질서유지활동	건널목 지킴이, 무단방치 차량 감시, 지하철 안전 및 질서유지, 장애인 우선 승차 지원 등
	사회활동	선거 및 지역행사 보조, 영세민 결혼식 주례봉사, 지역사회문제 건의 및 개선활동 등
	문화예술활동	민화수집활동, 유형문화재보호 · 감시 · 계도, 유형문화재 안전점검, 박물관 자료정리, 향토문화 조사연구, 지역도서관 도서정리, 지역문화시설 안내 등
	국제교류활동	번역봉사, 통역가이드, 사랑의 동전 모으기, 외국 청소년 민박 등
	생활체육활동	유아 · 아동 신체활동 지도, 청소년 체육지도, 성인 체육지도, 생활체육시설 관리, 국제스포츠경기 시상식 지원 및 통역, 번역 등
	사회복지서비스	주차관리, 행사안내 및 보조, 식권배부, 프로그램 시간관리, 비품관리 및 정리정돈, 행정업무 보조, 모니터링, 사회교육 프로그램 강사, 손자녀 맺기, 각 대상별 상담센터 업무 보조 등
	전문영역활동	유치원 · 초 · 중 · 고등학교 보조교사, 법률상담 및 자문, 정책자문, 회계자문, 성폭력 상담, 청소년 상담, 정신건강 상담, 집단상담, 부부상담, 취업상담, 식이상담, 심리치료, 물리치료, 미술치료, 음악치료, 작업치료 등
	기타활동	불우한 이웃에게 성금 전달, 아동 · 청소년에게 장학금 지급, 유산기탁, 지정기탁 등

집단활동	보건/의료활동	건강정보 전화서비스, 주민건강교실, 금연운동, 청소년 약물 남용 교육, 에이즈 예방 캠페인, 무료진료 봉사, 당뇨캠프, 건강사회실천 운동, 백혈병 어린이 후원, 의료기관 모니터링 등
	환경활동	환경캠페인, 재활용품 수집, 수질방지계도, 환경오염점검 및 신고, 자연보호활동, 육림활동, 환경보호 및 감시, 갯벌 생태계 조사, 자연휴양림 캠프, 지역사회 환경정화, 계몽활동 등
	질서유지활동	방범 및 경비 활동, 교통정리, 유해환경감시, 지역사회순찰, 교통단속 감시원, 각종 행사를 위한 교통질서 정리 등
	정치/사회활동	부정선거 감시, 선거사무소 사무보조, 투표 · 개표 참관인 활동, 선거인 등록사업 보조, 소비자 보호운동, 지역사회문제 건의 및 개선활동, 도시 · 농촌 교류(농번기 일손 돕기, 농장도우미, 주말농장) 등
	문화예술활동	음악교실, 판소리지도, 미술교육, 서예지도, 무형문화재 공연(전시) 및 강습, 문화재보호 캠페인, 문화재 지역 환경정화, 문화재 발굴 보조, 문화시설 이용 및 문화행사 정보지 발간, 문화시설에 관한 여론조사, 지역사회음악회 공연, 노인복지시설 위문공연, 문화행사 진행보조, 전통문화 전승활동 등
	국제교류활동	난민원조, 북한 어린이 급식 후원, 난민 의료지원, 기아봉사단 파견, 적십자 교류, 친선교류, 해외입양동포 모국어 연수, 외국인 노동자 문화축제, 국내 관광 안내자료 제작 등
	구호활동	화재, 수해, 긴급사고, 이재민보호 및 지지, 모금활동 등
	사회복지서비스	허약한 노인대상 프로그램 보조, 성금 모으기 바자회 운영, 시설운영보조, 재가노인 서비스(말벗, 도시락 · 밑반찬 제공, 나들이 동행 등) 보조, 화초관리, 푸드뱅크 업무보조, 이 · 미용, 사회복지시설 우애방문봉사 등

출처: 서혜경(2002).

4) 노인 자원봉사활동 활성화 방안

노인은 나이가 들어 도움을 받기만 하는 세대가 아니고 사회에 경험과 지식을 되돌려 줄 수 있는 세대가 되어야 한다. 이를 실현하기 위한 방안으로 나 자신을 위한 신노인운동을 스스로 전개할 필요가 있다. 신노인이란 새로운 노년을 계획하고 실천하는 사람을 말한다. 한국노인종합복지관협회가 중심이 되어 추진하고 있는 '신노년 문화운동'은 당당하게 노년을 인정하면서 자신의 건강을 지키며 노년기 인생의 꿈과 목표에 눈높이를 맞추어 사회적 역할을 찾는 것이다. 노년기에 새로운 역할을 찾을 수 없다면 고독과 소외감을 가지게 되며 통합적인 생활에 어려움을 겪는다. 따라서 노년이 행복한 국가는 노인에게도 생산적이고 활력에 찬 일할 기회를 제공하는 국가일 것이다. 전통적인 가족과 친족공동체의 의미가 퇴색되어 가고 있는 현대사회에서 자원봉사활동은 자아실현, 사회통합, 국가경쟁력 제고 등의 측면에서 더욱 중요한 의의를 가진다. 이와 같이 노인의 삶에 중요한 영향을 미치는 노인 자원봉사의 활성화를 위해서 방안을 다양하게 점검할 필요가 있다. 봉사자들을 효과적으로 모집하는 방법, 봉사 영역 및 교육 프로그램에 대한 개발 등이 활성화의 시급한 방안이 될 것이다. 이 외에도 전문관리자의 양성 및 활용, 인정 및 보상체계 등에 대한 확립이 이루어질 때 노인자원봉사자들의 중도탈락을 방지하며 활성화에 기여할 수 있다(고양곤 외, 2003).

구체적인 노인 자원봉사활동의 활성화 방안을 다음과 같이 제시할 수 있다.

첫째, 다양한 자원봉사활동 프로그램의 개발이 필요하다. 노인들이 자원봉사에 참여하는 동기 중 가치추구가 가장 큰 요인으로 나타났다. 자신들의 활동이 사회발전에 기여함으로써 보람을 찾고, 자신의 기술을 활용하여 자기 개발과 자아실현을 이루고자 하는 것을 알 수 있다. 그동안 노인 자원봉사활동 영역에서 상당 부분이 노력봉사에 치우치거나 단순 업무 혹은 보조적인 업무에 국한되었다. 따라서 노인의 과거 경험과 기술을 사회에 환원할 수 있는 다양한 프로그램이 개발되어야 한다. 전문직 퇴직자를 중심으로 역사 및 전통적인 윤리·예절·놀이·예술·음식 만들기 등과 같은 봉사활동 프로그램을 운영하는 것이 가능하다고 본다.

둘째, 자원봉사교육 전문강사의 육성이 필요하다. 자원봉사의 활성화는 단순히 양적 확대만을 의미하는 것이 아니라 질적 향상을 수반하는 것이다. 현장에서 활동한 자원봉사자를 대상으로 전문강사 육성 프로그램을 개발하여 본인의 생생한 경험과 이론을 전달하도록 한다면 보다 질 높은 교육을 할 수 있을 것이다.

셋째, 노년기의 특성을 고려한 관리가 이루어져야 한다. 노년기는 심리적·사회적·신체적·경제적 자원이 고갈되기 쉬운 시기이므로 자원봉사 관리과정이 다른 연령층과 달리 노년기의 특성을 고려하여 이루어져야 한다. 교육 및 훈련과정에서 자신을 돌아

보는 교육이 실천되어 노화의 과정을 자연스럽게 수용하고 가치 있고 보람 있는 여생을 준비하기 위한 방안으로 자원봉사활동에 참여하게 하는 것이 필요하다.

넷째, 자원봉사자들의 관계 강화를 위한 지원이 필요하다. 동료 자원봉사자와의 관계는 자원봉사활동에 영향을 미치는 중요한 요인의 하나이다. 자원봉사자들 간의 좋은 유대관계를 형성하기 위하여 자원봉사자 휴게실, 간단한 회의실 등을 제공하는 배려가 필요하다.

다섯째, 자원봉사관리자들의 역량이 강화되어야 한다. 자원봉사관리자들의 자율성 향상 및 직무의 지속성은 능력향상을 통하여 이루어질 수 있으며 이는 관리자와 자원봉사자 간의 관계에 중요한 영향을 미치는 라포형성에 영향을 미쳐 인간관계 증진에 기여할 수 있을 것이다.

여섯째, 인정과 보상체계에 대한 확립이 필요하다. 자원봉사활동이 무보수의 자발적 행위이나 인정과 보상을 통하여 자신이 한 일에 대한 자긍심과 기관에 대한 소속감을 가지게 된다. 노인자원봉사자들이 경제적 제약 없이 봉사활동을 지속적으로 할 수 있도록 노인자원봉사자에게 최소한의 물질적 보상과 비물질적 보상이 효과적으로 이루어지도록 해야 한다. 자원봉사활동에 소요되는 식비, 교통비 등의 최소한의 경비를 지원하여야 할 필요성이 제기되며 이를 위해서는 국가의 재정적 지원이 우선되어야 한다.

또한, 노년층의 중요한 사회참여 경로인 자원봉사활동이 노인복지 측면의 긍정적 효과를 가지기 위해서는 젊은 시절에 자원봉사활동을 경험하게 할 필요가 있으며, 은퇴준비 프로그램 등을 통하여 노년기 이전에 자원봉사활동의 가치를 인식하도록 하는 것도 활성화를 위한 방안이 될 것이다.

상실의 시기이면서 동시에 새로운 것에 대한 창조의 시기이기도 한 노년기 자원봉사의 긍정적 효과를 얻기 위해서는 젊은 시절(청소년기, 청·장년기)에 다양한 자원봉사활동을 경험할 필요가 있다. 이는 자원봉사 경험이 많을수록, 활동횟수가 많을수록, 적극적으로 참여하는 사람일수록 자원봉사활동을 더 오래 지속하는 것으로 나타난 연구결과로도 알 수 있다. 그뿐만 아니라 노인 자원봉사활동은 퇴직으로 인해 상실되는 사회적 지위와 역할을 보충·유지시켜 주고 자존감을 향상시켜 줌으로써 자기성장과 자아실현을 돕고 사회적 책임성을 발휘함으로써 새로운 노인상을 정립하여 지역사회의 어른으로서 존경을 받을 수 있게 될 것이다.

사례

나누며 창조하는 노인문화 만들기

우리들이 달력상의 나이는 고령자이지만 정신적 나이는 18세라고 생각하며 즐겁게 살아가는 것은 나이 들어 시작한 자원봉사활동 덕분이다. 우리는 젊었을 때 어른들을 섬기고 자식들 농사가 최고의 소작이라고 생각하며 살아왔고 봉사가 무엇인지 모르고 세월을 보냈다. 아이들 다 키워 출가시키고 시간의 여유가 생겨 노인대학을 다니게 되어 처음으로 노래도 배우고 건강체조도 하고 교양강의도 듣고 즐거운 시간을 가지게 되었다. "멋진 노인이 되기 위해서는 자원봉사를 하여야 한다."라고 수업시간에 들었어도 우리 나이에 무슨 자원봉사란 말인가, 그리고 무엇을 어떻게 하는 것인지 엄두가 나지 않아 망설였다. 그 후 여러 차례 자원봉사의 필요성에 대한 강의를 들었다. 2000년 10월 27일 '함께하는 세상'이란 주제의 강의시간에 "우리나라 노인들은 '서비스를 주는 자'보다는 '서비스를 받는 자'로 인식되고 있다. 우리는 '부담 주는 세대'가 아니라 '사회에 공헌하는 세대'가 되어야 한다."라는 교육을 받았다. 그 후 우리는 2학기 제1회 야외학습 후 자원봉사활동을 할 것을 결의하였다. 이를 실천하기 위하여 용기를 내어 제7회 중앙일보와 송파구 자원봉사센터가 주최하는 전국자원봉사대축제에서 우리와 같은 노인이면서 외롭고 쓸쓸하게 사는 노인을 찾아 친구가 되어 주고 마음을 나누기로 하였다. '나눔의 집'은 일본군 '위안부'였던 할머니들을 위한 복지시설이다. 민간모금과 대한불교조계종의 지원으로 1995년에 경기도 광주 퇴촌면에 정착하였으나 넉넉한 살림이 아님을 알게 되었다. 위안부 할머니들에게 친구로서 다가서 보고 싶었다. 노인의 아픔과 고민은 같은 시대를 살아온 노인이 가장 잘 알고 공감하기 때문이다. 우리가 나눔의 집에 도착하였을 때 처음에는 조금 서먹한 분위기였으나 함께 점심을 나누며 자연스러운 분위기가 되었다. 학장의 사회로 진행된 레크리에이션 시간에 "웃기대항"을 하면서 우리는 서로의 긴장된 마음이 확 풀리고 온 동네가 웃음바다가 되었다. 웃기대항의 효과는 그날의 분위기에 큰 역할을 하였다. 함께 게임도 하고 노래자랑도 하고 춤도 추며 마음과 마음이 어우러져 모두들 시간 가는 줄 몰랐다. 특히 노래자랑 시간에 장구 치고 노래하는 나눔의 집 할머니들에게 팁을 주며 자연스럽게 용돈을 전할 수 있어서 참 좋았다. 헤어질 때 아쉬워하는 모습을 보며 우리는 영원한 친구가 되기로 했다. 봉사를 다녀온 후 나눔의 집에서 살다 별세하신 할머니의 장례식에 조의금을 전달하였다. 어렵게만 생각했던 봉사였으나 처음 시작이 어렵지 보람이 있는 일이라는 것을 느끼게 되었다. 그리고 축제에 참가하여 받은 상금은 고아원, 장애인복지관, 독거노인 돕기 등의 후원금으로 사용하였다. 우리는 본격적인 자원봉사활동을 위하여 봉사단원을 모집하여 33명이 송파구 자원봉사센터에서 교육을 받고 정식으로 '연꽃시니어 봉사단' 발대식을 가졌다. 그 후 정기적으로 '음식물 쓰레기 줄이기' 캠페인을 벌이고 있다. 그리고 노숙자들에게 점심을 나누어 주는 봉사, 송파구 소년소녀가장 따뜻한 겨울나기, 수재민 돕기, 독거노인 돕기 등 작은 실천을 해 가고 있다. 지나간 일들을 생각하면 저절로 행복한 미소가 입가에 번진다. "감사합니다. 이 나이에 남을 위해 봉사할 수 있는 건강을 주셔서 감사합니다."

수없이 머릿속으로 되뇌면서 어느새 눈물이 난다. 집에 돌아와 가족들에게도 건강한 것에 감사하고 행복하게 생각하자고 했다. 자원봉사를 열심히 하여 받은 표창장을 거실에 두었는데 어느 날 어린 손자가 다녀가면서 "할머니 봉사 많이 하셔서 상 받으신 것 축하해요."라는 글을 써서 탁자 위에 놓고 갔다. 얼마나 기분이 좋고 흐뭇했는지 모른다. 무엇을 어떻게 하는 것이 봉사인지 모르던 노인들이 이제는 우리 이웃을 위해 봉사할 일이 이렇게 많은 것을 알게 되었고, 남을 도울 수 있는 건강한 몸을 가진 것에 감사를 느낀다. 우리들은 건강이 허락하는 한 나누며 창조하는 노인문화 만들기에 동참하여 멋진 노인들로 생을 마감하고 싶다.

출처: ○○노인대학.

노노케어가 맺어 준 평생 동무

나는 젊었을 때부터 봉사활동에 관심이 많았고, 크고 작은 봉사활동을 많이 해 왔다. 그래서인지 처음 노노케어 사업에 대해 이야기를 들었을 때 새로운 일을 한다는 생각이 들기보다는 익숙한 일이라는 생각이 더 강했다. 거동이 불편한 노인들을 돌본다는 점에서 사회에 보탬이 되는 또 다른 활동을 할 수 있다는 것에 기대가 컸다. 하지만 처음 수혜자를 선정하는 과정부터 어려움이 있었다. 어르신들은 노노케어 사업이 정부에서 자신들에게 무슨 특별한 금전적인 후원을 해 주는 것이라고 이해하고 있었다. 노노케어 사업에 새로운 형태의 사회운동이라는 점을 이해시키는 것에 고심했다. 새마을운동 당시 근면과 성실이 우리에게 가난을 물리치는 길이라는 희망을 제시해 줬듯이 노노케어 운동은 고령화 시대를 맞이하는 새 시대의 가치관인 셈이다.

나는 지금 특별히 생각나는 분이 있다. 92세의 거동 불편, 초기 치매를 가진 어르신이다. 경로당에서 30분 거리에 있는 산 밑 움막집에 살고 있는 어르신의 집은 변변한 화장실도 없다. 전기도 안 들어오고 물도 나오지 않으며 귀신이 산다고 해도 믿을 정도로 집이라고 할 수 없는 곳에서 외롭게 세상과 떨어져 지낸다. 하지만 노노케어 사업을 계기로 주변사람들이 이 어르신에게 관심을 가지기 시작했다. 하지만 하루아침에 단절된 관계가 회복되기란 어려운 일이다. 우선 마음을 열어야 했다. 어르신과 사람들이 서로 왕래하는 게 중요했다. 나는 수시로 어르신의 움막을 방문하고 텃밭에서 같이 일을 했다. 특히 힘들어하는 날에는 함께 잠을 자기도 하면서 혈육의 정을 느낄 정도로 동무가 되어 갔다. 함께 동네 목욕탕에 가서 서로 등도 밀어 주고 얼마 전 추석에는 집으로 초청하여 자녀들에게 이모님이라 소개하고 함께 음식을 만들어 먹으며 훈훈한 가족의 정을 느끼는 시간도 가졌다. 그분의 사는 형편상, 내가 제공하기 어려운 분야는 지회장과 협의하여 지원사항을 요청하기도 했다. 이에 아산시 지회장을 비롯한 많은 독지가들의 도움으로 전기와 식수가 공급되었고, 자원봉사자들이 집도 고쳐 주는 등 많은 변화가 있었다. 여러 사람의 힘이 모이니 움막은 집으로 변화했다. 그리고 그 어르신은 사회의 일원으로 들어왔다.

노노케어 사업은 내 자신을 한번 뒤돌아보게 하는 계기를 주었다. 이제는 어르신들 모두 경로당에 하루도 빠짐없이 나오시고, 서로 안부를 묻고 어찌 보면 자식들보다 더 많이 왕래하고 서로 걱정하며 의지하고 있다. 평생 봉사하면서 나이 들고 싶은 내 소원도 이루어졌다. 내 삶의 마지막 봉사의 열정, 그것은 노노케어 사업을 통해 마무리될 것으로 믿는다.

출처: ㅇㅇ경로당.

2. 장애인에 의한 자원봉사활동

1) 장애인 자원봉사활동의 필요성

장애인은 전통적으로 자원봉사의 주요 대상으로 여겨져 왔으며 사회복지서비스의 수혜자로만 인식되어 왔다. 그러나 자원봉사 참여율이 증가하고 참여계층과 연령이 다양해지면서 그동안 사회적 약자로만 여겨져 왔던 장애인도 최근에는 자원봉사 대상이 아닌 주체로 인식되고 있다. 이러한 인식의 변화는 자원봉사활동은 단순히 받는 자와 주는 자의 양분법적인 관계가 아닌 자원봉사 대상자와 참여자 간의 상호작용을 통한 협력자로서의 역할과 성장이 중요한 가치이기 때문이다. 또한 장애인이 일방적으로 보살핌의 대상이라는 인식은 장애인 스스로에게도 부정적인 영향을 줄 뿐만 아니라 사회적으로도 비생산적인 존재로 낙인찍히는 결과를 초래한다. 사회적 약자인 장애인이 사회적인 관계 속에서 일정한 역할을 담당해 낸다면 개인의 삶의 보람뿐만 아니라 사회적 인식 변화에도 도움을 줄 수 있으며 사회재활에도 효과를 거둘 수 있을 것이다(최명민, 2004).

실제로 김기태 외(1998)가 장애인 132명을 대상으로 조사한 결과에 따르면, 조사대상 장애인 중 75.7%가 자원봉사 참여의사를 밝힌 것으로 나타났다. 그럼에도 불구하고 참여실태를 보면 지체장애인 중심의 이동봉사나 시각장애인 중심의 생활훈련 및 점자교육 등과 같이 일부 신체적 장애에 국한되어 있거나 자원봉사활동 종류가 극히 제한적이다. 이처럼 장애인의 자원봉사활동에 대한 사회적 필요성과 개인의 욕구가 존재함에도 불구하고 이것이 현실에서 활성화되지 못하는 이유는 장애로 인한 기능상의 제한뿐 아니라 장애인은 자원봉사를 할 수 없을 것이라는 자타의 인식에서 기인된다.

아직까지 장애인에 대한 사회적인 편견으로 인해 사회적으로나 장애인 스스로도 장애인 자원봉사활동의 가능성과 중요성을 인식하지 못하고 있다. 하지만 자원봉사활동을 통해 동등한 사회구성원으로서 삶의 보람과 정신적·신체적 건강을 되찾는 사례를 볼 수 있으며, 장애인도 동등한 사회구성원으로서 좀 더 적극적으로 연구되고 현장에서 적용되어야 한다. 장애인이 자원봉사활동에 참여함으로써 얻는 효과는 다음과 같다.

첫째, 개인적인 측면으로 ① 자아실현의 욕구를 충족시킬 수 있으며, ② 인간관계를 확장시킴으로써 삶의 보람을 느낄 수 있고, ③ 일정한 역할을 획득함으로써 자기 가치감이 증대되며, ④ 장애인들이 빠지기 쉬운 사회적 소외감을 극복할 수 있다.

둘째, 사회적인 측면으로 ① 모두가 더불어 살 수 있는 사회통합을 이룰 수 있으며, ② 자원봉사 참여계층과 인력을 넓힐 수 있고, ③ 장애인 인식개선에 기여할 수 있으며, ④ 잠재력을 개발하고 사회구성원으로 사회에 참여할 수 있고, ⑤ 사회적 역할이 강화되며 개인의 역량이 향상된다.

2) 장애인 자원봉사활동의 특성

장애인이 자원봉사활동에 참여하는 것은 사회구성원의 일원으로 더불어 사는 공동체를 위한 권리이자 의무를 이행하는 것일 뿐 아니라, 한 개인으로서 자기실현을 해 나가는 활동이라고 할 수 있다. 장애에 대한 특성을 이해하고 동등한 사회구성원이라는 인식과 사회참여의 기회를 제공하기 위해서는 기존 사회가 가지고 있는 이분법적인 시각으로부터의 인식 전환이 필요하다. 또한 많은 장애인들이 자원봉사를 희망하지만 능력과 지식이 부족하거나 장애 자체가 실제 자원봉사활동으로 이루어지지 못하는 실질적인 이유가 되기도 한다. 장애인 자원봉사활동은 특히 다음과 같은 특성을 가지고 있다.

(1) 자기결정권을 기반으로 한 자원봉사활동

자기결정권이라는 말을 가장 자주 사용하는 곳은 아마도 장애영역일 것이다. 자립생활운동의 확산과 더불어 장애영역에서 자기결정권은 하나의 일상용어가 되었다. 그렇다고 그것이 장애인에게만 특수하게 적용되는 권리는 아니다. 자기결정권은 우리나라 「헌법」 제10조에 "모든 국민은 인간으로서의 존엄과 가치를 가지며, 행복을 추구할 권리를 가진다."라는 인격권과 행복추구권, 그리고 행복추구권이 전제하는 자기운명결정권에서 유래하는 「헌법」상의 권리이다. 인간이 수행하는 일정한 신체적 · 정신적 활동은 권리의 차원에서 보장된다 하더라도 언제나 능력의 차원을 함께 가진다. 능력과 권리는 전혀 다른 차원의 문제이며, 권리는 능력의 여부와 상관없이 보장될 때에만 온전히 권리일 수 있다. 인간은 모두 다르며 어떤 활동 영역에서 발휘할 수 있는 능력 또한 모두 다르다. 그러므로 누군가가 해당 활동과 관련된 능력이 부족할 경우 그로 인해 권리의 실현을 제한받지 않도록 시스템이 구축되고 사회적 지원이 이루어지게 된다. 그것이 권리의 논리이다. 자기결정권을 보장한다는 것은 모든 상황에서 어떤 주체가 혼자서 결정한 대로, 원하는 대로 할 수 있도록 보장한다는 것을 의미하지는 않는다. 즉, 자기결정권이란 자기결정을 내리는 여러 주체들이 상호의존적 관계 속에서 서로의 의견과 판단을 소통하고 조율해 가며 실현할 수밖에 없는 권리이다. 인간은 다른 어떤 활동보다 사회적 활동을 할 때 가장 인지력이 왕성해지고, 면역력도 증가하며, 신체적 능력도 최고로 향상된다는 것을 연구에서 발표하고 있다. 따라서 장애인들도 자기결정권을 기반으로 한 사회적 활동인 자원봉사활동이 활성화되어야 한다.

(2) 장애인 개별특성에 맞는 자원봉사활동

장애인들의 자원봉사활동 참여를 적극적으로 하기 위해서는 충분한 정보제공을 통해 장애인들이 적절한 활동을 선택하고 필요한 능력을 갖추도록 하며, 활동여건을 조성하는 준비과정이 매우 중요하다. 개인별 특성에 따라 자원봉사활동 영역이 좁아질 수 있으므로 적합한 활동을 세심하게 파악하여야 하며, 활동에 참여하기 위한 교육과 훈련의 과정이 반드시 필요하다. 준비단계에서 장애인은 자원봉사자로서의 보유능력과 욕구에 초점이 맞추어져 사정을 하게 된다. 그리고 이에 기초하여 이들 자원봉사자에게 가장 적절한 지역사회 봉사기관과 봉사내용을 찾는 작업이 진행되어야 한다.

(3) 교육과 훈련을 통한 자원봉사활동

자원봉사활동 기관과 자원봉사활동 내용이 정해지면 구체적인 훈련에 들어간다. 교육과 훈련의 내용은 자원봉사활동 종류와 장애인 본인의 개별적 특성에 따라 달라지겠지만, 이러한 자원봉사활동의 준비과정에서부터 장애인의 사회참여와 동등한 사회구성원으로서의 역할이 함께 이루어진다.

(4) 협력자와 함께하는 자원봉사활동

자원봉사활동에 개별적으로 참여하는 데 아무런 불편이 없는 장애인도 있지만 많은 장애인들은 신체적·정신적 장애로 인해 쉽게 자원봉사활동에 참여하기를 꺼리는 경우가 많다. 자원봉사활동의 참여는 새로운 환경과 새로운 사람과의 만남이다. 이러한 상황은 장애인뿐만 아니라 누구나 긴장과 스트레스상황이 될 수 있다. 자원봉사활동을 하면서 나도 누군가에게 도움을 줄 수 있다는 자신감과 장애가 없는 사람과의 긍정적인 상호작용의 기회를 가지게 하기 위해서는 협력자의 도움이 매우 유용하다. 협력자는 비장애인이 될 수도 있고 같은 장애인으로서 동료가 될 수도 있는데 비장애인이 협력자일 경우에 긍정적인 효과를 더욱 기대할 수 있다. 이는 혼자 하는 활동이 아니라 팀을 이루어 자원봉사활동에 참여함으로써 장애인의 자원봉사활동 경험이 성공적으로 될 가능성이 높아진다.

장애인과 비장애인이 한 팀이 되어 함께 어울려서 자원봉사활동을 하는 과정에서 서로를 좀더 이해하고 친밀감을 경험할 수 있는 계기를 제공할 수 있으며, 비장애인은 장애인을 동료로서 인식하게 되는 긍정적인 경험을 할 수 있게 된다. 장애인과 비장애인이 팀을 이루어 자원봉사활동을 하게 되면 지역사회에서 받아들일 때도 좀 더 개방적인 태도가 될 수 있다.

사례

가족이 함께하는 장애인 자원봉사활동

고모가 대학생인 정신장애인 조카에게 자원봉사활동을 시켜 달라고 자원봉사센터에 신청하였다. 사람을 만나는 것에 두려움을 가지고 있는 조카에게 사람들을 만날 수 있는 기회를 주고 싶다는 것이었다. 그러나 이러한 상황을 알고 선뜻 조카를 자원봉사활동에 참여시키겠다는 기관이 나타나지 않았으며, 결국 고모와 함께 참여한다는 조건으로 한 기관식당에서 배식봉사에 참여할 수 있게 되었다. 때로는 가족이 함께 자원봉사활동을 하는 것도 장애인에게 도움이 된다.

출처: ㅇㅇ자원봉사센터.

(5) 지역사회 인식개선을 통한 자원봉사활동

장애인이 자원봉사활동에 참여하기 위해서는 이들이 자원봉사활동에 참여할 수 있는 사회적인 여건이 마련되어야 한다. 먼저 지역사회에서 장애인의 자원봉사활동을 받아들일 수 있는 태도와 인식의 변화가 필요하다. 아직도 장애인을 자원봉사자로 받아들이는 지역사회의 수용적인 태도가 미흡하며 사회적인 편견으로 인해 장애인의 인적자원을 적극적으로 활용하지 못하고 여러 가지 장벽으로 인해 어려움을 겪고 있는 현실이다. 사회적인 인식개선과 함께 장애 유무와 관련 없이 장애인들도 자기결정권에 기반한 사회적 활동인 자원봉사활동에 참여할 수 있는 프로그램을 개발하여야 한다. 또한 한 가지 기능만으로도 수행 가능하도록 업무를 세분화하고 여러 사람이 팀을 이루어 할 수 있는 프로그램을 통해 장애인의 자원봉사활동 참여기회를 넓혀야 한다.

3) 장애인 자원봉사활동 프로그램

(1) 정신장애인에 의한 자원봉사활동 프로그램

정신장애인의 자원봉사활동 시 단계별 준비내용과 고려사항은 다음 〈표 7-3〉과 같다.

〈표 7-3〉 정신장애인의 자원봉사활동 프로그램 계획

<table>
<tr><th colspan="2">단계</th><th>내용</th><th colspan="2">고려사항</th></tr>
<tr><td rowspan="4">준비</td><td>사정</td><td>• 자원봉사자로서 정신장애인에 대한 사정</td><td colspan="2">개별 및 집단의 역량, 욕구, 한계 사정</td></tr>
<tr><td>자원 개발</td><td>• 정신장애인이 자원봉사를 할 수 있는 지역사회 장소 및 자원 탐색, 발굴 및 계약</td><td colspan="2">지역사회와 접촉 시 정신장애인에 대한 편견 해소를 위한 옹호자로서의 역할을 견지하고 사정을 통해 평가된 대상자 특성에 맞는 자원봉사활동 탐색</td></tr>
<tr><td>훈련</td><td>• 정신장애인이 지역사회에서 자원봉사활동을 하기 전에 미리 숙지하고 익혀야 할 기본적인 사항 및 기술에 대한 교육 및 훈련</td><td>실질적인 자원봉사활동에 필요한 구체적 기술을 습득할 수 있도록 접근</td><td rowspan="3">비장애인 협력자 참가</td></tr>
<tr><td>실습</td><td>• 외부봉사 전 원내에서 자원봉사 실습</td><td>훈련과 실제 활동의 교각역할이 될 수 있는 기회 제공</td></tr>
<tr><td colspan="2">자원봉사</td><td>• 자원봉사활동 기관별로 준비된 구체적 매뉴얼에 따른 자원봉사활동 진행
• '사전모임 → 자원봉사활동 장소로 이동 → 인사 및 당일 세부활동 할당 → 자원봉사활동 → 정리 → 이동 → 평가'의 일정(3~4시간 소요)</td><td>스케줄 및 실제 자원봉사활동 관리 보조자와의 적절한 역할 분담</td></tr>
<tr><td colspan="2">평가 및 종결</td><td>• 전체 과정 및 목표달성 평가 및 마무리</td><td>다면적 평가 수행</td><td>비장애인 협력자 참가</td></tr>
</table>

출처: 최명민(2004).

(2) 지체 및 뇌병변장애에 의한 자원봉사활동 프로그램

장애인종합복지관에서 운영하고 있는 시니어대학은 주로 지체장애와 뇌병변장애 어르신으로 구성되어 운영되고 있다. 시니어대학은 건강하고 능동적인 삶을 원하는 장애인들의 욕구를 반영하여 성인장애인들을 위해 역동적인 낮 활동을 지원하고, 단순히 배우고 즐기는 것이 아닌 그것을 활용하고 사회에 환원 및 자원봉사활동을 통하여 성인장애인으로서 주체적인 삶을 지향하는 목적으로 운영하고 있다. 프로그램 내용은 노년기 활동을 통해 지식 함양과 정서적 안정을 도모하고, 도전과 나눔 활동을 통해 자기역량 및 주체성을 강화함에 있다.

〈표 7-4〉 장애인복지관 자원봉사활동 프로그램 계획

날짜	성과목표	세부사업	내용
1~12월	성인기 활동을 통해 지식함양과 정서적 안정을 높임	모집 및 홍보	• 게시판 및 이용자 대상 SNS 홍보 • 정원 초과 시 우선순위에 의해 선정
1~12월		스트레칭	• 동적 · 정적 스트레칭 활동
1~12월		노래교실	• 회원 간 자율 노래, 노래 강습
2~11월		교양 아카데미	• 이용자 욕구에 따른 교양 교육
1~12월	도전 및 나눔 활동을 통해 자기역량 및 주체성을 강화함	리더 양성 '도전 프로젝트'	• 분기별 1회 운영회의 실시 • 연 4회 캠페인 실시 • 월 2회 나눔 봉사 실시 • 연 1회 운영진 워크숍 실시
분기별 1회	이용자의 의견을 반영한 서비스를 제공함	이용자 간담회	• 성인기 활동 사업평가 및 점검 • 이용자의 건의사항 및 애로사항 수렴 • 사업 안내 및 이용자 의견을 반영한 사업계획 수립
11월		만족도 조사	• 시니어리더대학 프로그램별 만족도 조사실시 • 프로그램 평가, 교육 및 강사 평가, 환경평가, 욕구 분석 등
12월	생활만족도 및 자아존중감을 향상함	사전 · 사후 검사	• 자아존중감 및 생활만족도 척도 검사 • 사전 · 사후 검사 12월 실시 • 효과성 및 이용자 변화 분석

출처: 강북장애인종합복지관 홈페이지.

읽기자료

(　　　)장애인종합복지관 시니어대학 회원 선언문

나는 (　　　)장애인종합복지관 시니어대학 회원으로서 다음과 같이 선언하고 실천한다.

하나, 항상 나를 사랑하며 끊임없는 자기관리를 통해 멋진 시니어대학 회원이 되겠다.

하나, 내가 선택한 시니어대학 프로그램에 참여하여 나눔과 베풂을 실천하는 회원이 되겠다.

하나, 내가 배운 가르침을 이웃에게 전하고 실천하는 회원이 되겠다.

하나, (　　　)장애인종합복지관에서 만난 모든 이들과 화합하여 조화로운 삶을 사는 멋진 시니어대학 회원이 되겠다.

출처: 강북장애인종합복지관 홈페이지.

사례

빛이 되는 사람들

'빛이 되는 사람들'은 여성장애인 자조모임으로 결성되어 현재까지 활발한 활동을 하고 있다. 장애인이면서 여성이기 때문에 겪어야 했던 사회적 차별과 선입견을 극복하고자 결성이 되었고, 이제는 나아가 지역사회와 주민들을 위한 봉사와 나눔활동으로 확대하여 활동하고 있다. 빛이 되는 사람들은 매년 4월 장애인의 날 행사주간에 장애인종합복지관에서 진행하는 장애인식개선 캠페인과 바자회 판매 자원봉사활동에 참여하고 있다. 처음에는 중증장애로 비장애인과 소통을 하는 것도, 자원봉사활동을 하는 것도 마음처럼 쉽지는 않았지만 지금은 장애당사자가 참여하는 것이 지역사회와 주민들에게 자연스럽게 장애에 대한 편견을 낮출 수 있다는 사명감으로 참여하고 있다. 또한 장애인보호작업장 등 직업재활시설의 작업보조 자원봉사활동은 다른 장애유형에 대한 이해를 높이고 기여할 수 있어 자원봉사활동을 이어 가고 있다.

출처: 강북장애인종합복지관 홈페이지.

나보다 남을 먼저 챙기는 좋은 선배

지체장애 1급 ○○ 님은 "나보다 남을 먼저 챙기는 좋은 선배"이다. 매일 이른 아침, 내가 이용하는 복지관에 직원들보다 더 빨리 출근해서 동료 이용자를 살갑게 맞이하는 선배이다. 전기기사 일을 하던 젊은 시절 갑작스러운 사고로 긴 고통의 시간을 겪어 낸 아픈 경험을 타인에 대한 이해와 배려로 승화시키고 있다. 항상 웃는 모습으로 복지관에 오시는 분들께 먼저 인사하고, 손잡아 맞이하고, 안부를 물으며 하루를 시작하는 분이다. 본인의 몸도 힘드실 텐데 어떻게 저런 미소와 태도로 다른 사람을 대할 수 있는지 감탄하게 만드는 분이다.

출처: 강북장애인종합복지관 홈페이지.

손가락 하트와 미소…

지체장애 6급인 ○○ 님은 오늘도 어김없이 복지관의 장애인·노약자무료셔틀버스 첫 차를 타고 마을을 한 바퀴 돌아 복지관에 오신다. 올해 여든의 고령에도 누군가 돕고 싶은 마음에 이곳저곳을 살피기도 하고, 그동안 복지관이 있어서 행복했다며 본인이 도울 수 있는 다른 누군가를 찾는 분이시다. 복지관에서 재가장애인에게 제공하는 밑반찬 자원봉사활동을 주 1회 맡은 이후부터 신난다며 환한 미소를 머금고 머리 위로 하트를 날려 주실 때 주변인들의 표정도 어느 순간 ○○ 님처럼 환해지고 마음엔 하트가 가득 찬다. 본인이 장애인이면서 고령이셔서 다른 사람을 돕기 위해 애쓰시는 모습은 감사한 마음과 함께 이제 자원봉사활동보다는 건강관리를 좀 더 하셨으면 하는 바람을 가지게 하지만 그건 본인이 원하는 게 아니라며 거절하시는 분이시다.

출처: 강북장애인종합복지관 홈페이지.

CHAPTER 8

대학 · 기업에 의한 자원봉사활동

1. 대학에 의한 자원봉사활동

1) 대학 자원봉사활동의 이해

"대학은 인격을 도야하고, 국가와 인류 사회의 발전에 필요한 학술의 심오한 이론과 그 응용방법을 교수 · 연구하며, 국가와 인류 사회에 공헌함을 목적으로 한다."(「고등교육법」 제28조)

대학은 진리를 발견하고 창조하며 탐구할 뿐 아니라 탐구한 진리를 전달하고 교수하는 곳이며, 탐구되고 전달된 진리는 다시 지역사회로 환원되어야 한다. 따라서 지식의 보관자로서의 대학은 사회에 대한 직접적인 봉사를 통해서 대학이 보유하고 있는 지식을 효율적으로 이용할 수 있는 기회를 창출해야 한다. 특히 대학생 자원봉사활동은 무한한 잠재력과 가능성을 지니고 있기 때문에 보다 체계적이며 전문적인 활동을 통해 자원봉사활동의 활성화를 촉진시킬 수 있으며, 우리사회의 자원봉사활동 전체에서 차지하는 비중이 매우 높다. 그리고 초 · 중 · 고등학교로부터 실천되기 시작하는 자원봉사제도의 활성화와 정착화를 위해서라도 대학 자원봉사활동은 매우 중요한 의의를 갖는다(주성수, 1996).

대학생 자원봉사활동은 개인적인 의미와 사회적인 의미를 찾을 수 있는데, 개인적으로는 개인의 시간에 기술이나 지식 및 능력을 사회에 반환하는 활동을 함으로써 자기 스스로의 삶을 충족되게 하는 기능을 가지는 것을 들 수 있고, 사회적으로는 사회적 공공기능이 미치지 못하는 부분에 지성과 전문적 기량을 공급할 수 있는 라인을 형성시킴으로써 지역사회 변화와 지역주민의 요구를 직접 체험하고 발생된 문제점을 대변하며, 정책으로 이끌어 냄으로써 공동체 발전에 기여할 수 있는 것을 들 수 있다.

자원봉사활동을 통하여 기대할 수 있는 교육적 의미는 다음과 같다(강상오, 2007).

첫째, 대학생 봉사활동은 무엇보다도 타인과의 바람직한 인간관계를 유지하게 함으로써 대학생들에게 자기 발전과 성숙에 기반이 되는 사회성과 타인의 생명을 존중하며, 이웃과 더불어 사는 이타성의 가치관을 제공할 수 있다.

둘째, 대학생들은 봉사활동을 통하여 자신의 존재를 자각하고 인격적 성장을 가져오는 자아정체성을 확립하고, 자기 능력을 발휘하여 삶의 내용을 보다 풍요롭게 할 수 있다.

셋째, 대학생 봉사활동은 인간존중의 정신과 자발적 정신에 입각하여 필요한 서비스를 제공함으로써 사회 기반이 되는 민주주의 정신을 함양할 수 있게 해 준다.

넷째, 대학생 봉사활동은 공동체의식의 삶을 실현하게 하는데, 이는 사회에 대한 소속감, 확고한 주인의식, 적극적인 참여 없이는 불가능하다. 따라서 대학생 봉사활동의 성패 여부는 철저한 프로그램관리와 사회구성원이 얼마나 공동체의식을 가지고 활동을 실천하는가에 달려 있다고 할 수 있다. 이를 위해서는 대학생들에게 자신감을 갖게 하고, 잠재적인 지도력을 개발하는 학습경험을 풍부하게 하여 민주주의사회에 기초가 되는 민주주의 정신을 함양시켜야 한다.

다섯째, 대학생 봉사활동은 학과 전공에 대한 학습 결과를 사회에 직접 환원하는 활동으로 이어질 수 있으며, 급변하는 사회문제와 관련하여 전문적인 지식을 가진 대학 인력이 사회에 참여한다는 의미를 지니고 있다.

2) 대학 자원봉사활동의 필요성

오늘날 대학은 교육을 위한 곳이지만 현대와 같이 급변하는 사회에서 대학은 학문 연구만을 위한 곳은 아니다. 대학이 수행해야 하는 중요한 기능들 중 학문을 배우고 연구 · 탐구하여 전수하는 기능 외에 연구와 교수의 기능에 의한 결과들을 사회에 직접 적용하고 응용하여 사회에 환원할 수 있는 기능을 더 우선시하는 경향이 점차 두드러지고 있는 실정이다. 따라서 대학의 자원봉사는 교육과 연구와 함께 대학의 3대 기능 중 하나로 대두되고 있다.

대학 자원봉사활동의 필요성을 구체적으로 열거하면 다음과 같다(강상오, 2007).

① 대학교육의 이념 실현
② 고급 전문기술을 요하는 영역에 대한 일반 사회인식을 높여 주는 차원
③ 장래의 사회지도자로서의 자질과 바람직한 태도 함양
④ 성숙된 자아 형성
⑤ 전통문화인 상부상조의 정신을 계승 · 발전
⑥ 자원봉사자들의 중간관리 역할 및 전문지도자
⑦ 다양한 사람들과의 인간관계 형성과 인간에 대한 애정 함양
⑧ 예비 사회인으로서 사회와 직업의 세계에 대한 직접 탐색 기회
⑨ 건전한 여가선용과 각종 청소년문제의 예방과 치료
⑩ 자원봉사기관들로부터의 필요
⑪ 전문 영역의 지식과 기술로 건전한 국가 사회발전에 기여
⑫ 인류 평화에 기여
⑬ 학교교육, 가정교육, 사회교육 등 간접교육을 직접교육으로 체험

3) 대학 자원봉사활동의 현황

우리나라 대학의 자원봉사활동은 1990년대에 들어 질적인 면이나 양적인 면 모두

급속한 팽창을 가져왔다. 1979년 2학기에 강남대학교가 국내 최초로 사회사업학과 내 전공 선택과목으로 자원봉사를 개설하여 강의하기 시작하였으나, 1994년에 들어서야 중앙일보의 자원봉사캠페인을 시작으로 한양대학교가 사회봉사 교양필수과목을 채택하였고, 그 뒤 1995년 경인여자대학, 가톨릭대, 동덕여대, 인제대, 한동대 등 10개 대학에서 사회봉사과목을 교양필수 또는 교양선택과목으로 개설하였다(백선희, 2004).

1996년에는 대학의 자원봉사활동을 지원하고 상호 연합 및 교류 증진을 위하여 전국대학 총장을 중심으로 한국대학사회봉사협의회가 조직되면서부터 대학의 자원봉사 부분도 더욱 활성화되었다.

대학사회봉사협의회의 역할은 대학생 자원봉사활동 육성 발전과 대학교육과정과 자원봉사 연계에 관한 연구, 대학의 자원봉사활동에 관한 연구지원, 국내·국외 자원봉사 관련 기관과의 교류 및 제휴, 대학 자원봉사프로그램 개발 및 보급, 기타 회원 대학 상호 간의 협의와 조정 등으로 정부와 정책연계 및 지원, 기업과 자원봉사현장 연계 및 지원, 기업과 자원봉사현장 연계 및 지원, 자원봉사기관과 자원봉사수요처 선정과 자원봉사 연계를 유도하여 협조체제를 구축하고 있다.

대학사회봉사협의회는 크게 연구 개발 및 교과목 개발, 대학생 해외봉사단파견 및 대학과 초·중등학교의 연계 자원봉사활동 권장, 자원봉사활동 프로그램 공모 및 개발 등 다양한 영역에서 대학 자원봉사활동에 공헌하고 있다(한국대학사회봉사협의회, 2007).

그럼에도 불구하고 21세기에는 대학을 통한 사회봉사활동의 기회가 계속 증가하는 추세이다. 이러한 추세에 발맞추어 2001년도에 도입·시행되고 있는 '사회봉사학점제'는 지정기관에서 취득한 30시간 이상의 봉사활동을 1~2학점으로 인정해 주는 제도로서 학점취득뿐만 아니라 봉사활동을 통한 사회책임감과 시민의식 배양을 목적으로 시행되고 있다. 그중에 졸업을 위한 필수학점으로 요구하는 대학들이 있는가 하면, 일종의 교양선택 과목으로 개설하는 대학들도 있다.

이처럼 적지 않은 대학들이 '사회봉사학점제'에 대거 참여하게 된 이유로는 1995년 시행에 들어간 일부 대학들이 적지 않은 성과를 거둔 데 있다. 대학생들이 사회경험 차원에서 봉사활동을 대단히 선호하고 있고, 교육개혁 차원에서도 학생들의 인간미와 창의적 리더십을 갖추게 하는 사회봉사활동이 높이 평가받고 있다. 또한 기업들이 1995년부터 신입사원 채용에서 필기시험을 없애고 사회봉사경력을 우대하는 새로운 정책을 시행한 까닭도 있다.

이러한 사회봉사활동은 등록수강기간에 신청하여 이루어지며, 희망하는 학생은 봉사활동기관의 날인을 받은 사회활동신청서를 대학에 제출하면 된다. 봉사활동기관은 대학 당국이 지정한 기관 또는 학생이 임의로 선정한 기관 모두 가능하다. 단, 학생이 임의로 선정한 기관의 경우는 신청서를 접수한 후 소정의 심의 과정을 거쳐야 한다. 사회봉사신청서를 제출한 학생은 보통 기말고사 전까지 30시간(1일 최대 6시간, 5일 이상 봉사활동)을 활동에 임해야 하며, 사회봉사활동 인정신청서에 봉사기관의 날인을 받아 대학에 제출하면 된다.

예를 들어, 1994년 사회봉사단을 창립한 한양대학교의 경우 건학정신인 '사랑의 실천'의 실질적인 구현을 위해 사회봉사학점제를 활발히 운영하고 있다.

한양대의 경우 사회봉사교과목은 계절별로, 봄 학기(사회봉사1), 여름 학기(사회봉사2), 가을 학기(사회봉사3), 겨울 학기(사회봉사4)로 연 4학기제로 운영되고 있으며, 교양선택 실습과목으로 1학점을 인정하고 있다. 졸업까지 4학점을 이수할 수 있으며, 한 학기 수강시간은 기본교육 2시간, 실습 30시간, 기말평가회 2시간, 총 34시간 이상의 실습이 요구된다. 평가는 실습태도, 출석상태, 실습보고서 등을 바탕으로 담당교수가 Pass/Fail로 처리한다.

이와 함께 대학 측에서는 꾸준히 사회봉사체험수기 공모전을 개최, 수상과 함께 사회봉사단 발간 책자나 대학신문에 게재하여 학생들의 적극적인 참여를 유도하고 있다. 가톨릭대학교의 경우는 우수 사회봉사자에게 장학금을 지급하기도 한다.

이처럼 사회봉사교육과정은 학생들이 봉사활동을 통하여 개인의 올바른 자기실현과 공동체 정신을 회복 · 구현할 수 있도록 하며, 봉사정신을 체득함으로써 전공교육과 함께 조화를 이룰 수 있는 인성을 갖추게 하는 데 의의가 있다.

하지만 각 대학은 이와 같은 교과목을 몇 학점까지 허용할지, 봉사활동을 장려하기 위해서는 어떤 방법의 인센티브제도를 제공하여야 하는지, 학생들의 봉사활동을 지원하는 방식으로는 어떤 것을 선택해야 하는지의 기준점을 제시하므로 보다 많은 기여를 제공하기 위해서 이를 효과적으로 관리지원 가능한 조직인 학생처나 사회봉사센터 등을 통하여 전문화·활성화하고 있다. 그럼에도 불구하고 일부 대학에서 볼 수 있듯이 아직 대학의 사회봉사활동은 조직화·체계화되어 있지 않다. 실제로 사회복지 관련 분야에서 활동하고 있는 대학생 자원봉사자를 관리하고 활동을 지속하기 위한 구체적이고 체계적인 지침이 부족한 실정이다.

가장 문제가 되고 있는 것은 대학생자원봉사자들의 단기적 활동 현황이다.

대부분 학기 중에 학점 이수를 위해 왔다가 학기가 끝나면 중단하는 경향이 많아 사회복지현장종사자들로서는 프로그램 운영상의 많은 애로가 있다. 또한 결석 시에 미리 연락을 주지 않고 무단으로 중단하는 학생들이 일반 자원봉사자들에 비해 많은 편이다. 개별적으로 봉사기관에 접촉하여 활동하는 학생들에 비해 학점 이수와 관련된 학생들은 책임감이 떨어지는 편이다. 게다가 대학기관에서 요구하는 학생평가서류가 오히려 사회복지기관 종사자들의 업무를 가중시키고 있어서 대학생자원봉사자 관리에 난색을 표하는 기관도 많다(inews, 2003).

한편 2008년도 대학 전형에 있어서 전국 146개 전문대학(4년제 대학으로 개편 및 논의되고 있는 2개 대학 제외) 중 각 대학별 독자적인 자율기준에 의하여 특색 있는 특별전형의 기준으로 학생을 모집함에 있어 사회봉사 관련 전형기준으로 봉사활동 실적자에게 혜택을 주는 대학도 남해전문대학 등 60개교에 이르고 있다(한국전문대학교협의회, 2007).

대학생 자원봉사자들은 많은 시간과 인적 자원을 지닌 보배로 이러한 자원을 방치하는 것은 국가적으로나 사회적 손실이며 자발적으로 남을 돕고 더불어 사는 사회를 이룩하는 데 학생들의 사회봉사 열기가 일익을 담당할 수 있도록 국가와 학교 차원의 적극적인 지원과 대학생 자원봉사자들의 적극적인 참여가 있어야 할 것이다.

대학생들 또한 사회봉사 학점, 즉 봉사에 대한 어떠한 대가를 바라기보다는 더불어 사는 사회 속에서 삶의 경험을 소중하게 생각하는 문화 정립의 촉매, 인간다운 삶의 질을 높이는 기회로 대학생들의 자원봉사활동이 이루어져야 할 것이다.

4) 대학 자원봉사활동의 발전방향

자원봉사에 대한 사회적 관심과 더불어 대학에서도 봉사에 대한 관심이 높아지면서 우후죽순 격으로 봉사프로그램들이 늘어나고 있으나, 이에 따라 여러 가지 문제들도 대두되고 있다. 이러한 문제점은 크게 봉사 프로그램, 교육부분 및 관리부분의 세 분야로 정리할 수 있다(김한겸 외, 2013).

첫째, 봉사 프로그램에서의 문제점은 봉사 프로그램이 단조롭게 구성되어 있으며, 특별한 성과나 내실 없이 양적으로 증가하고 있으나 실적 위주로 보여 주기 식이라는 점이다.

둘째, 교육부분에서의 문제점은 대학에서 자원봉사를 담당하고 있는 행정직원의 전문성이 부재하고, 학생 봉사리더에 대한 체계적인 교육이 부재하며, 대학에 사회봉사교육 관련 프로그램도 미비하다는 점이다.

셋째, 관리부분에서는 봉사 참여자와 수혜자와의 비효율인 연계, 봉사 프로그램 및 봉사자 관리의 비효율화, 대학 사회봉사 관련 정보공시의 비효율성을 대표적으로 들 수 있나.

이러한 문제점을 해결하고 대학 사회봉사 활성화 및 봉사문화 형성을 위한 발전방안을 제시하면 다음과 같다(김매이 외, 2014).

첫째, 대학은 참여 위주의 봉사수업이나 봉사 프로그램보다는 대학 전체가 '봉사'에 관심을 가지고, 보다 더 교육적 관점에서 봉사가 학생들의 졸업 이후의 삶에도 영향을 미칠 수 있는 봉사 수업 및 봉사 프로그램을 진행하고, 대학생만의 장점을 살릴 수 있는 봉사 프로그램을 개발 · 운영하여야 한다.

둘째, 대학의 사회봉사교육은 대학의 강의 중심 기초교육과 봉사센터 심화교육으로 나누어 진행되어야 한다. 또한 사회봉사는 대학 및 외부 단체의 봉사센터가 봉사 참여 등의 활동 혹은 경험을 제공하여야 하며, 봉사센터는 봉사활동과 직접적으로 관계있는 기본 오리엔테이션 등을 책임져야 한다. 한편 봉사센터는 참여만이 목적이 아닌 봉사 프로그램 자체가 교육의 역할을 할 수 있도록 보다 계획적이고 의미 있는 봉사 프로그램을 운영하고, 봉사 프로그램의 기획 · 운영 · 평가를 모두 책임져야 한다.

셋째, 대학 사회봉사의 인정·보상은 중복 인정 및 보상을 피해야 하며, 실비 이상의 금전적 지원은 금지되어야 한다. 또한 봉사 인정시간은 행정안전부 기준을 따르는 것을 기본으로 하며, 실비는 식비와 차비로 제한하고, 기업의 금전적 보상 등은 대학의 장학금으로 환원되어야 한다.

2. 기업에 의한 자원봉사활동

1) 기업 자원봉사활동의 이해

기업의 자원봉사활동 개념은 다양하게 정의되어 있지만 아직 통일된 개념 규정은 없는 상태이다. 이는 기업의 자원봉사가 너무 넓고 다양한 영역을 포괄하고 있으며 공익성, 공식성, 자원성, 자발성, 독립성, 다원성, 연대성, 비영리성의 특성 중 어느 부분을 강조하느냐에 따라 다르게 정의될 수 있기 때문이다. 이는 기업이 속해 있는 나라마다 다른 역사적 배경을 가지고 있는 것에 연유한 것으로 보인다.

기업의 자원봉사(corporale volunteer service)라는 단어는 1970년대 이후 미국기업들이 박애나 자선과 같은 전통적인 사회봉사의 방법보다 사원들이 직접 지역사회에 참여하여 봉사하는 자원봉사가 뜻밖의 효과를 가져다주는 것을 확인함으로써 사원들의 자원봉사활동을 기업 차원에서 제도적으로 뒷받침해 주면서 등장하였다. 이러한 기업 자원봉사활동은 개인적인 차원에서 기업적인 차원으로 확대·발전시킨 것으로, 기업도 사회의 일원으로서 그 사회의 문제해결과 사회발전에 책임의식과 주인의식을 가져야 한다는 뜻에서 등장한 새로운 용어이다(이숙희, 2001).

기존 연구의 기업 자원봉사활동의 정의를 살펴보면 "기업 자체가 가진 자산과 인력으로부터 최대의 효과를 창출하고 지역사회의 이익을 위해서 그리고 노동력과 사업자체를 위해서 기업의 임직원들이 자발적으로 책임감과 연대성을 가지고 보수에 대한 기대 없이 지속적으로 행하는 사회적 기여활동"(원미순, 1996), "기업이 자원봉사를 하고자 하는 자사의 전·현직 임직원과 그들의 가족을 위해 공식적이고 체계적인 프로그램 및 지원체계를 마련하고, 자원봉사하는 것을 말하며, 퇴근 후와 주말은 물론 회사가 허용하는 일정 시간 범위 내에서 근무시간 중에 자원봉사활동을 하는 것"(이강현, 1997)도 해당된다. 또한 "기업이 자사의 임직원뿐만 아니라 임직원 부인, 자녀, 협력사 그리고 고객까지 포함된 기업의 이해관계자들이 자사의 자원봉사 프로그램을 통해 자원봉사활동을 손쉽게 수행할 수 있도록 자원봉사 관련 정보를 제공하고, 자원봉사활동을 체계화하고 이들의 봉사활동을 공식적으로 지원하는 활동"(이자영, 2004)이라고 할 수 있다. 이와 같이 기업 자원봉사활동에 대한 개념 정의를 요약해 보면 기업 자원봉사활동이란 '기업의 사회적 책임 수행의 한 방법으로 전·현직 임직원 및 그 가족 등 기업의 모든 이해관계자들 모두 기업의 제도적 지원을 통해 그들의 지식과 재능, 기술, 시간 등을 적극적으로 활용하여 지역사회 문제해결을 위해 직접 참여함으로써 기업 자체가 추구하는 사회적·경제적 목적과 함께 계몽된 기업윤리를 최대로 실천하는 일련의 활동'을 말한다.

2) 기업 자원봉사활동의 등장배경

(1) 기업의 사회적 책임

기업들은 시대의 요구에 민감하게 반응하여 사회에 대한 기업 수혜 환원을 구체적으로 실천하기 위해 다양한 사회공헌활동들을 전개하고 있다. 기업들은 종래 단순한 기부, 협찬 등에서 벗어나 조직적으로 사회공헌을 위한 재단을 만들고, 사내 전담부서를 두는 등 체계적으로 사회공헌활동을 하려고 노력 중이다. 특히 2000년대에 들어서면서 기업들은 직원들을 직접 다양한 지역사회문제 해결에 뛰어들게 하였다. 또한 신입사원의 채용이나 인사고과에 자원봉사의 경력을 반영하고, 임직원들의 교육과 훈련에 반드시 자원봉사를 포함하는 등 자원봉사를 중요시하는 분위기를 조성해 오고 있다.

기업의 사회적 책임의 한 방법으로 기업이 지역사회를 위한 자원봉사에 참여하게 된 시기는 1980년대부터라고 볼 수 있다. 물론 소수의 기업들은 그보다 훨씬 이전부터 지역사회를 위한 활동을 하여 왔지만, 미국의 『포춘(Fortune)』에서 기업 순위를 산정하는

8개의 요소 중 기업의 사회적 책임을 포함시킴으로써 주주 중심의 이윤 추구만을 강조하는 기업의 책임에서 이윤 추구뿐만 아니라 사회구성원에 대한 기업의 의무를 요구하는 환경으로 사회가 기업을 바라보는 시각이 변화되었다. 이에 기업이 사회적 책임을 실현하는 방법으로 박애활동을 기반으로 한 전통적인 기부형식보다는 자원봉사활동에 더 역점을 두는 경향이 두드러지게 나타나게 된 것이다. 그리고 가장 중요한 것은 이러한 기업 자원봉사활동은 높아진 소비자 의식과 맞물려 기업이 환경 친화적인지 아닌지, 소비자 우선 또는 기업이익 우선인지, 인권, 특히 어린이와 여성노동력의 착취 여부와 지역사회에 관심을 가지는지 여부까지 다방면에 걸쳐 매우 세심하게 기업들이 소비자의 기대에 부응할 수 있도록 압력을 행사하기에 이르렀다. 하지만 이런 요구와 함께 높아진 기업의 자원봉사활동은 기업이 추구하는 사회적·경제적 목적들을 달성할 수 있게 도와줄 뿐만 아니라 사회구성원인 개개인들의 기대와 요구들에 창의적으로 반응하여 이들을 만족시켜 주는 긍정적인 역할을 하고 있다는 것이다. 따라서 기업 자원봉사활동은 기업이 가진 자산과 인력으로 최대한의 효과를 창출하여 지역사회의 이익과 기업의 이익에 공헌하게 하여 기업들 간의 새로운 이슈로 등장하고 있다.

오늘날 기업들은 제품과 기술의 차별화를 두고 어려움을 겪고 있으며, 이에 대한 브랜드 디자인의 바탕이 되는 기업이미지의 차별화와 기업의 가치를 높이는 방법으로 기업의 사회적 책임(Corporate Social Responsibility: CSR)을 적극 이용하고 있다(이재훈, 2015).

기업 자원봉사활동은 기업의 사회적 책임을 이행하기 위한 분야로 이해된다. 미국의 경우 1929년 대공황을 거치면서 기업의 사회적 역할 혹은 책임에 대한 사회적 인식이 확대되었고, 1960년대에 이르면서 사회환경 및 사회가치에 현저한 변화가 나타나기 시작하면서 기업의 사회적 책임이 본격적으로 논의되었다.

최근에는 유엔지구협약 등에서 지구화 시대의 기업의 역할에 대한 진전된 논의들이 이루어지고 있고, 이와 관련된 기업의 정체성을 이른바 '기업 시민정신'이라는 용어로 표현하기도 하였다.

기업의 사회적 책임은 사회문제 혹은 사회적 요구에 대한 구체적인 방식의 참여를 동반한다. 이러한 관점에서 기업의 사회공헌활동은 지역사회에 대한 투자로 이해될 수도 있다. 사회적으로 책임 있는 기업이 되기 위해서는 기업이 운영되고 있는 지역사회에 대한 투자를 해야 한다는 것이다. 여기에는 근로자들뿐만 아니라 지역사회의 환경문제 등 다양한 문제에 대한 개입이 포함된다. 기업과 지역사회는 상호 의존적인 관계에 놓여 있으며, 이 둘은 서로에게 긍정적 혹은 부정적으로 영향을 미치게 된다. 그러나 중요한 것은 이들 간의 관계가 서로에게 전체적으로 긍정적인 영향을 미치는 순환관계를 갖도록 해야 한다는 것이다.

캐롤(Carroll)은 기업의 사회적 책임(corporate responsibility)을 좀 더 구체적이고 체계적으로 분류하여 〈표 8-1〉과 같이 네 가지로 구분하였다(Carroll, 1991).

〈표 8-1〉 기업의 사회적 책임 분류

책임 분야	결과
경제적 책임	이윤 창출
법률적 책임	준법
윤리적 책임	기업운영상의 윤리성 확보
박애주의적 책임	좋은 기업시민

(2) 기업의 사회공헌 동기

윌슨(Willson)은 기업의 사회공헌활동이 적극적으로 일어나고 있는 미국의 경우에 기업들의 사회공헌을 하게 되는 동기를 다음의 10가지 유형으로 구분하여 설명하였다(Willson, 2000).

① 이타주의(altruism): 미국 버먼트주의 유명한 아이스크림 제조업체인 Ben & Jerry의 경우처럼 기업이 사회공헌을 하게 되는 것은 기업지도자들이 어떤 대의에 강력하게 동화되어 기업조직을 사회변화와 행동의 매개체로 조직화하기 때문이다.

② 기업시민정신(corporate citizenship): 맥도날드처럼 기업 자신들이 어떤 지역사회와 자신들의 직원 및 고객들에게 공헌하고 있다고 보이기를 바라기 때문에 사회공헌활동에 적극적으로 참여하게 된다.

③ 지역사회개발(community development): 기업들은 지역사회를 지원하는데, 그 이유는 임직원들, 기업사무실과 운영 및 고객과 소비자들을 위해서는 자신들이 안정적이고 지지적인 지역사회에 의존할 수밖에 없기 때문이다.

④ 임직원 사기(employee morale): 기업의 사회공헌은 임직원들의 관심사이며 또 욕구라는 이유에서 개발되는 경우도 있다.

⑤ 기업 정체성(corporate identity): 스포츠 이벤트나 주요 예술쇼와 같은 명성 높은 활동들에 기부하는 경우처럼, 기업의 이미지와 정체성을 강화시키기 위해 기업들은 사회공헌활동을 한다.

⑥ 기술과 인적자원(technology and human resources): 도요타재단의 과학과 수학교육 투자 프로그램처럼, 기업들은 잘 교육받은 미래의 노동력을 제공받기 위한 목적으로 학교와 대학들에게 점차 크게 지원하고 있다.

⑦ 마케팅(marketing): 기업이 필요로 하는 특정 인구층을 갖고 있는 이벤트나 비영리단체 활동을 지원하는 일은 다른 방법으로는 접근하기 어려운 대상자들에게 접근하는 기회를 제공해 준다.

⑧ 정치적 후원(political support): 기업의 사회공헌활동은 다양한 정치적 차원을 이용하여 기업의 의사결정이 정치인들과 일반인들의 정서에 맞도록 하는 방법들과 관련되어 있다.

⑨ 지도자의 관심(leadership interests): 기업 지도자들의 관심사와 선호에 의해 기업이 지원하는 비영리단체에 대한 지원이 선택된다.

⑩ 세금 혜택(tax incentives): 미국기업들은 납세 이전의 소득 전체의 10%까지 기여금에 대한 세금공제를 받을 수 있는데, 이것으로 전체 기부에 드는 비용을 낮추게 된다.

3) 기업 자원봉사활동의 필요성

기업 자원봉사활동은 다음의 세 가지 근본적 이유들 때문에 필요하다고 할 수 있다(삼성사회봉사단 홈페이지).

첫째, 기업 자원봉사활동은 기업체 자체가 추구하는 전반적인 경제적·사회적 목적들을 달성하고, 기업의 다양한 구성원 및 이해당사자들의 기대에 부응하는 데 있어 효과적인 도구로서의 역할을 한다.

둘째, 기업 자원봉사활동은 매우 어려운 인간적·사회적·경제적 문제들에 대한 해결을 열망하는 지역사회를 위해 인간적 재능과 에너지를 공급할 수 있는 근원이 된다. 기업은 다른 어느 곳에서도 얻기 힘든 특정 기술들과 전문성을 구비한 집단으로서, 자발적인 의지로 참여하는 봉사의 손길을 제공할 수 있다.

셋째, 직장이라는 것은 대부분의 사람들에게는 중심적 역할을 수행하기 때문에 기업은 개인들이 일생을 통해서 자기 자신들과 타인들을 도울 수 있는 방편으로서의 자원봉사활동을 지원하고 격려함으로써 기업이 도덕적으로 올바른 위치를 지키고 이것이 자체의 노동인력을 강화하게 된다.

4) 기업 자원봉사활동의 기대효과

기업 자원봉사활동이 기업, 기업 임직원 및 지역사회에 주는 효과들은 다음과 같다.

첫째, 기업 측면에서 보면 기업 구성원들이 회사의 이름을 내걸고 자원봉사활동을 전개함으로써 기업의 사회전략 목표와 지역사회의 필요를 매치할 수 있고, 기업 이미지가 제고됨으로써 보다 우수한 직원을 유인해 채용할 수 있으며, 기업의 공공 이미지와 평판이 높아짐으로써 기업의 상품을 소비자들이 선호하게 만드는 요인을 제공할 수 있다. 또한 기업 구성원들은 지역사회 구성원들과 직접적인 접촉을 통해 이웃에 대한 이해와 지역사회의 문제를 보다 깊이 이해할 수 있는 기회를 가지고 리더십이나 팀워크가 개발·발전됨과 아울러 사내에서 는 지인이 많아져 좋은 인력 네트워크를 만들며 사원들의 사기를 높여 기업의 경영활동에까지 도움을 준다.

둘째, 기업 임직원 측면에서 보면 자원봉사활동에의 참여 경험은 임직원 개인의 사기 진작과 스트레스 해소 및 도덕적 선행이나 도움을 실천했다는 심리적 만족감을 부여해 줄 수 있고, 타인과 함께 더불어 살아가는 공동체의식을 함양시켜 줄 수 있다. 또한 삶과 가족의 가치에 대한 인식을 새롭게 하는 기회가 될 뿐 아니라 기업과 가정 사이에 벽을 허물고 직원가족들을 기업 자원봉사활동에 참여시켜 사원들의 직무 만족도를 높일 수 있으며, 가족 간의 결속감도 높이고 자녀들과 함께 한 자원봉사에서는 자녀들에게 좋은 역할모델을 제시할 수 있으며 회사와 자기 자신에 대한 자긍심도 생기는 계기가 된다.

셋째, 지역사회 측면에서 보면 기업의 자원봉사활동은 기업들의 자발적인 의지로 참여하는 봉사의 손길을 제공받을 수 있다. 자원봉사자들의 지원과 도움이 필요한 지역사회 조직들과 기관들은 기업의 자원봉사활동이야말로 적극적으로 서비스에 임할 수 있는 자원봉사자들을 모집하고 동원할 수 있는 가장 자연스럽고 잠재적으로 가장 성공적인 자원체계로 생각할 수 있다. 기업은 전문기술, 인적자원, 재정지원, 조직화된 동원 체계 등을 상비하고 있으므로, 증가하는 복지수요를 언제나 충족해 줄 수 있는 훌륭한 공급원을 제공함으로써 지역사회 문제해결에 도움이 될 수 있다(고재욱, 2020).

5) 기업 자원봉사활동의 발전방향

우리나라 기업이 지향해야 할 기업 자원봉사활동의 발전방향을 제시하면 다음과 같다(고재욱, 2020).

① 기업 최고 경영자의 자원봉사에 대한 이해와 의지가 확고해야 하며, 일관되게 수행할 수 있는 경영철학 방침을 보여야 한다.
② 기업의 자원봉사활동은 전 사원들에게 의무화하여 누구든지 참여하도록 지원하고 격려해야 한다.
③ 기업은 봉사 참가자들의 관심과 능력에 맞는 다양한 프로그램을 개발해야 한다.

④ 기업의 자원봉사활동은 전담 직원을 따로 두어 체계화되고 지속적으로 관리되어야 한다.

⑤ 기업은 봉사활동에 참여하는 모든 사원들에게 적절한 사전·사후교육을 제공해야 한다.

⑥ 객관적인 평가제도를 마련하여 우수 봉사자나 우수팀에게 포상을 하여 봉사활동에 대한 동기부여를 고취시켜야 한다.

⑦ 기업의 자원봉사활동은 돈의 기부보다 노력봉사가 더욱 의미 있다는 것을 인정해야 한다.

⑧ 기업의 자원봉사활동은 국가의 사회보장 영역을 침범하기보다는 사회, 심리, 정서적 도움이 필요한 곳에 도움을 제공하는 것이 바람직하다.

⑨ 기업은 자원봉사의 영역을 넓히고 새 영역을 발굴해 나가는 것이 필요하다.

⑩ 기업은 지역사회의 공공기관이나 민간단체, 다른 기업들과의 파트너십 의식을 가지고 있어야 한다.

⑪ 기업 자원봉사 프로그램을 봉사자들의 활동환경에 맞게 유연화시켜야 한다.

⑫ 기업은 자원봉사 활성화를 위해 봉사활동 경비지원이나 기금지원 또는 봉사기금조성을 적극 지원해야 한다.

⑬ 기업 자원봉사활동에 대한 상급경영자나 임직원 등 기업 내부 고위 계층의 인식제고와 지지환경 조성이 필요하다.

6) 기업 자원봉사활동의 현황(전국경제인연합회, 2016)

(1) 진로탐색

① 삼성물산: 주거공간 직접 설계 및 디자인 실습이 가능한 '주니어 건설 아카데미' 운영

② 삼성서울병원: 청소년 초청 병원 투어 및 의료진 멘토링 '해피드림'

③ 현대오토에버: 저소득층 고등학생 대상 IT · 정보보안 교육 지원 '화이트해커 양

성 사업'

④ 한국수력원자력: 스포츠와 공학을 결합한 체험형 과학교육캠프 '아톰공학캠프' 운영

⑤ SK: 초·중·고등학생 대상 에너지 전문가 특강 등 에너지 진로체험 교육 '에너지투모로우'

⑥ LG: 전국 사업장 인근 초등학교 대상 화학·환경·에너지 교육 '화학놀이터'

⑦ 카카오: IT 기획·개발·디자이너의 역할을 배우는 진로체험프로그램 'how Me the IT'

(2) 문화예술 및 생활안전

① SM엔터테인먼트: 'Mile' 오디션을 통해 선발된 팀에게 소속 가수 멘토링 및 전문 트레이닝 제공

② 강원랜드: '스포츠 인재육성' 강원도 내 초·중·고 운동부 대상 선수 지원 및 학교 체육활성화 지원

③ 두산: '우리두리' 임직원 봉사와 연계, 장애청소년 생활체육 지도

④ 한화손해보험: 초등학생 대상 안전교육에 무용을 결합, 위기 상황에서의 대처능력 교육

⑤ 현대해상: 어린이 교통안전 뮤지컬 '교통안전 약속해 주세요' 제작 및 무료 공연

(3) 교육환경 개선 및 격차 해소

① 삼성카드: 수학·빅데이터 교육용 게임 및 교사 매뉴얼 개발

② 미래에셋대우: 다문화 자녀 이중언어환경 조성을 위한 애니메이션, 학습교재 보급

③ 제일기획: 새터민청소년 학습지원을 위한 모바일 남북한 언어번역 어플리케이션 '글동무' 출시

④ 롯데면세점: 서울숲 인근 공터에 카페, 옷가게, 공방, 공연장, 식당 등 116개의 컨테이너로 구성된 창조적 공익 문화 공간(언더스탠드애비뉴)을 조성함으로써 청

소년 · 여성 · 사회적 기업가, 지역 소상공인의 자립을 도모하고 시민들의 휴식공간을 마련

⑤ KT: 백령도(기가아일랜드) · 청학동(청학동 기가창조마을) 등 IT의 손길이 미치기 어려운 낙후 지역에 통신 인프라를 조성하여 교육(원격 IT교육, 전자칠판 도입 등), 의료(스마트폰건강검진 솔루션, 노약자 스마트 밴드 등), 안전(해상통신망 서비스 향상, 드론을 통한 조난사고 신속 대응 등) 등 주민 생활을 편리하게 개선

(4) 지역 발전모델 제시

① 두산: 동대문 상권 활성화를 위한 '동대문 미래창조재단' 설립, 인근 대형 쇼핑몰 · 관광지와 연계한 쇼핑타운 조성, 지역 내 역사 · 먹거리 탐방 프로그램 운영 등 지역 발전방안 제시

② 신세계: '남대문 글로벌 명품시장 육성 계획' 발표, 백화점과 연계한 남대문 시장 우수상품 발굴 및 판로개척 지원, 매장 디자인 및 안내물 개선 지원

③ CJ: 종자법인 설립, 농업 경쟁력 향상을 위해 부가가치가 높은 우수 종자를 연구 개발하고, 농가와의 계약재배를 통해 개발된 종자를 상품화하는 데 주력, 농업 고부가 가치화에 노력

(5) 다양한 영역의 심리안정 지원

① 한화 갤러리아: 감정노동자 · 다문화 여성 등의 스트레스 해소를 위한 공예교육을 진행하고 이들의 작품을 '백화만발 백화만물상' 전시회를 통해 소개

② ING생명: 직장인 · 콜센터 상담원 · 간호사 · 수험생 등에게 음악을 통해 위로와 행복을 전하고자 일상생활 공간을 찾아 콘서트 공연 '행복을 부르다-오렌지 플레이' 진행

③ 유한킴벌리: 일과 육아를 병행하는 워킹맘을 정서적으로 응원하고자 강연과 토크쇼, 공연, 육아웹툰 제작 등을 통해 공감대를 형성하는 '일맘 응원 캠페인' 진행

④ 한화투자증권: 직장인과 시민을 힐링을 목적으로 사옥 앞 '한여름 밤 물고기공

원 음악회' 개최

⑤ 현대해상: 병원에 방문한 보호자와 환자들이 정서적 안정을 되찾고 마음을 힐링할 수 있도록 양질의 도서와 문화공간 '마음심(心)터' 개관

⑥ DGB금융지주: 학업중단 이후 학교를 떠난 청소년 대상 심리 치유 및 학업복귀 프로그램 'eeCafe 친구랑' 진행

(6) 사회 취약계층에 대한 인식과 편견의 벽 해소

① 현대자동차: 과천 서울대공원에 시각장애 아동을 위한 '차카차카 놀이터' 개장, 현대차의 자율주행기술을 활용, 일반 아동은 물론 시각장애 아동들도 직접 운전하는 즐거움을 선사

② 한화: 새터민 청소년과 함께하는 서울-부산 자전거 국토종주 '다름의 동행'을 통해 서로에 대한 이해도를 높여 문화 다양성에 대한 인식을 개선할 수 있는 화합의 장을 마련

③ 롯데: 장애인과 비장애인이 함께 달리는 장애인 인식개선을 위한 '슈퍼블루 마라톤' 개최

CHAPTER 9

가족 · 전문직에 의한 자원봉사활동

1. 가족에 의한 자원봉사활동

1) 가족 자원봉사활동의 이해

가족 자원봉사활동은 개별적 자원봉사활동과는 달리 최소 2명 이상이 함께 참여하여 지역의 자원봉사활동에 참여하는 것을 말한다. 보통의 구성원은 부모와 자녀, 부부, 조부모와 손자녀, 자매 등이지만, 혈족관계가 아닌 함께 거주하는 사람으로 이뤄지기도 한다(이경은, 2001).

무어와 조셉(Moore & Joseph, 1996)은 가족 자원봉사를 하게 됨에 따라 자녀들은 도움 받는 자만이 아닌 도움을 주는 자로서 자신을 인식하고 나아가 문제해결 능력과 리더십이 증가되며, 학문적 기술도 높아져 학업실패와 학교중퇴, 미혼모 문제등의 청소년 문제도 감소되는 이점이 있다고 보고하였다.

박태영 외(2008)는 이를 통해 가족과 같이 지내는 시간이 많아지고, 자녀들에게 다양한 일과 새로운 기술을 경험하게 하며, 개인으로서, 그리고 한 가족으로서의 자긍심과 가족 구성원들 간의 인간애를 가지게 하는 효과가 있다고 하였다. 또한 가정의 중요성을 인식하여 건전하고 건강한 가정을 지켜 나가기 위해 노력하게 되며, 사회적 책임을 자녀들에게 전달할 수 있고, 은혜와 감사, 긍정적이고 밝은 마음으로 가족의 추억을 만들 수 있다고 하였다.

가족 자원봉사활동은 자유의사에 의해 자발적으로 실천하는 행동으로 그 자체가 복지사회를 만드는 데 적극 참여하는 의도적이며 계획적인 활동을 말한다. 이는 성숙한 시민의식을 기초로 자신이 속한 지역사회를 위해 보다 살기 좋고 밝은 세상을 만들기 위해 상호간에 연대하면서 구축해 가는 지속적인 사회활동이다. 즉, 공공의 복지를 향한 가치관이나 이념을 민주적인 방법으로 자주적이면서 협동적으로 실천하는 노력으로 정의된다.

성공적인 가족 자원봉사 프로그램은 처음부터 가족에게 부담을 주는 것이 아닌 작은 것으로부터 시작하여 가족이 그들의 봉사를 통해 지역사회에 기여했다는 느낌과 경험을 가지게 하는 것이 중요하다. 자원봉사조정자는 가족의 특성을 고려한 프로그램이 성공적인 가족 자원봉사활동의 주요한 열쇠가 됨을 알아야 한다. 성공적인 가족 자원봉사 프로그램의 특징은 다음과 같다.

① 단시간(대개 2~5시간)에 완성될 수 있는 일이며, 동시에 지속적인 활동으로 발전될 수 있어야 한다.
② 모든 가족구성원들에게 가치가 있는 일이어야 한다.
③ 가족 간 협동을 통해 완성될 수 있는 일이어야 한다.
④ 다른 가족들을 만나 함께 일할 수 있는 일이면 더 좋다.

우리나라의 가족 자원봉사는 2000년 이후 본격적으로 시작되었다. 가족 이기주의 등의 가족 문제를 극복하기 위한 방안으로 지역사회복지관에서 캠페인 프로그램으로 시작되어 요즘은 각 지역의 자원봉사센터에서도 가족문제 예방과 지역사회 운동 차원에서 가족 자원봉사가 이루어지고 있다. 서울의 한 자원봉사센터에서는 2000년대 초반에만 해도 가족 자원봉사자 모집에 지원자가 거의 없었는데 최근에는 대기자 명단을 만들 정도로 관심이 높아졌다고 한다.

가족 자원봉사에 대한 관심이 국내 기업체에서도 높아지면서 가족 자원봉사프로그램에 참여시켜 애사심을 제고시키며 가족의 소중함을 느낄 수 있도록 직원 가족들을 대상으로 하는 가족 자원봉사 프로그램을 운영하고 있다. 또한 일반 가족 자원봉사단을 모집하여 갯벌체험을 통한 갯벌사랑, 국립공원 등에서의 환경정화 운동, 사회복지시설 방문 프로그램 등 환경 분야와 사회복지 분야에서 가족 자원봉사 프로그램을 운영하며 자원봉사 정신을 확산시키고 기업의 이미지를 제고시키는 기업들이 증가하고 있다.

가족 자원봉사활동의 장점은 가족 구성원들이 가지고 있는 여러 자원을 기반으로 봉사활동에서 나타날 수 있는 신체조건이나 연령 등의 한계점을 보완하면서 봉사할 수 있다는 것이다. 또한 조직구성원으로 각자의 역할이 다르기 때문에 자칫 소원해지기 쉬운 구성원이 봉사활동을 함께하는 과정을 통해 서로 간의 이해와 양보로 유대감을 강화할 수 있다. 이러한 유대감은 서로에 대한 무관심과 갈등을 해소하는 데 도움이 되며 건강한 가족을 만드는 원천이 된다. 특히 여성, 어머니의 자원봉사에 대한 인식은 청소년 시기에 자원봉사활동에 대한 바른 이해와 철학을 배우는 데 큰 영향을 미칠 수 있다. 자원봉사활동의 정신과 경험을 어린 시절부터 가정에서 배울 수 있다면 자원봉사활동의 생활화가 자연스럽게 이루어지는 바람직한 방향으로 유도될 수 있을 것이다. 가족 자원봉사는 단순 노력봉사와는 달리 교육 및 여가와 연계될 수 있어 가족이 함께하는 활동을 통해 가족에 대한 이해와 추억을 함께 만듦으로써 혼자서는 맛볼 수 없는 기쁨을 얻을 수 있다. 이러한 긍정적인 영향은 가족해체와 위기가정 등의 문제를 사전에 예방할 수 있는 대안으로서 현대 사회에서 가족 자원봉사의 필요성이 강조되고 있다(권승숙, 2009).

우리나라는 전통적으로 상호부조 정신과 지역사회 공동체의 복지사상이 발달되었음에도 불구하고 오늘날 사회가 도시화 · 산업화 · 자본주의화되면서 근린집단의 공동체 사상이 약화 내지 소멸의 위치에 놓이게 되었다(유지민, 2001).

이러한 사회문제해결과 공동체의식을 고양할 수 있는 하나의 제도로 자원봉사활동이 사회의 공익증진에 기여하고 있다(장덕희 외, 2001). 그중에서도 공급단위가 가족인 가족 자원봉사활동은 전통적인 상부상조의 지역공동체 개념과 가장 가까운 접근방법으로 지역사회발전과 나눔의 문화형성에 가장 부합된다(김혜령, 2011).

한국의 경우 가족 자원봉사활동에 본격적인 관심을 가지고 가족친화적인 문화발전을 위해 가족봉사단 프로그램이 시행된 것은 2005년 「건강가정지원법」이 시행된 이후부터이다. 가족단위의 봉사활동은 가족의 공유 경험과 상호작용을 바탕으로 가족 간 결속력을 강화하고 시민의식을 향상시킨다(양수민, 2012).

특히 부모가 자원봉사활동에 참여할 때 청소년의 자원봉사활동 참여도, 봉사활동 만족도, 이타성, 참여시기, 가족과 함께하는 봉사와 부모의 지지도 및 앞으로의 지속도 등에 높은 상관관계가 있으며(김은경, 2002), 가족구성원이 함께 자원봉사활동에 참여하여 자연스럽게 가족 간의 대화를 증가시킴으로써 가족 간의 유대나 가족의 갈등을 해소하는 효과를 얻을 수 있다(이경은, 2003). 이처럼 가족 여가활동의 하나로 가족 자원봉사활동에 참여하는 것이 가족 내 문제예방은 물론 장기적으로는 지역사회의 발전을 위해 큰 기여를 한다고 볼 수 있다.

2) 가족 자원봉사활동의 필요성

가족 자원봉사(family volunteering)는 한 가족을 자원봉사활동의 기초단위로 하여 공공복지의 가치를 지향하며, 개인, 집단, 지역사회에서 발생하는 사회적 문제를 예방하고 해결하기 위한 자주적이며 협동적인 실천 노력이라고 할 수 있다(김정옥 외, 2003). 즉, 가족 자원봉사활동이란 한 가족의 구성원인 자녀와 부모가 함께 지역사회에서 봉사의 손길이 필요한 사람과 장소를 찾아 봉사서비스를 제공하며, 최소 2인 이상의 가족구성원들이 모여 가족 자원봉사활동에 참여하는 것을 의미한다(이병순 외, 2014).

가족 자원봉사활동은 2000년 이후 본격적으로 시작되었으며, 가족 이기주의 등 가족의 문제를 극복하기 위한 방안으로 지역사회복지관에서 캠페인 프로그램으로 시작되어, 요즘은 각 지역 자원봉사센터에서 가족 자원봉사자들의 대기자까지 있어 순번을 기다리는 실정으로 관심이 높아졌다.

가족 자원봉사활동은 다음과 같은 장점으로 인해 필요하다.

① 어린 시절 가족봉사활동의 경험은 정서적 발달과 사회적 발달의 기초로서, 일상생활 가운데 자연스럽게 봉사활동을 실천할 수 있는 능력을 향상시킬 수 있다.
② 개별자원봉사자의 심리적 만족을 증가시킨다.
③ 봉사활동을 통해 가족의 소중함을 느끼고, 가족관계 증진에 긍정적인 영향을 받는다.
④ 가족 자원봉사활동의 구성은 봉사활동을 보다 접하기 쉽게 만든다.

3) 가족 자원봉사활동의 기대효과

가족 자원봉사활동은 개인을 포함하여 그 가족이나 자원봉사 수요처, 기업, 지역사회 등에 긍정적인 영향을 미친다. 자녀들에게는 다양한 사회적 활동을 통해 주변의 이웃과 환경, 구성요소를 경험하게 하는 긍정적인 기능을 하게 한다. 또한 새로운 기술을 배울 수 있는 기회가 되어 가족 구성원들의 잠재능력을 발견하는 계기가 된다. 부모는 자녀에게 사회 구성원으로서의 역할에 대한 모범을 보여 줌으로써 상호간의 이해와 배려를 통한 의사소통이 가능하게 된다. 이러한 긍정적인 경험은 미래의 지역사회 일원으로서, 민주시민으로 성장할 수 있는 계기가 된다. 특히 자원봉사 수요처는 가족자원봉사활동을 통해 봉사자를 확보할 수 있으며, 자원봉사에 대한 의식을 확산할 수 있다. 기업은 가족자원봉사활동으로 사회적 이미지를 향상시킬 수 있으며, 홍보와 지역사회와 관계를 개선하여 우호적으로 공동체 의식을 향상시킬 수 있다(이지원, 2007).

또한 가족 자원봉사활동은 가족 구성원의 잠재력과 유대감 향상과 함께 지역사회를 돕는 효과가 있다. 자녀들은 가족 구성원의 한 사람으로 어릴 때부터 가족과 함께 자원봉사활동을 생활화함으로써 자원봉사에 자연스럽게 접근하게 되어 인성교육에 도움이 된다. 가족 구성원들과 의미 있는 추억을 만들면서 자긍심과 가족애가 증가되며, 가족을 둘러싸고 있는 외부환경과 지역사회에 대한 책임감, 시민의식 형성 등이 활동을 통해 습득될 것이다. 이는 자신들이 도움을 받는 자에서 도움을 주는 자로서의 위치를 인식하게 됨으로써 친절, 동정, 존경, 관용의 가치를 배우게 되며 문제해결능력과 리더십 향상에 도움이 된다.

가족 자원봉사활동이 활발하게 이루어지는 기업체에서도 조직 문화가 가족과 직장에 대한 이해향상으로 나타나게 된다. 또한 일반 가족자원봉사단의 환경 및 사회복지 분야에서의 자원봉사활동은 기업의 이미지를 제고시키며 기업과 지역사회와의 관계향상에 긍정적인 영향을 미치게 된다.

가족자원봉사활동은 가족 구성원이 함께하는 활동으로 유대감을 강화시키고 활동과정에서 노출된 문제를 해결함으로써 상호 간에 대화시간을 늘려 공감의 경험을 나눌 수 있다(한상미, 2011).

참여 가족들은 봉사활동을 통해 지역사회에 관심을 가지게 되며, 더불어 살아간다는 공동체 의식을 함양할 수 있다. 특히 자원봉사라는 공통된 주제는 가족 관계를 화목하게 만들 수 있다. 혼자하기 어려운 분야로 자원봉사활동 영역을 넓힐 수 있으며, 자녀에게 새로운 지식과 기술습득을 가능하게 한다. 이를 통해 다양한 경험을 공유할 수 있으며, 부모는 자녀의 경험축적에 대한 길잡이가 된다. 그뿐만 아니라 봉사활동을 하면서 다른 자원봉사자들과 복지기관, 사회복지사 등 다양한 사람들과 소통하면서 상대방을 이해하고 배려할 수 있는 경험을 하게 된다(이영남, 2015). 이처럼 자원봉사활동에 참여하는 가족은 가족 기능이 향상되고 지역사회의 도움을 받음으로써 사회 전반적인 부분에서 삶의 질을 높이는 효과가 있다. 가족 자원봉사활동 효과는 가족 측면에서 사회적 역할을 하며, 가족 간 시간을 함께 공유하면서 자녀들의 다양한 경험과 새로운 기술을 배울 수 있다. 특히 새로운 기회를 경험하면서 획득하는 사회적 유대관계와 건강, 응집력 등을 향상시킬 수 있다. 기관이나 지역사회 측면에서 보면 이기주의 및 개인주의로 인한 이웃 간 소통부재를 해결하면서 화합과 나눔의 문화정착, 건전한 가족문화 확대 등 청소년과 지역 사회문제점을 예방할 수 있다. 이상과 같이 가족자원봉사활동은 가족구성원의 잠재력을 발굴할 수 있으며, 지역사회 일원으로 그 중요성이 제시된다. 나아가 정서적 안정과 긍정성, 가능성 등을 통해 사회적 결속력과 지역사회 변화를 주도할 수 있다(박영억, 2015).

가족 자원봉사활동의 효과는 가족에게 미치는 효과와 지역사회에 미치는 효과로 나눌 수 있다(양점도 외, 2010).

(1) 가족에게 미치는 기대효과

① 가족과 함께 활동하는 시간이 많아지므로 가족의 결속력이나 유대관계가 강화된다.

② 대화의 단절로 발생할 수 있는 가족문제를 미연에 방지하고, 세대갈 등을 해소하는 데 도움을 줄 수 있다.

③ 가족 자원봉사활동의 경험은 사회의 기본 단위이며 삶의 터전으로서 가족의 중요성을 인식하게 하여 가족에 대해 감사하는 마음을 갖게 하고, 건전하고 건강한 가정을 지켜 나가기 위해 노력하게 한다.

④ 자원봉사활동의 실천적 체험을 통하여 기쁨과 보람을 체험함으로써 가족에게 공동성취감을 느끼게 하고, 각자의 공헌에서 가치를 발견할 수 있는 유익한 학습의 장이 된다.

⑤ 긍정적이고 보람 있는 가족의 공동 추억거리를 만들 수 있다.

(2) 지역사회에 미치는 기대효과

① 지역사회에 대한 인식의 변화이다. 가족 자원봉사활동을 통해 지역사회를 개선하는 힘이 가족에게 있다는 것을 인식하게 하여 사회구성원으로서의 책임감과 연대의식을 갖게 한다.

② 청소년문제를 예방할 수 있다. 가족 자원봉사활동은 아동 및 청소년에게 건전한 여가선용의 기회를 제공하며, 일탈의 기회를 감소시켜 각종 청소년문제의 치료·예방효과를 기대할 수 있으며, 자기성찰의 기회를 통해 진로를 결정하는 데 도움을 준다.

③ 지역사회 연대의식을 강화시킨다. 가족 자원봉사 동아리를 통해 이웃 간의 화합을 도모하여 공동체 의식을 함양한다. 이를 통해 지역사회의 고통을 분담하여 사회문제해결에 동참하려는 의식을 강화시킨다.

4) 가족 자원봉사활동의 발전방향

가족 자원봉사활동은 가족 유대감 강화, 지역사회 문제해결, 공동체 의식함양 등의 효과가 크지만 국내의 자원봉사는 아직 시작단계라 할 수 있다. 가족 자원봉사 대상자 모집에 한계가 있고 중도탈락, 구성원의 시간 조정 어려움, 자원봉사 의식 부족, 수요처 개발 등에 어려움이 있는 것으로 나타난다(장덕희 외, 2001).

가족 자원봉사활동이 활성화되기 위해서는, 첫째, 가족 자원봉사활동의 목적 및 실시 후의 효과와 문제점에 대한 철저한 검토와 관리가 이루어져야 한다. 이를 통해 가족 자원봉사자들의 가치를 인정하고 가족의 특성과 가족 구성원이 가지고 있는 기술과 능력을 극대화할 수 있도록 하는 것이 필요하다. 자원봉사자 관리는 가족 자원봉사활동의 성공 여부에 중요한 영향을 미치기 때문이다.

둘째, 가족 자원봉사활동 프로그램은 참여 가족에게 적합한 자원봉사 프로그램을 선정하여야 한다. 준비단계에서부터 구성원 전체가 관심을 가지는 일이 무엇인지 충분히 논의하여야 하며, 특히 가족 구성원의 연령에 따라 내용을 차별화하는 범위 선정이 중요하다. 봉사 초기의 경험에서 부정적인 느낌을 받지 않도록 작고 쉬운 일부터 시작하여 성취감을 맛볼 수 있도록 해야 한다. 성취감은 자원활동의 지속성에 영향을 미치기 때문이다. 또한 어린 자녀를 둔 젊은 기혼 여성들은 참여에 한계가 있으므로 동반자녀의 육아교육과 사회적 공헌 두 가지를 동시에 할 수 있는 프로그램을 개발하는 것도 필요하다.

셋째, 지역사회 협력 관계망을 구축하고 홍보와 함께 가족 자원봉사에 대한 교육이 동시에 이루어져야 한다. 가족 자원봉사 대상자 모집 및 수요처 발굴은 가족 자원봉사 활성화에 근간이 되므로 지역사회 내의 관계망 형성과 홍보에 주력하여야 한다. 또한 자원봉사 의식 함양을 위해서는 가족 자원봉사 대상 관리 프로그램도 동시에 이루어져야 한다. 활동 후에 자신들의 봉사활동이 지역사회에 도움이 되었다는 성취감을 경험할 수 있도록 하는 것이 중요하다. 활동이 끝나면 가족 구성원들끼리 토론 시간을 가지고 봉사하면서 느낀 점과 봉사 후 달라진 점 등에 대하여 조언하는 시간을 가지는 관리 프로그램이 운영되어야 한다. 자녀들의 봉사학습 효과를 높이는 것은 가족 자원봉사에 대한 올바른 인식 확립에 도움이 된다. 따라서 지속적인 지도와 관리가 가족 자원봉사활동의 활성화에 도움이 될 것이다.

넷째, 가족 자원봉사활동의 종결단계에서 인정, 보상, 평가가 잘 이루어져야 한다. 가족 자원봉사자들의 수행결과에 대한 평가와 이에 대한 다양한 보상방법이 적용될 때 가족 자원봉사가 활성화될 수 있을 것이다.

향후 가족 자원봉사활동의 발전방향에 대해 요약하면 다음과 같다.

① 가족 자원봉사자 전담관리자의 육성과 배치
② 가족 자원봉사자를 위한 시설 및 여건 마련
③ 가족 자원봉사제도의 활성화를 위한 휴가제도 도입
④ 다양한 보상제도 마련(인정과 인센티브 부여)
⑤ 가족 자원봉사자 확보를 위한 의식교육 확대
⑥ 종교단체를 활용한 가족 자원봉사활동 장려
⑦ 가족 자원봉사 프로그램의 개발 · 보급

5) 가족 자원봉사활동 프로그램

가족 자원봉사활동 프로그램은 자원봉사활동의 주요 분야이며, 사회복지 분야에서도 중요한 비중을 차지하고 있다. 미국의 경우 촛불재단에 의하면 가족자원봉사 프로그램은 시작단계에서 사회복지 분야 중 시설 중심의 사업이 가장 많아 봉사활동의 초보단계적인 특성을 보였다(Points of Light foundation, 2003).

우리나라의 경우 가족 자원봉사활동 프로그램은 사회복지 분야와 지역사회 분야에서 노력봉사하는 자녀동반 프로그램과 장애인 및 소외계층의 자매결연을 통한 지속적인 가족의 만남을 위한 봉사와 환경과 교통, 지역사회운동, 문화예술, 홍보 등 비록 사례는 적지만 활동 분야는 매우 폭넓게 퍼져 있다(이병순 외, 2014).

〈표 9-1〉 가족 자원봉사활동 프로그램

구분		시설	재가
사회복지	노인	양로원과 치매노인 및 건강센터 봉사활동	무의탁노인, 추석송편 나눠 주기, 말벗, 책 읽기
	장애인	보육원, 요양원(놀아 주기, 우유 먹이기, 식사보조, 간식준비, 말벗, 산책, 목욕봉사, 등반대회, 점자도서관 방문)	장애인가정 추석 송편 나눠 주기
	아동, 청소년	어린이집 봉사활동, 성년입양아 지지	결식아동 도시락 후원, 장보기, 부식 다듬기, 도시락 배달, 설거지
	어려운 이웃	봉사기금마련 사업	
	노숙자	노숙자의 집 방문	
	여성	모자 가정지원	
	공공기관	우체국 방문과 우편물 분류작업	
	기금마련	벼룩시장(이익금: 어르신 생신상 차림)	
지역사회		• 지역사회문제: 지역사회 자원발굴, 알뜰시장 열기, 좋은 이웃 되기 • 환경운동: 공원가꾸기, 자연보호운동, 나무 심기, 재활용품 수집 • 캠페인: 환경캠페인, 거리질서 캠페인 • 문화예술: 지역사회 문화탐방, 지역도서관 봉사, 지역놀이 행사지원 • 홍보: 언론미팅데이, 알림도우미활동(언론방영) • 교육: 10부제 운행에 대한 의식조사, 표어 포스터 제작	

사례

나눔스토리 소잉

'나눔스토리 소잉'은 처음 4가족 8명으로 시작하여 현재는 8가족 9명(중 · 고등학생 10명)이 신생아 용품을 만들어 미혼모쉼터, 탈북이주민가정 등 필요로 하는 곳에 탄생을 축하하며 부천시 자원봉사센터를 통해 선물하고 있습니다. 나눔스토리 소잉은 엄마와 학생이 함께하는 가족봉사단입니다. 현재 부천시 자원봉사센터를 통해 인천 자모원, 탈북이주민 가정에 선물하고 있습니다. 봉사자가 늘고 있어 더 다양한 용품들을 만들어 선물할 것입니다. 완성된 신생아 용품은 부천시 자원봉사센터를 통해 미혼모시설인 자모원과 탈북이주민들을 지원하는 하나센터에 지속적으로 기부하고 있습니다. 단순히 재능을 기부하기 위한 활동으로 시작하여 교육을 통해 청소년들의 사회문제에 대한 관심이 커지고 지역연계까지 확대되었습니다. 처음에는 8명으로 시작하였으나 활동의 의미에 공감하는 가족이 늘어나면서 함께할 수 있는 봉사자가 많아지고 있습니다. 나눔스토리 소잉은 '따로 또 함께' 할 수 있는 프로그램입니다. 각자의 바쁜 시간 속에서 잠깐씩 시간을 쪼개어 바느질, 재단, 다림질 등 봉사할수 있고, SNS를 통해 토론도 함께할 수 있어 일상생활 속에서 자유롭게 봉사가 가능합니다.

출처: 보건복지부(2019).

안전 up! 로드

1. 프로그램명

안전 up! 로드

2. 기간

2019년 4월~현재

3. 목적

스쿨존에 불법 주차된 차량으로 증가 추세인 어린이 교통사고율 문제의 해결로 어린이의 생명을 지킴

4. 대상

관내 초등생, 녹색어머니회, 어머니폴리스회 등

5. 주요 내용

- 초등학생들이 교통안전교육을 받고 불법 주차 차량에 전하고 싶은 메시지 카드를 작성
- 스쿨존 교통안전 캠페인을 진행하는 성인봉사자들이 불법 주차 차량에 카드를 게재

6. 평가 및 참가소감

- 사회문제의 피해 대상으로 여기던 초등학생들이 직접 문제해결의 주체로 참여한 경험이라는 것에 의의가 큼
- 초등학생들의 순수하지만 묵직한 안전 메시지 전달로 불법 주차 차주들도 부정적으로 받아들이지 않았음

출처: 경기도자원봉사센터(2019).

2. 전문직에 의한 자원봉사활동

전문직 자원봉사자는 전문직과 자원봉사자의 합성어로 전문직업을 가진 개인 또는 집단의 자원봉사활동을 의미한다. 여기서 전문직은 인간사회

에 존재하는 수많은 직업 가운데 일부만을 포함하는 범주로 사용되고 있다. 전문직은 자신들의 일에 대한 배타적인 권한을 소유하고, 일의 내용이나 조건에 관해 외적 간섭 및 통제를 받지 않는 특성으로 인해 산업사회의 노동력 구성에 있어서 특수한 위치를 갖는 직업범주로 여겨진다(심윤종 외, 1992).

그린우드(Greenwood)는 전문직의 특성을 체계적인 이론의 존재, 전문인의 권위, 사회적으로 인정받는 특권, 공식·비공식으로 강행되는 윤리요강, 전문가적 문화 등의 다섯 가지를 제시하고 있으며, 설리번(Sullivan)은 복잡한 지식, 자율성, 권위, 이타성을 전문직과 비전문직을 구분하는 요소라고 제시했다(여금숙, 2001).

최근의 자원봉사활동은 스스로 찾아오는 사람을 접수하여 운영하던 차원을 넘어서 다양한 자원봉사 인력을 개발하기 위하여 전문직 종사자나 각 분야의 숙련자들, 은퇴한 노인, 블루칼라 계층 등을 참여시키는 추세가 증가하고 있다. 그중에서도 전문직 종사자들의 자원봉사활동이 더욱 강조되고 있는데, 이것은 전문직들이 복지서비스 제공에 필요한 전문적 기술이나 지식을 소유하고 있어 자원봉사 대상자에게 고급화된 양질의 서비스를 제공할 수 있을 뿐만 아니라 자원봉사활동에 유리한 많은 장점을 가지고 있기 때문이다(김명숙, 2000).

전문직은 일반적으로 대학 및 대학원 교육과정 수준의 정규교육 또는 훈련을 필요로 하는 직무능력으로 구분되며, 준전문직은 기술전문 교육과정 수준의 직무능력으로 구분된다. 여기서 입법자, 고위 임직원 및 관리자와 군인 등의 전문 직업군은 전문직과는 별도로 구분되고 있다.

따라서 전문직 자원봉사자는 해당 분야의 기술전문 교육과정 수준 정도 이상의 교육 또는 훈련을 받은 사람으로 체계적인 지식, 권위, 자율성 등의 전문직 속성과 이타성, 무보수성, 자발성, 연대성 등의 자원봉사자 속성을 가진 사람을 의미한다고 할 수 있다. 즉, 전문직 자원봉사자는 그의 전문성을 활용하여 사회복지시설·기관을 포함하는 지역사회에서 자원봉사활동을 하는 사람을 의미한다.

이러한 전문직 자원봉사자에 의한 자원봉사활동은 전문직의 특성과 자원봉사의 속성을 반영하고 있으므로 일반적인 자원봉사활동과는 다른 다음과 같은 몇 가지 특성을 가지고 있는데, 이를 살펴보면 다음과 같다(박태영, 2002).

첫째, 전문직 자원봉사는 전문직의 노블레스 오블리주 문화를 형성하는 활동이다. 노블레스 오블리주(noblesse oblige)는 고귀한 신분에 따른 윤리적 의무를 뜻하는 프랑스어에서 파생된 말이다. 이것은 전문직이 사회 내에서 경제적 부와 사회적 위세를 독점하는 만큼 이에 대한 윤리적 의무를 가져야 할 사회적 책임성을 뜻한다. 따라서 전문직은 자기의 위치에 따른 책임을 자각하고 사회적 약자를 돕는 것이 공동체의 구성원으로서 가져야 할 당연한 윤리이며 전문직은 그러한 문화를 형성할 의무를 가진다. 전문직 자원봉사는 전문직 내에 이러한 문화형성을 유도하는 가장 좋은 방법이다.

둘째, 전문직 자원봉사는 전문적인 기술과 지식을 활용하므로 사회복지서비스의 질적 향상과 확대를 유도할 수 있는 활동이다. 전문직이 가진 전문지식과 기술은 인간의 기본적인 필수 욕구를 보다 효과적으로 충족할 수 있으므로 이들의 자원봉사활동이 가지는 파급성은 매우 크다고 할 수 있다.

셋째, 전문직 자원봉사는 사회복지기관의 효과성과 효율성을 높이는 활동이다. 사회복지기관은 이들이 가진 사회적 지위와 네트워크를 활용하여 최소한의 시간과 비용, 노력으로 경제적 효율성과 정치적 효과성 등을 거둘 수 있을 뿐만 아니라 기관 내부의 직원을 전문적으로 보조하거나 자문하는 역할을 수행할 수 있다.

넷째, 전문직 자원봉사는 사회계층의 통합활동이다. 이들은 건전한 가정생활과 직업생활을 유지할 가능성이 높은 계층으로 대체로 건전한 상식과 사회적 능력을 가지고 있어 서비스 대상자와의 원만한 관계 형성 및 유지를 통하여 사회계층 간의 통합에 이바지할 수 있다. 즉, 전문직 자원봉사를 통해 사회적 약자는 사회적으로 높은 위치에 있는 전문직 자원봉사자를 자신의 가용자원으로 활용할 수 있게 되며, 또한 이들은 자원봉사활동으로 사회적 책임성을 다할 수 있게 되는 것이다.

사회복지시설·기관, 특히 전문직 자원봉사가 가장 적극적으로 이루어지고 있는 사회복지관을 중심으로 한국표준직업분류에 의해 전문직 자원봉사활동을 구분하여 제시해 보면 〈표 9-2〉와 같다.

〈표 9-2〉 한국표준직업분류에 의한 사회복지관의 전문직 자원봉사활동 분류

<table>
<tr><th>구분</th><th>분야</th><th>해당 자격 예시</th><th>자원봉사활동 예시</th></tr>
<tr><td rowspan="5">전문자원봉사</td><td>보건의료전문</td><td>의사(치과의사, 한의사 포함), 약사, 간호사, 물리치료사, 언어치료사, 심리치료사, 영양사</td><td>• 양 · 한방진료, 치과진료
• 물리치료
• 장애아동 언어 및 심리치료
• 급식 · 밑반찬 · 도시락 조리</td></tr>
<tr><td>교육전문</td><td>대학교수, 초중고 교사, 유치원 교사, 특수학교 교사, 직업훈련기관 강사, 입시 · 외국어 · 컴퓨터학원 강사</td><td>• 주민사회교육
• 장애아동교육</td></tr>
<tr><td>행정 · 경영 및 재정 전문</td><td>공인회계사, 세무사, 공인노무사, 홍보전문가, 사회조사전문가</td><td>• 세무상담
• 외국인 노동상담
• 소식지 제작
• 지역사회 조사</td></tr>
<tr><td>법률 · 사회서비스 및 종교전문</td><td>변호사, 법무사, 사회복지사, 수화통역사, 성직자(목사, 신부, 스님), 선교사, 포교사</td><td>• 법률상담
• 수화통역서비스
• 재가 요보호대상자 상담</td></tr>
<tr><td>문화 · 예술 및 방송 관련 전문</td><td>사서, 번역가, 통역가, 언론기자, 화가, 만화가, 연극배우, 음악가, 국악인, 안무가</td><td>• 아동도서실 도서정리
• 외국인 상담 통역
• 주민사회교육
• 경로잔치 · 주민문화행사 지원</td></tr>
<tr><td rowspan="4">준전문자원봉사</td><td>보건의료 준전문</td><td>간호조무사, 치과위생사, 치과기공사, 안경사, 안마사(발마사지사 포함), 전통의료치료사(수지침 포함)</td><td>• 진료 지원
• 틀니 제작 및 지원
• 돋보기 제작 및 지원
• 수지침 봉사
• 발마사지 봉사</td></tr>
<tr><td>교육 준전문</td><td>초중등학교 보조교사, 꽃꽂이, 종이접기 · 조리 · 이미용 · 자동차 기술 · 간호조무학원 강사, 가정교사</td><td>• 재가 요보호가정아동 방문교사
• 이미용 봉사
• 세탁봉사
• 주민사회교육</td></tr>
<tr><td>사회서비스 및 종교 준전문</td><td>아동 · 부녀자 복지상담원, 보육사, 전도사, 수녀, 수사</td><td>• 재가 요보호대상자 상담 및 가정봉사</td></tr>
<tr><td>예술 · 연예 및 경기 준전문</td><td>대중업소 연예사회자, 가수, 악사, 에어로빅 강사, 태권도, 검도 등 사범</td><td>• 경로잔치 · 주민문화행사 지원
• 주민사회교육</td></tr>
</table>

이러한 전문직 자원봉사의 활성화를 위해 자원봉사조정자가 유념해야 할 사항은 다음과 같다(박태영, 2002).

첫째, 전문직 자원봉사자에 대한 가치 인식과 그 활동에 의미를 부여하는 일이 선행되어야 한다. 전문직 자원봉사자에 대한 시각 및 인식 변화는 이 활동의 필요성이 부각되고 있는 시점에서 반드시 가져야 할 중요한 관점이다. 또한 이러한 부분은 전문직 자원봉사자에 대한 사회복지시설·기관의 전문적이고 체계적인 관리와 활성화를 위한 기반 조성과 관련되어 있다. 따라서 사회복지시설·기관의 직원, 특히 관리자로부터 전문직 자원봉사자에 대한 가치를 인식하는 일이 우선되어야 하며, 이것은 전문직 자원봉사에 대한 사회복지시설·기관의 관리체계 및 역할 변화를 유도할 것이다.

둘째, 전문직 유입을 위한 다양한 자원봉사 프로그램이 개발되어야 한다. 현재 사회복지시설·기관의 부족한 전문직 자원봉사 프로그램은 이 활동의 활성화를 저해하는 가장 핵심적인 요소이다. 전문직 자원봉사자들이 직접 사회복지시설·기관을 방문하여 활동할 수 있는 사회복지 프로그램의 수를 늘리고 지역사회 주민과 지역사회 내의 요보호가정을 위한 프로그램을 개발하는 것이 필요하다. 또한 지역사회 내에는 다양한 기능·기술인을 양성하는 직업훈련 프로그램이 대학과 직업훈련기관, 직업학교, 사회복지관 등에서 운영되고 있다. 이들은 교육 후 자격을 취득하여 전문가로 활동하게 되는데, 직업훈련 과정에서 이와 같은 사항을 고려하여 훈련과정과 연계된 프로그램을 개발하는 것 또한 의미가 있을 것이다.

셋째, 전문직이 있는 곳을 직접 찾아가서 홍보하는 모집방식의 개선이 필요하다. 전문직 자원봉사자를 모집하기 위해서는 기존의 언론매체를 통한 모집방법을 탈피하여 전문직 협회, 대학 학과, 학회, 연구모임 등을 직접적으로 접촉하여 다양한 모집 통로를 개발하는 것이 중요하다. 그리고 이들 단체의 회보나 소식지, 인터넷 홈페이지를 활용하여 홍보하거나 보다 적극적으로 관련 단체의 회원명부를 지원받아 개인적으로 이메일을 보내는 방법 등도 고려해 볼 수 있다.

넷째, 전문직 자원봉사자를 위한 별도의 교육 프로그램을 개설하고 그 운영을 참가집단의 단위별로 다양화할 필요가 있다. 전문직 자원봉사자 교육은 자원봉사 의식과 지속화 · 전문화 · 체계화 향상에 도움을 줄 수 있으므로 이들을 위한 교육 프로그램의 개설은 매우 중요하다. 따라서 일반 자원봉사자 교육과는 다른 별도의 전문직 자원봉사자 교육 프로그램 개설이 필요하며, 교육 운영 초기 사회복지사의 전문직 교육에 대한 인식 부족 및 부담감 증대와 전문직 자원봉사자의 시간 부족 요인 등을 고려할 때 이들을 위한 교육 프로그램은 사회복지시설 · 기관 내에서의 교육뿐만 아니라 전문직 협회의 보수교육이나 정기모임 등으로 다양화하여 운영할 필요가 있다. 그리고 전문직 자원봉사의 특성상 참가집단 단위 혹은 유사 직종 단위별로 묶어 교육 프로그램을 운영하는 방안을 강구해야 할 것이다.

다섯째, 전문직 자원봉사활동의 적합성 향상을 위한 참가 단위별 혹은 직업별 활동지도 방법이 개발되어야 한다. 이를 위해 참가 단위별, 특히 전문직 협회 단위의 활동참가를 적극적으로 활성화할 필요가 있으며, 직업별 활동지도 혹은 유사 직업 간의 모임 구성을 통한 활동지도 방식을 개발하는 것도 필요하다. 유사 직업 간의 모임 구성은 타 전문직과의 새로운 만남에서 생기는 심리적인 만족감과 같은 이점이 있으므로 많은 인원이 자원봉사활동에 참여하는 준전문 직종에 우선 적용해 볼 수 있을 것이다.

여섯째, 시간 가치에 초점을 둔 실질적인 정신적 보상체계가 마련되어야 한다. 전문직의 경우 시간 가치의 수준이 타 직종에 비해 높고 그 통제력을 함께 가지고 있으므로 전문직 자원봉사자의 시간 가치 인정은 효과적인 보상책이 될 수 있다. 또한 전문직 자원봉사자의 경우 경제적 보상보다 정신적 보상에 집중하는 경향이 있으므로 이 두 가지 상황을 잘 활용할 필요가 있다. 예를 들어, 현재 몇몇 기관에서 사용하고 있는 200시간, 500시간, 1,000시간 등의 자원봉사시간 기준을 마련하여 감사패를 전달하는 방식은 전문직 자원봉사자에게는 특히, 의미 있는 보상 방식이라고 사료된다.

일곱째, 활동의 지속화를 위한 참가집단 단위 중심의 평가방식이 마련되어야 한다. 개인 참가 단위 중심으로 이루어지고 있는 평가방식보다 단체 · 모임 단위 혹은 전문직 협회 단위로의 평가모임 개발과 운영이 더욱 효과적이다. 이 같은 집단의 경우 집단 내 규준, 지도력, 구성원 간의 상호작용, 응집력 등 집단역동을 활용할 필요가 있다. 이들의 자원봉사활동 평가는 활동의 지속화와 더불어 클라이언트에 대한 서비스의 질적 고급화와 자원봉사자의 전문기술 향상 등을 유도할 수 있을 것이다.

여덟째, 지역사회 내 자원봉사활동 관련 기관 간의 전문직 자원봉사자 관리 업무의 연계방안이 마련되어야 한다. 자원봉사인력의 공급이 부족한 전문직의 경우에 적은 인력을 효과적으로 활용하기 위해서는 정보공유를 통하여 이들의 도움이 필요한 클라이언트에 대한 정보 및 프로그램 정보, 자원봉사를 신청한 전문직의 정보 등을 공유하는 업무 연계 및 정보공유체계가 구축되어야 한다. 또한 각 전문직 협회와의 공동협력사업 추진을 통한 연계통로를 개발해야 한다. 각 전문직 협회와 사회복지시설·기관의 공동협력사업 추진은 협회 내부의 연계조직 신설을 유도할 수 있을 뿐만 아니라, 전문직의 공식적인 자원봉사활동 참여와 보편화에 기여할 수 있을 것이다.

PART 3

대상별 자원봉사활동

CHAPTER 10

아동 · 청소년을 위한 자원봉사활동

1. 아동을 위한 자원봉사활동

1) 아동의 이해

아동이라는 용어는 시대와 상황에 따라 그리고 법률 및 관점에 따라 어린이, 영아, 유아, 청소년 등과 혼용되어 사용되기도 한다. 우리나라의 경우에도 「아동복지법」과 「입양특례법」 및 「한부모가족지원법」에서는 아동을 18세 미만이라고 규정하고 있으나, 「실종아동 등의 보호 및 지원에 관한 법률」에서는 아동을 14세 미만이라고 규정하고 있다. 그러나 18세 미만에 해당하는 경우 법률적으로는 영유아, 유아, 청소년, 소년, 어린이 등으로 불리기도 한다. 즉, 「영유아보육법」과 「모부자보건법」에서는 영유아를 6세 미만이라고 규정하고 있으며, 「유아교육법」에서는 유아를 3세부터 초등학교 취학 전까지로 규정하고 있다. 한편 19세 미만의 경우 「청소년보호법」에서는 청소년이라고 규정하고 있고, 「아동·청소년의 성보호에 관한 법률」에서는 아동·청소년이라고 규정하고 있으며, 「소년법」에서는 소년이라고 규정하고 있다. 이 밖에 「도로교통법」에서는 13세 미만을 어린이라고 규정하고 있다. 이처럼 우리나라에서 아동에 관한 나이를 통일적으로 규정하기는 어려운 점이 있다. 이와 같은 용어의 혼란과는 별개로 전통적으로 아동은 신체적·심리적·사회적으로 미성숙한 존재로, 부모와 성인에게 의존해서 성장하는 보호와 양육의 대상이라고 할 수 있다(이순자 외, 2017).

〈표 10-1〉 아동 등의 법적 연령기준

<table>
<tr><th>법령</th><th>대상구분</th><th>연령</th></tr>
<tr><td>아동복지법</td><td rowspan="4">아동</td><td rowspan="3">18세 미만</td></tr>
<tr><td>입양특례법</td></tr>
<tr><td>한부모가족지원법</td></tr>
<tr><td>실종아동 등의 보호 및 지원에 관한 법률</td><td>14세 미만</td></tr>
<tr><td>영유아보육법</td><td rowspan="2">영유아</td><td rowspan="2">6세 미만</td></tr>
<tr><td>모부자보건법</td></tr>
<tr><td>유아교육법</td><td>유아</td><td>3세부터 초등학교 취학 전</td></tr>
<tr><td>청소년보호법</td><td>청소년</td><td rowspan="3">19세 미만</td></tr>
<tr><td>아동 · 청소년의 성보호에 관한 법률</td><td>아동 · 청소년</td></tr>
<tr><td>소년법</td><td>소년</td></tr>
<tr><td>도로교통법</td><td>어린이</td><td>13세 미만</td></tr>
</table>

출처: 법령집.

현대사회 가족 내에서의 아동 양육은 가족관계 안에서의 양육보다는 사회적 양육의 개념으로 변화하고 있다. 가족 형태의 변화에 따른 아동의 문제와 맞벌이가정 및 빈곤가정의 증가, 요보호아동의 증가 등은 가족체계 안에서의 양육으로는 한계가 있어 사회의 책임과 지원을 요구하고 있다.

양육방식의 변화, 요보호아동의 증가에 따른 사회적 책임은 거택보호, 사회복지시설, 보육시설 등에서 실시되고 있지만, 조력자의 세심한 지원이 필요한 아동의 발달특성상

자원봉사자의 활용이 중요하다.

2) 아동의 특성

아동을 위한 자원봉사를 하기 위해서는 아동의 특성에 대한 충분한 이해가 선행되어야 한다. 아동은 건전한 성인으로 성장하기 위해서 안전한 환경에서 보호받으면서 적절한 교육이 필요한 존재로 받아들여지고 있다. 현대사회에서 아동은 그 어느 때보다도 복잡한 문제를 많이 경험하고 있지만, 동시에 그 어느 때보다도 많은 관심의 대상이기도 하다.

그러면 우리는 왜 아동이 안전한 환경에서 사랑과 보호를 받으면서 좋은 교육을 받아야 한다고 생각하게 되었을까? 이는 아동이 독립적으로 생활할 능력이 없으면서 성인과 구별되는 다음과 같은 특성을 지니고 있기 때문이다(고재욱, 2020).

(1) 신체적 특성

아동은 나이가 어릴수록 둥글고 포동포동한 얼굴, 상대적으로 큰 눈, 짤막하고 통통한 손발, 어색한 동작과 같은 특징을 가지고 있다. 아동은 일반적으로 성인에 비해 체중이나 키가 작고 언어능력이나 운동능력 그리고 정신적·정서적인 대처 능력이 부족하다. 아동기 후기에 이르면 신체적 발달의 속도와 정도가 매우 급속해지면서 10대 후반에 이르면 신체적으로 성인과 거의 유사한 상태에 이르게 되지만 정신적으로는 여전히 성숙한 단계에 이르지 못한다.

(2) 의존성

아동은 의식주를 포함한 생존과 신체적·정신적·사회적 발달을 부모를 포함한 주위 사람들의 사랑과 관심 또는 보호에 의존하게 된다. 아동의 정체감이나 발달의 다양한 측면이 부모를 포함한 가족의 관점에서 일차적으로 이해되어야 하는 것은 아동의 의존성을 충족시켜 줄 수 있는 보호자의 지속적인 관심과 애정이 매우 중요하기 때문이다.

아동 후기(청소년기)에 이르면 부모 등으로부터 의존성을 극복하고 독립하려고 한다. 하지만 이 시기에 독립하고자 하는 의도는 매우 강하지만, 독립에 따르는 책임과 의무는 잘 이해하지 못하기 때문에 의존과 독립의 상반되는 과업으로 인한 좌절과 갈등을 많이 겪게 된다. 따라서 성인이 되는 과정에서 심리적·정신적·사회적으로 유능한 한 개인으로 독립한다는 것은 본인의 노력 외에도 가족과 사회의 꾸준한 지원과 격려가 필요하다.

(3) 성숙의 과정

아동기는 미성숙한 단계에서 성숙한 단계로 변화해가는 과정으로 개인적 능력과 아동이 처한 양육환경의 밀접한 상호작용에 지대한 영향을 받는다. 아동의 성숙 정도는 일반적인 발달단계의 특성에 기초하여 아동의 개인차가 있다. 또한 아동의 성숙은 자신의 수준에 맞는 교육이라는 외부적 자극에 의해 더욱 촉진될 수 있으며, 보호자로부터 애정 어린 격려와 지도에도 영향을 받는다. 무엇보다 중요한 것은 아동의 성숙 정도를 이해하고, 각 단계에서 아동이 필수적으로 성취해야 할 성숙의 과제들을 잘 소화하고 있는가를 살펴보고 도와주는 것이다.

(4) 욕구와 민감성

아동기는 감정이 매우 예민한 시기로 다른 사람들의 관심을 갈망하면서 이런 갈망의 충족 여부에 매우 민감하게 반응한다. 아동은 성인에 비해 욕구충족을 연기하기가 어렵다. 아동은 욕구(need)가 충족되지 않으면 그 상황을 이해하기보다 욕구 불충분에서 오는 실망과 좌절에 빠져들기 쉽고 상처받기 쉽다. 그리고 이러한 실망과 좌절은 자기 주위에 있는 사람들의 반응에 의해서도 크게 영향을 받는데, 특히 10대 아동은 성인들보다는 또래집단에 의해 많은 영향을 받는다. 아동이 지속적인 실패와 좌절을 경험하게 되면 주위 사람들의 판단에 민감해지고 자아형성에 부정적인 영향을 받게 된다. 이러한 영향은 이후 성인이 되어서도 많은 생활의 영역에서 문제를 갖게 되는 요인이 되기도 한다.

(5) 적응성

아동은 부모와 가족이라는 집단을 최초의 환경으로 해서 차차 놀이집단, 학교, 지역사회 그리고 작업집단이라는 보다 광범위하고 복잡한 사회환경에 적응해야 하는 과제를 가지고 있다. 때때로 아동의 새로운 환경에 대한 적응성이 성인보다 더 뛰어난 경우도 있다. 하지만 아동이 출생과 더불어 성장하는 과정에서 경험하는 세계는 거의가 아동에게 처음이자 새로운 것으로서, 잘 적응하기 위해서는 성인의 적절한 보호와 인도가 반드시 필요하다(윤혜미 외, 2005).

(6) 탄력성

탄력성(resiliency)이란 적응유연성이라고도 번역되는데, 많은 어려움에도 불구하고 성공적으로 적응하는 능력(Begun, 1993) 또는 아동의 발달을 방해하는 위험요인 속에서도 긍정적인 결과를 성취해 내는 특별한 성질이라고 할 수 있다. 아동을 둘러싼 각종 환경적인 위험요인들(예를 들면, 빈곤, 가족의 부정적 상호작용, 부모의 이혼, 실직, 정신질환, 약물중독, 폭력 등)은 아동의 미래에 문제를 조성할 수 있는 요인이지만, 이런 요인들을 가지고 있는 아동이 모두 다 범죄 등 문제를 일으키지는 않는다. 어떤 아동은 이러한 환경적 위험요인들을 극복하고 좋은 환경에서 자란 아동들과 같이 또는 그보다 더 뛰어난 생을 개척하기도 한다. 바로 이러한 능력을 탄력성이라고 본다. 따라서 보호자로부터 지지와 보호를 받으며 환경으로부터 적절한 긍정적 자극을 받은 아동들은 어려움에 대해 보다 적극적이고 능동적으로 반응하는 등 적응 능력을 키워 한사람의 사회인으로 기능할 수 있게 되는 것이다.

3) 자원봉사활동 대상의 아동

자원봉사자들이 도움을 제공하게 되는 아동들은 여러 가지 형태로 다양하며 도움의 손길을 기다리게 된다. 우리 사회에서 일반적으로 접하게 되는 자원봉사활동의 도움을 필요로 하는 아동을 보면 다음과 같다.

(1) 빈곤가정의 아동

경제적으로 가정이 빈곤하면 아동은 가정에서 필요로 하는 정상적인 욕구를 충족할 수 없게 된다. 더구나 빈곤한 가정들은 부모들이 맞벌이를 하는 경우가 많기 때문에 부모는 있지만 정상적인 양육과 보호를 받을 수 없게 된다. 따라서 사회복지서비스 차원에서 양질의 보육서비스가 제공되어야 하는데, 이런 경우 자원봉사자가 빈곤가정의 아동에 대하여 어린이집이나 놀이방 혹은 아동이 거주하고 있는 가정에 가서 보육서비스를 제공할 수 있는 것이다.

(2) 이혼가족의 아동

이혼율은 한부모가정의 증가, 요보호대상아동의 비율의 직접적인 원인이 되기도 한다. 이혼에 이르기 전 부부간의 갈등상황을 경험한 아동은 극심한 스트레스를 경험하게 되며, 부정적 반응을 나타낼 수 있다. 또한 부부 이혼 이후 자녀양육에 대해 합의점을 찾는 과정에서 상처를 받으며, 변화한 가정에 적응하는 과정 역시 스트레스 요인이 된다. 통계청이 발표한 「2017년 혼인 · 이혼 통계」에 따르면, 2017년 혼인건수는 26만 4,500건으로 전년보다 6.1% 감소(-1만 7,200건)으로 나타났으며, 이혼건수는 10만 6,000건으로 전년대비 1.2% 감소(-1,300건)한 것으로 나타났다(통계청, 2018).

이혼에 대한 아동의 반응은 발달 연령별 차이를 나타내고 있다(황혜정 외, 2003).

〈표 10-2〉 발달연령별 아동의 이혼에 대한 반응

발달연령	내용
유아기	• 부모의 양육포기와 유기의 가능성에 대한 두려움 • 이혼이 자기 때문이라고 생각 • 심한 죄책감 • 수동적으로 대처하기 • 놀이를 통해 안정을 찾고 과업을 성취하는 능력의 부족 • 공격성과 억압된 감정을 표출하는 행동 • 아기 같은 행동으로 퇴행 • 충격, 분노, 우울의 증세

초등학령기	• 안정을 찾기 어려움 • 떠난 부모에 대한 동경 • 슬픔에 대해 침묵하거나 강한 언어적 부정 • 충동적 행동 • 부모의 화해를 원함 • 거부와 유기의 감정 • 부모 모두를 위해야 하는 갈등 • 교사, 형제, 또래에게 분노의 감정표현을 보임 • 학교성적이 나빠질 수도 있으나 학교는 만족감을 주는 장소가 될 수도 있음 • 자신과 부모에 대한 걱정과 수치심 • 요구하는 공격적인 행동
청소년기	• 과도한 부담으로 가족으로부터 벗어나려 함 • 배신감 • 슬픔 • 떠난 부모에 대한 분노 • 회피

반대로 이혼이 긍정적인 상황이 되는 경우도 많다. 부모의 지속적인 갈등상황, 가족 내 폭력 등이 장기간 유지됨에 따른 스트레스 상황보다는 부모의 이혼으로 불안한 상황을 벗어나는 경우 아동의 적응이 원활해질 수 있다.

(3) 재혼가족의 아동

통계청 자료에 따르면 작년 전체 약 40만 건의 혼인건수 중 부부 한쪽 또는 양쪽이 재혼인 경우가 남녀 모두 약 15~20%가량 되는 것으로 나타났다. 또한 이혼율 증가에 따른 재혼율도 점점 증가하고 있는 추세이다.

아동은 재혼 가족에 적응하는 데 어려움을 나타내는데, 부모의 재혼이 자녀에게 미치는 영향을 살펴보면 다음과 같다(권민균 외, 2005).

① 부모의 재혼으로 자녀는 부모를 빼앗겼다는 상실감을 느낀다.

② 부모의 재혼으로 자녀는 헤어진 친부모들의 재결합에 대한 기대나 소망을 포기해야만 한다.

③ 부모의 재혼은 자녀에게 심리적 불안과 충격을 주는 사건으로 재혼 여부에 관계 없이 동거하는 친부모와의 친밀하고 안정된 관계가 충격을 완화시킬 수 있다.

④ 자녀에게 있어서 친부모와의 애정을 다른 누군가와 공유해야 한다는 사실을 받아들이기 어렵다.

⑤ 자녀는 재혼한 부모가 또다시 이혼할까 하는 두려움을 가질 수 있다.

⑥ 자녀는 부모의 재혼 후 이전까지 생활해 오던 것과는 전혀 다른 생활 방식과 환경에 적응해야 한다.

⑦ 자녀는 미처 애정의 감정이 생기지 않은 새 부모의 훈육과 간섭을 받아야 한다.

⑧ 부모의 재혼으로 인해 달라진 생활환경상의 변화(이사, 전학, 동거 인물의 변화 등) 때문에 스트레스가 많아질 수 있다.

⑨ 자녀가 사춘기나 청소년기인 경우 친부모나 계부모에 대한 반항이나 갈등이 심해질 수 있다.

⑩ 자녀는 부모의 이혼이나 사별 그리고 재혼 같은 일련의 과정 속에서 심리적 · 정서적 불안과 부적응, 학업부진과 같은 문제를 겪기 쉽다.

⑪ 자녀는 새로운 계형제와의 종전의 특권, 의무, 물건 등을 나누어야 하는 상황에 놓일 수 있다.

재혼가족 역시 다른 형태의 가족과 마찬가지로 가족 구성원 간의 노력이 중요하며, 성공적인 가족관계 유지를 위한 배려, 사랑이 필요하다.

(4) 한부모가족의 아동

사회의 구조적 변화와 함께, 이혼, 사별, 미혼부모, 별거 등으로 인한 한부모가족이 증가하고 있다. 전체 가구에 대한 한부모가구 비율 또한 지속적으로 증가하고 있는 것으로 나타나고 있다(통계청, 2017).

대부분 한부모가족은 경제적 · 심리적 어려움을 겪고 있는 경우가 많다. 특히 모자가정의 경우는 경제적 어려움이 더욱 크며, 전문직을 가지지 않은 경우 더 큰 어려움에 처하기도 한다. 한부모가족에 대한 사회적 편견과는 달리 한부모가족 자녀에 대한 긍정적인 연구결과가 있다. 한부모가족의 자녀들은 또래보다 독립적이며, 자립의지를 가지고 성장하게 되며, 자녀들이 가족의 의사결정에 적극적으로 참여하고, 독립심이 증가된다. 또한 여성이 직업을 가지는 것에 대해 긍정적인 태도를 가지고, 가정에서 융통성 있는 성역할을 한다(권민균 외, 2005).

(5) 학대받는 아동

앞에서 살펴본 바와 같이 아동학대는 신체학대, 정서학대, 성학대, 방임, 유기, 중복학대 등 다양하게 나타난다. 이러한 학대의 후유증으로 아동들은 단순한 타박상, 골절 등에 그치지 않고 사망에 이를 수도 있다.

또한 학대아동에서 정신지체와 언어장애가 발생되며, 이 외에 발달지연과 중추신경계장애·정신지체·과잉행동·충동성·언어발달의 장애 등 자아 기능 손실, 신체적·심리적 충격으로 소멸 또는 유기당할 위협을 느끼고, 심한 공황상태에 빠지는 급성불안반응, 근본적 신뢰를 이루지 못하는 병적 대인관계, 부모의 잘못을 인정하지 못하고 억압하는 강한 부정·투사 등 원시적 방어기제, 가정이나 학교에서 공격적·파괴적 행동, 청소년의 반사회적 행동 및 비행 등 충동조절, 손상·슬픔·낙심·모욕감 등을 느끼는 자아개념의 손상, 자살기도 위협 등 자학적·파괴적 행동, 집중력장애·인지손상 등에 의한 학교 부적응 등 심리적·정신적 후유증을 갖는다. 이러한 학대아동들은 주로 전문적인 복지시설에서 전문적인 개입을 통해서 도움을 주고 있지만, 자원봉사자들의 활동은 아동에게 건강한 인격 형성과 나아가 사회적응에 큰 밑거름이 될 것이다.

(6) 버려진 아동

미혼모의 발생과 이혼 혹은 별거로 인하여 기아상태에 있는 버려진 아동들도 있다. 이러한 아동들은 일시적인 보호소나 영아원 혹은 고아원에서 보호·양육된다. 경우에 따라서는 입양되기도 하지만 이들을 위해서 자원봉사자들의 따뜻한 사랑과 봉사가 아동으로 하여금 건강하게 성장하는 데 도움이 될 것이다.

(7) 장애인부모를 둔 아동

장애인부모 혹은 부모 중에 어느 한쪽이 장애인이 있는 가정의 경우 자원봉사자들의 도움의 손길이 필요하다. 특히 어머니가 장애인일 경우 일상적인 사소한 생활에서부터 자원봉사자들이 봉사할 영역이 많다.

(8) 복지시설입소 아동

아동복지시설에서 생활하는 아동의 경우 다양한 이유로 인하여 가정에서 분리되어 혈연적으로 무관한 아동들끼리 혈연적으로 무관한 성인들의 보호 아래 24시간 집단적인 서비스를 제공받고 있다. 따라서 이러한 특성을 고려하여 아동이 건전하게 사회인으로 성장 · 발달하도록 교육 및 치료를 포함한 사회적 · 정서적 지원서비스를 제공하여야 한다.

4) 아동을 위한 자원봉사자의 자세

(1) 개별아동에 대한 이해

아동을 대상으로 하는 자원봉사활동은 대체로 가정방문을 통한 대상아동의 경우를 제외하고는 대체로 집단활동에 참여하는 경우가 많다. 집단 속에 포함된 개별아동의 욕구와 참여목적을 파악하는 것은 쉬운 일이 아니다. 이는 자원봉사활동의 지속성, 집단프로그램의 이해, 개별아동의 관심 등이 수반되어야 가능한 일이다.

아동을 대상으로 하는 자원봉사 활동처 및 활동 프로그램에 대한 일반적인 이해가 이루어진 이후에는 아동 개별의 프로그램 참여욕구를 이해하여야 한다.

또한 아동이 개별적으로 가지고 있는 개별 욕구와 참여목적을 확인하는 과정은 반드시 이루어져야 한다. 이 과정에서 특정 아동에게만 관심을 가지는 것으로 보이지 않도록 유의해야 한다.

아동의 참여목적과 욕구에 따라 자원봉사자는 아동이 소외감이나 마음에 상처를 받지 않고 편안하고 긍정적인 참여가 가능하도록 노력하는 것이 중요하다.

(2) 자원봉사활동의 지속성

아동과 함께하는 자원봉사의 지속성은 신뢰관계와 밀접한 관계가 있다. 아동은 자원봉사자와의 활동을 통하여 타인과의 유의미한 관계를 알아 가고 인간에 대한 믿음과 사랑을 성장시켜 나간다. 아동과의 자원봉사활동시간 및 활동기간에 대한 약속, 약속기간 동안의 지속성은 무엇보다 중요하다.

(3) 아동발달을 고려한 눈높이 자원봉사

무작정 아동이 좋아서 시작된 아동 자원봉사활동은 일방적으로 돕거나, 일방적으로 베푸는 활동이 될 가능성이 있다. 이는 아동에게 의존성만 높이게 되거나 수치심을 유발시킬 우려가 있다.

해당 아동 발달 시기의 정서적·사회적·신체발달적 이해를 통하여 성장과정에 맞는 지도가 가능한 자원봉사활동은 매우 중요하다. 지나친 과잉친절을 삼가고, 아동이 해당 연령별 수행력을 파악하고 성장할 수 있도록 보조하는 것이 중요하다.

(4) 비밀보장

아동문제의 대부분은 아동 개인의 문제보다는 아동을 둘러싼 여러 환경 가운데 가정문제가 해결되어야 근본적인 해결이 가능한 경우가 많다. 아동을 대상으로 하는 자원봉사활동 시 아동 및 아동을 둘러싼 환경 등의 정보는 반드시 비밀로 지켜져야 할 의무가 있다. 아동의 솔직한 감정을 이해하고 수용하는 가운데 프로그램 책임자와 논의된 활동범주 내에서 자원봉사가 이루어지도록 유의한다.

(5) 자원봉사자의 태도

① 봉사시간을 엄수한다.

② 아동의 개인적인 과거는 묻지 않는다.

③ 아동에 관한 모든 사항을 직원과 협의한다.

④ 아동과 직원에 대한 비방을 하지 않는다.

⑤ 건설적 의견은 정당하게 건의한다.

⑥ 담배는 지정된 곳에서만 피운다.

⑦ 자기 분야 이외의 일에 대하여 간섭하지 않는다.

⑧ 시설 내에서 음주를 하지 않는다.

⑨ 아동이 이성적 감정을 갖고 접근하지 않도록 유의한다.

⑩ 맹목적인 동정은 삼간다.

⑪ 아동에게 돈을 주지 않는다.

⑫ 아동을 은밀하게 밖으로 불러내지 않는다.

(6) 자원봉사자의 마음가짐(오효근, 2006)

① **대상아동에게 지속적인 관심과 이해:** 자원봉사활동에 있어서 중요한 것은 기술이나 재능보다 대상 아동에 대한 지속적인 관심과 진정한 이해이다. 아동은 주변 사람들로부터의 사랑과 관심, 보호를 필요로 하며, 주위 환경과 타인의 감정에 민감하고 욕구충족에 대한 기대가 강렬하다. 아동들의 욕구충족에 대한 계속적인 실패는 불안과 불신을 조장하고, 바람직한 아동기의 가치관 형성에 상당한 지장을 초래한다. 따라서 자원봉사자는 대상아동에 대해서 지속적인 관심을 가지고, 아동의 심리 · 정서적 변화와 주위 환경의 변화를 관찰하여야 한다.

② **신뢰관계 형성:** 자원봉사활동을 시작할 때 너무 무리하게 시간을 할애하면 쉽게 포기하는 경우가 발생한다. 봉사활동이 스스로에게 부담이 되면 더 이상 지속되기가 어렵다. 그러나 아동은 자신들이 경험하는 사회집단이나 타인과의 관계를 통해서 인간에 대한 사랑과 신뢰감을 형성한다. 따라서 자원봉사자가 대상 아동과의 약속시간을 자주 어기게 되면 아동은 자원봉사자를 신뢰할 수 없게 되고 바람직한 관계형성이 어렵게 된다. 그것은 곧 봉사활동의 의미를 상실하게 되는 것이다. 그러므로 봉사자는 불가피한 경우에만 사전 양해를 구하도록 하고, 효율적인 시간활용으로 봉사활동의 효과성을 높이고, 시작할 때의 마음가짐을 지속시키는 것이 중요하다.

③ 눈높이 자원봉사활동: 아동들은 진정한 마음으로 자신과 대화를 나누고 얘기를 귀 기울여 들어 주며 자연스럽게 어울려 놀 수 있는 자원봉사자를 원하고 있다. 따라서 그들의 욕구를 세심히 관찰하고 그들의 수준에서 그들이 원하는 방향과 방법을 선택해서 그들과 함께 해야 자원봉사의 의미를 찾을 수 있다. 그리고 자선심이나 동정심에 의한 일방적인 시혜성의 활동은 자칫 잘못하면 아동에게 수치심을 주고, 무력감을 느끼게 하며 상처를 줄 수 있을 뿐만 아니라 의존심을 조장할 수 있으므로 유의하여야 한다.

④ 아동의 긍정적인 감정 유도: 아동기에는 다양하고 강한 욕구를 가지게 되고 이러한 욕구의 표현을 통한 충족을 필요로 한다. 아동이 가지는 욕구가 적절하게 충족되지 못하면 아동은 심리·정서적인 상처를 받게 되며, 욕구의 충족을 위해 거짓말 등의 왜곡된 욕구 표현과 도벽 등의 비행행동을 유발할 수 있다. 따라서 자원봉사자들은 아동의 올바른 사회화를 위해 이들로 하여금 스스로의 감정을 말로 표현하도록 격려하며, 적의나 소극적인 감정을 희망적인 것으로 승화시킬 수 있도록 도와야 한다.

⑤ 원만한 대인관계 기술 및 일상생활지도: 가정, 학교, 사회에서 부적응 현상을 나타내는 아동들에게 사회적 인간으로 성장할 수 있도록 원만한 대인관계 기술과 일상생활지도를 통하여 적응력 향상을 도와야 한다.

5) 아동을 위한 자원봉사활동 프로그램

아동을 위한 자원봉사활동은 앞에서 살펴본 아동의 일반적 특성과 아동이 처한 가정과 사회문제 대한 이해를 바탕으로 아동의 욕구를 파악하고, 삶의 질을 향상시킬 수 있는 프로그램을 활용하는 것이 필요하다.

〈표 10-3〉 아동을 위한 자원봉사활동 프로그램

구분	체계	분야	프로그램
직접적 자원봉사	심리적 지지	상담	• 또래상담 • 가족과의 상담 • 문제행동아동 상담지도 • 전화상담 • 학교부적응아동 상담지도
		결연 및 지도	• 한부모가정 아동지도 • 요보호아동결연 • 실직가정아동 심리 · 정서지도
	사회성 증진	교육지원	• 어린이 공부방 학습지도 • 학습부진아지도 • 어린이 교육프로그램지도(한글, 영어, 한자 등) • 어린이 컴퓨터지도 • 아동자원봉사자를 위한 교육
		여가선용 지도	• 취미교육(미술, 음악, 종이접기, 무용 등) • 캠프활동 보조 • 독서지도 • 레크리에이션지도 • 전통문화 놀이지도(사물, 탈춤, 판소리, 서예 등)
		사회활동 지원	• 동반외출 • 농촌활동지도
	생활안정	보호활동	• 방과후 아동보호지도 • 일일 위탁부모 • 탁아시설아동 돌보기 • 영 · 유아 보호시설아동 돌보기
간접적 자원봉사	시설지원	업무보조	• 아동단체시설 업무 보조 • 아동숙박시설(수련원) 업무 보조
		초청 및 방문	• 사회복지시설 방문봉사
		조사활동	• 유해 문화환경 조사 감시 • 위험장소 검사

간접적 자원봉사	사회환경 조성	정보제공	• 자원봉사활동 정보지도 제작 • 아동을 위한 지역사회 신문 제작
		캠페인	• 가출아동공동체 건립 운영을 위한 바자회 • 소년소녀가장을 위한 음악회 • 낙도에 도서·놀잇감 보내기 캠페인 • 결식아동을 위한 사랑의 빵 나누기 모금 • 저소득가정 아동의 교육비 지원을 위한 물품기증 바자회 • 소년소녀가장 돕기 캠페인 • 아동학대 예방 및 신고 캠페인 • 심장병 어린이 수술비 모금을 위한 편지 쓰기

2. 청소년을 위한 자원봉사활동

1) 청소년의 이해

청소년기는 인생에서 단순히 스쳐 가는 하나의 과정이 아니라 독특한 요구와 도전을 함축하는 시기이기 때문에 특별한 관심과 지원을 필요로 한다. 특히 가정기능의 약화, 지역사회의 해체와 기능 상실, 입시 위주의 학교교육 등 청소년을 둘러싼 열악한 환경들은 각종 청소년 부적응문제를 야기하고 있으며, 무엇보다도 일련의 경제위기는 진학이나 사회진출을 앞둔 청소년에게 심리적·사회적 어려움을 가중시키는 결과를 초래하고 있다.

청소년 관련 법에 의한 청소년의 나이가 다소 차이는 있지만 일반적으로 청소년 시기는 각자의 인생에서 그 어떤 시기보다도 급격하고도 다양한 발전과정에 있을 뿐 아니라 사회적으로 부여되는 역할이나 책임의 가중으로 인하여 이중의 어려움을 겪는 시기이다. 또한 이 시기의 청소년들은 건전하고 밝은 심성으로 바람직하게 자랄 수 있는 가능성과 잘못 성장할 수 있는 가능성의 양면성을 동시에 지니고 있다. 따라서 청소년의 하루하루 경험은 인격형성과 인생관의 확립에 중요하게 작용한다고 할 수 있다. 그런데 청소년이 이러한 과정을 혼자서 극복해 나가는 데 많은 어려움이 따르며, 심지어는 인생을 좌우할 중요한 위기에 직면하기도 하기 때문에 이 시기를 잘 이겨 나가게 하기 위해서는 성인들의 도움이 절실히 필요하다. 또한 앞으로 다가올 사회를 운영할 세대인 청소년들이 미래사회의 주체로서 충분한 역량을 함양해 나갈 수 있도록 육성해야 한다. 다원화, 다변화는 정보화사회에서 청소년들이 우수한 능력과 정확한 판단으로 미래사회를 주체적으로 형성하고 활동해 갈 수 있도록 하기 위해서는 우선 청소년들의 삶의 조건을 개선하여 이들이 다양한 문화와 가치를 접하며 섭취할 수 있도록 해야 할 것이다. 그중에서도 상호이해와 호혜성에 근거하여 세대 간, 세대 내에서 서로 지원해 가는 자원봉사활동은 마음이 풍요한 사회를 창출해 냄과 동시에 아동 및 청소년의 성장에도 매우 중요한 의의를 가질 뿐만 아니라 미래의 문화 창조에도 크게 기여하는 원동력이 될 것이다(류기형 외, 2006).

2) 청소년의 특성

급격하고 다양한 발달과정에 있는 청소년 시기를 잘 이겨 나가기 위해서는 가족과 지역사회 어른들의 도움이 절실히 필요한데, 이들을 제대로 돕기 위해서는 무엇보다 청소년기의 특성에 대한 올바른 이해가 우선되어야 한다.

(1) 자아정체성 확립의 위기

청소년기에 이르면 가정과 학교 및 사회를 중심으로 한 환경 속에서 자신의 참모습을 찾으려는 위기를 겪게 되며, 인간은 이러한 과정을 경험하면서 자아정체성을 확립해 나간다. 따라서 이 시기는 인생에서 그 어느 시기보다 가정, 학교, 사회의 이해와 사랑 그리고 지원을 필요로 한다. 특히 이 시기에 가정은 가장 중요한 지지체이다(백남덕, 2000).

(2) 급격한 생리 · 신체적 성장

청소년기에는 신체적으로 급격한 성장이 이루어지는데, 특히 성적인 성숙과 성의식의 변화현상이 두드러지게 나타난다. 대부분의 청소년은 자신의 신체적 변화, 특히 성적 변화에 대해 어떻게 적응해야 할지 몰라서 당황하고, 성적인 발달에의 수치심과 불안을 느끼기도 한다(오효근, 2006).

(3) 독립적이고 통합된 인격체

청소년기는 단지 과도기로서의 의미만 갖는 것이 아니라 가족으로부터 독립하고 동성과 이성의 친구를 선택하고 진로를 정하는 등의 다양한 발달과업을 수행하는 시기이다. 이러한 발달과업의 성공적인 이행 여부는 청소년을 둘러싼 환경에 의해 크게 좌우되기 때문에 청소년기는 타 세대에 비해 외적 자원이 더 절실하게 필요하다(오효근, 2006).

한편 청소년이 빈곤, 장애, 비행 등 어떠한 조건하에 있어도 차별 없이 독립적인 인격체인 동시에 존중되어야 할 사회구성원으로 인정해 주어야 한다. 즉, 청소년은 성인과 동등한 인간으로서의 권리를 가진 평등한 존재로서 존엄성이 유지될 수 있어야 하며, 개별적이고 다양한 요구를 지닌 다면적·전체적인 존재로서 인식되어야 한다(류기형 외, 1999).

(4) 성장과정

청소년은 신체적·인지적·정서적·사회적으로 변화하며 성장하는 과정 속에 있다. 특히 청소년은 현실감이 희박하고 사회적 성숙도가 낮기 때문에 청소년들이 일으키는 실수나 문제는 이 시기가 성장하는 과정 속에 있다는 사실을 감안해서 비난이나 질타가 아니라 보호와 지지를 해 주어야 한다(오효근, 2006).

(5) 반항성

청소년 시기는 반항이 심하며, 성인의 행동과 가치관, 규범, 질서에 대하여 반박하기 쉽고, 이들의 불합리성을 지적하면서 자신의 이상이나 사고를 절대화하려는 양상을 보인다. 따라서 사회의 관습이나 도덕, 규범, 질서 등에 대해서도 반항과 회의·비판을 하고, 개인적 주관이 돌발적인 행동으로 표출되어 사회나 가정에 물의를 일으키는 경우도 있다.

3) 청소년을 위한 자원봉사활동의 필요성

청소년의 건전한 성장과 육성은 가정과 학교교육에만 의존할 수 없으며 지역사회의 적극적인 개입과 참여가 동시에 이루어질 때 가능해진다. 현대사회의 핵가족화 현상과 입시 위주의 학교교육 환경은 청소년 문제를 양산해 내고 있으며, 산업사회 이전에 가족이 담당했던 보호와 지지의 기능 중 상당 부분이 사회로 이양되고 있다. 따라서 청소년들이 건강한 민주시민으로서의 공동체 생활을 체험하고 배울 수 있는 환경조성이 무엇보다 절실히 요구되고 있으며, 사회구성원 모두의 관심과 참여 없이는 청소년문제의 해결은 불가능하다.

이에 지역사회 구성원의 자발적 참여를 통해 청소년을 보호하고 건전하게 육성할 수 있도록 지원하며, 학교교육에서 소외된 청소년들을 지도하고 건전한 사회 환경을 조성해 나가는 자원봉사활동의 필요성은 아무리 강조해도 지나치지 않을 것이다.

4) 청소년를 위한 자원봉사활동의 구체적 방안

사회적으로는 청소년들을 아직 발달과정 중에 있는 미성숙한 존재로 인식하여 온전한 인격체로 인정하지 않을 뿐만 아니라 고유한 청소년기의 발달특성을 제대로 이해하지 못함으로써 사회적인 관심이나 프로그램 등에서 상대적으로 소홀해지기 쉽다. 이와 같은 이유 때문에 문제상황에 직면해 있는 청소년에 대하여 개인 차원으로만 접근하게 될 경우 근본적이며 효과적인 문제해결이 어렵게 된다. 따라서 무한한 성장가능성을 지닌 청소년들을 건전한 성인으로 성장하도록 지원하고, 청소년문제에 대하여 효과적으로 대처하기 위한 구체적인 방안에 대하여 살펴보면 다음과 같다(정규석 외, 2017).

(1) 가족 기능의 강화

가정은 청소년의 인격형성과 심신의 균형적인 성장·발달에 절대적인 영향을 미친다고 해도 과언이 아닐 정도로 중요한 지지체계이다. 청소년이 가족환경에 서 경험하는 다양한 사건들은 청소년들의 현재뿐만 아니라 이후의 성인기 삶에도 결정적인 영향을 미친다. 청소년들을 보호 및 관찰자로서 통제하려는 부모와 자신을 개인으로 규정하고 독립하려는 청소년 사이의 가정 내 갈등이 확대·심화되면서 문제행동으로 나타날 수 있다. 청소년들이 가정환경에서 경험하는 대표적인 생활사건으로는 청소년의 가출과 부모의 이혼이나 가족갈등 등이 있다. 이 중에서 청소년의 가출은 그 자체가 심각한 비행은 아니지만 가출 이후에 각종 위험환경에 쉽게 노출될 뿐만 아니라 교육기회 상실과 성비행, 폭력, 절도와 같은 비행 및 범죄에 연루될 수 있는 사건이다. 또한 이혼 가정의 청소년들은 가족해체로 인한 가족기능의 약화와 경제적 어려움을 경험하는 경우가 많다.

따라서 청소년 개개인의 특성과 욕구를 정확하게 이해하고 이들의 현재와 미래를 위한 개입 방안을 모색하는 것이 중요하다.

이를 위해서는 부모, 형제들과의 친밀하고 화목한 가족관계, 민주적이고 자율적인 가정 분위기, 그리고 성실하고 건전한 가족 가치관을 형성할 수 있도록 도와야 한다. 따라서 학교, 지역사회 관련 기관들에서는 부모교육을 강화하고, 부모의 역할과 가정기능을 강화할 수 있는 프로그램들을 실시하여 청소년들이 건전하게 성장할 수 있도록 가족기능 강화를 위해 노력하는 것이 필요하다.

(2) 지역사회 유해환경 정화

지역사회의 유해환경이나 향락산업이 청소년의 가출과 비행, 학업 중도탈락을 조장한다는 주장들이 있다(이소래, 2001). 또한 청소년에 대한 지지환경 부족, 사회적 보호체계 미약(배회, 외박 등이 가능한 환경 등), 대중문화의 확산도 청소년의 학업중단 등의 부적응 행동에 영향요인으로 작용하고 있다(이상준, 2009).

이와 같이 청소년의 비행행동에는 시·공간적으로 근접한 환경이 큰 영향을 미치기 때문에 청소년이 오래 머무르는 학교, 집 주변 등 우범지대나 유해업소 등을 파악하고 개선안을 마련하는 등의 노력이 필요하다. 최근 청소년문제에 대한 관심이 집중되면서 지역사회별로 청소년을 보호하기 위한 '좋은 교육환경 만들기', '지역사회 내 유해업소 추방하기' 등의 활동들이 활발하게 전개되고 있다(이소희 외, 2004). 또한 가정, 학교 지역사회 조직이나 기관과 긴밀한 협조체제를 구축하고 지역사회에서 활용 가능한 자원을 파악 · 확보하여 청소년들의 욕구를 충족시켜 주는 것이 필요하다. 아울러 지역사회 유해업소를 규제 · 정비함으로써 청소년의 건전발달을 지원할 수 있다.

(3) 자율적이고 창의적인 교육풍토 조성

청소년들의 활동시간 중 가장 많은 시간을 보내는 곳이 학교인 만큼 학교환경이 청소년 발달에 미치는 영향은 매우 크다. 청소년들은 학교생활 경험을 통해 자신의 미래를 설계하고 진로를 결정하기 때문에 자신의 적성에 맞는 재능을 개발하고, 민주시민으로서의 책임과 의무를 익히며, 건전하고 올바른 가치관과 인격을 함양할 수 있는 교육풍토를 조성하는 것이 무엇보다 중요하다. 이러한 중요성에도 불구하고 입시 위주의 교육과 성적 제일주의로 인해 학업 성적이 낮은 청소년들의 경우 스스로 실패자라는 좌절감을 느끼며 탈선과 비행에 빠져드는 결과를 가져오고 있다. 따라서 입시 위주의 교육제도를 개선하여 청소년 개개인의 재능과 적성을 개발시키고, 건전한 인격을 함양할 수 있는 자율적이고 창의적인 교육풍토를 조성함으로써 학교생활에서 낙오되는 청소년이 발생하지 않도록 배려하는 것이 필요하다(이소희 외, 2004).

(4) 건전한 여가문화 조성

대다수의 우리나라 청소년들은 청소년기 특성에 기인한 불안과 혼란뿐만 아니라 입시 위주의 교육제도로 인해 많은 스트레스를 받고 있다. 청소년들이 이러한 스트레스를 건전한 방법으로 분출시키지 못할 경우 곧바로 신체적 · 정신적 · 심리적 질병으로 이어지기 때문에 청소년의 건강한 성장과 발달을 저해하는 요인이 된다. 그러나 청소년들이 여가 활동에 투입하는 시간이 절대적으로 부족할 뿐만 아니라 여가 시설이나 콘텐츠 또한 매우 부족한 실정이다. 따라서 청소년들이 건전한 여가 활동을 통해 건강한 인격 및 인간관계 형성, 비행 및 탈선 예방 등의 효과를 거둘 수 있도록 다양한 청소년 여가활동 활성화 방안이 마련되어야 한다. 이를 위하여 학교문화예술교육 확대와 청소년 여가시간 확대를 위한 제도적 개선, 학교와 지역사회가 연계한 청소년 문화존 확대, 문화 · 예술 인프라의 지역 간 격차 해소 그리고 모든 청소년들이 여가생활을 누릴 수 있도록 문화예술 공연내용의 다양화와 더불어 지역 도시공간을 활용한 사회문화 예술교육의 다변화 등 청소년 여가프로그램 활성화를 위한 지속적인 노력이 이루어져야 한다(이소희 외, 2004).

5) 청소년을 위한 자원봉사활동 자세

청소년들은 자신들이 기성세대로부터 충분히 이해받지 못한다고 여기는 경향이 있기 때문에 성공적인 자원봉사활동이 되기 위해서는 대상 청소년의 특성에 맞는 활동이 이루어져야 한다. 그렇지 않을 경우 청소년들에게 도움을 주기보다는 오히려 상처를 줄 수도 있다. 따라서 청소년을 위한 자원봉사활동을 실시할 때는 청소년들이 나이가 어리다고 무시하거나 지나치게 간섭하거나 함부로 대해서는 안 되며 한 사람의 독립된 인격체로 존중하는 태도를 보여 주어야 한다. 이에 청소년을 대상으로 자원봉사활동을 할 때의 자세를 살펴보면 다음과 같다.

(1) 청소년 문화를 이해하는 눈높이 자세

청소년들은 그들만의 독특한 언어와 문화, 정서를 가지고 있으며, 또래집단과 어울리기 좋아하고 기성세대의 문화와 규칙에 대해 반항심을 가지는 경향이 있다. 따라서 그들에게 성인들의 관점과 규칙을 따를 것을 강요하기보다는 청소년 특유의 문화와 정서를 함께 공감하고 수용하는 태도를 보이는 것이 중요하다.

(2) 건강한 역할모델이 되는 자세

청소년들은 호기심과 모방성이 강하여 자신이 보고, 듣고, 경험한 것을 쉽게 배우고 따라 하는 경향이 있다. 특히 자신들과 세대 차이가 적은 대학생 멘토 자원봉사자들과 함께할 경우 청소년들은 자원봉사자의 언행과 태도, 가치관 등을 자신도 모르는 사이에 역할모델로 삼고 모방하는 경우가 많다. 따라서 청소년을 위한 자원봉사활동을 할 때에는 자원봉사자의 모든 것이 청소년들에게 모델이 될 수 있다는 점을 명심하고 주의 깊게 행동하여야 한다.

(3) 인격적인 존중의 자세

청소년을 대할 때는 하나의 인격체로서 존중해 주어야 한다. 이와 같은 태도로 청소년들을 대하게 되면 청소년의 자립심을 향상시켜 줄 뿐만 아니라 스스로 자신의 행동에 대하여 책임을 지기 위해 노력하게 된다. 그러나 자원봉사자가 청소년들에게 아직 어리기 때문에 잘 모를 것이라는 식의 태도와 행동을 보이게 되면 청소년들은 자신감이 없어지고 방어벽을 만들어 봉사자와 거리를 두게 된다.

(4) 신뢰관계 형성의 자세

자원봉사자는 청소년과의 지속적이고 꾸준한 관계형성을 통해 어른들은 믿고 신뢰할 수 있는 존재라는 것을 보여 주어야 한다. 따라서 이벤트성의 일회적인 활동이 아닌 정기적이고 꾸준한 자원봉사활동을 통해 청소년들에게 믿음과 신뢰감을 주는 것이 좋다.

(5) 재미와 즐거움을 줄 수 있는 자세

모든 자원봉사활동에서도 그러하겠지만 청소년을 대상으로 하는 자원봉사활동에서는 특히 재미와 즐거움이 무엇보다 중요한 요소라 할 수 있다. 청소년기는 감각적 흥미와 재미를 추구하는 경향이 높은 편으로서 자원봉사활동을 할때도 대상 청소년이 활동에 재미와 즐거움을 느낄 수 있는 방법과 매개체를 활용하면 훨씬 효과적인 활동이 전개될 수 있을 것이다.

(6) 미래설계 및 진로계획과의 연계 자세

자원봉사활동을 통해 청소년들이 미래에 대한 꿈과 희망을 가지고 자기 삶을 스스로 개척해 나갈 수 있는 용기와 자신감을 가질 수 있도록 도와주는 것이 중요하다. 이를 위해서는 청소년들이 자원봉사활동을 통해 자신의 미래설계와 진로계획이 연계될 수 있도록 기회를 제공해 줄 수 있어야 한다.

읽기자료

청소년을 위한 자원봉사자의 바람직한 태도

- 사랑으로 대하며, 긍정적인 초기관계를 수립하도록 한다.
- 아동 · 청소년에 대해 지속적인 관심과 이해를 가지고 대한다.
- 동정심이나 호기심 어린 시선으로 바라보지 않는다.
- 긍정적인 멘토로서의 역할을 한다.
- 심한 장난을 치거나 모욕적인 언행을 하지 않는다.
- 아동 · 청소년과 무리한 약속을 하지 않으며, 아동 · 청소년과 한 약속은 반드시 지킨다.
- 한 명에게만 지나치게 잘 대해 주는 일은 삼간다.
- 경제적인 부유함(돈, 자동차, 핸드폰, 악세사리, 카메라 등)을 자랑하거나 지나치게 드러내지 않는다.
- 자원봉사활동에 있어 아동 · 청소년과 함께 달성하고자 하는 공동의 목표선정 및 대안을 선택한다.
- 아동 · 청소년의 자기결정 의사를 존중한다.
- 아동 · 청소년의 경우 아동을 둘러싸고 있는 환경이 미치는 영향이 크므로 주변체계와의 협력체계를 구축한다.

출처: 경기도자원봉사센터(2010).

6) 청소년을 위한 자원봉사활동 프로그램

청소년을 위한 자원봉사활동 프로그램은 〈표 10-4〉와 같다.

〈표 10-4〉 청소년을 위한 자원봉사활동 프로그램

구분	종류	내용
직접적 자원봉사	상담	• 청소년 상담(전화, 면접, 인터넷). 학교상담 자원봉사 • 비행청소년 상담(법무부, 검찰청 관련)
	결연	• 소년소녀가장, 한부모가정, 시설청소년, 비행청소년 개별 결연
	교육지원	• 기능교실 지원 • 방과후 학습지도 • 청소년 자원봉사자를 위한 교육
	사회활동 지원	• 산업시찰 및 역사탐방 • 농촌활동 지도
	여가선용	• 음악, 그림, 문학, 연극, 캠프지도, 전통놀이 지도
	취업지원 서비스	• 청소년들의 직업훈련 • 직업알선 및 사회적응 훈련
	생활 및 가사지원 서비스	• 결식청소년 무료급식 • 불우청소년 도시락 및 밑반찬 배달 • 식사준비 및 취사 • 세탁, 생필품 구입, 시장 보기 등
	보호활동	• 가출청소년일시보호(쉼터) • 민간가정위탁
간접적 자원봉사	업무보조	• 시설환경정리 및 행정업무보조 • 차량지원
	시설장비	• 아동복지시설 화단 만들기 • 보일러, 수도, 놀이터 등 각종 시설 및 장비 정비 • 아동복지시설 자연학습장 만들기
	조사 · 정보 제공 및 캠페인	• 청소년유해환경 조사 · 감시 • 청소년 신문 제작 • 청소년 욕구조사 등 사회조사 • 근로청소년을 위한 음악회 개최 • 청소년유해환경 단속 및 계몽 • 불우청소년 장학금 모금을 위한 활동 • 청소년을 위한 금연, 약물남용 방지 캠페인

CHAPTER 11

노인 · 장애인을 위한 자원봉사활동

1. 노인을 위한 자원봉사활동

1) 노인의 이해

노인을 한마디로 정의하기는 어렵지만 일반적으로 노인에 대한 정의는 추상적 정의 조작적 정의로 나누어 설명한다. 추상적 정의에서 노인은 생리적 및 신체적 기능의 퇴화와 더불어 심리적 변화가 일어나 개인의 자기 기능과 사회적 역할 기능이 약화되고 있는 사람을 말한다. 그러나 이와 같은 정의는 조사연구나 복지정책의 수립과 집행과정에서 효용성은 매우 낮다. 따라서 노인에 대한 구체적이고 조작적 정의가 필요하며 크게 다섯 가지로 구분할 수 있다(장인협 외, 2006).

① 개인 스스로가 주관적으로 판단하여 노인이라고 규정하는 사람으로 개인의 자각에 의한 노인
② 노화와 관련하여 주요한 사회적 지위와 역할이 상실된 상태에 있는 사람으로 사회적 역할 상실에 의한 노인
③ 시간경과의 단위인 달력상의 나이에 의하여 일정한 연령에 도달한 사람으로 역

연령에 의한 노인(가장 보편적으로 사용하는 개념으로, 60~64세는 연소노인, 65~74세는 중고령노인, 75세 이상은 고령노인으로 구분)

④ 개인의 신체적 · 심리적 기능의 정도에 따른 구분으로 기능적 연령에 의한 노인

⑤ 발달단계에 따른 노인

2) 노인의 특성

노화란 시간이 흐름에 따라 유기체의 생물학적 · 심리적 · 사회적 측면에서 나타나는 변화로서 노화로 인한 기본적 변화와 신체적 · 심리적 특성에 대하여 다음과 같이 요약할 수 있다(서혜경, 2003).

(1) 신체적 변화

① 신체 구성성분의 변화

- 총 체수분량의 감소
- 체지방량의 증가
- 실질기능 세포량의 감소
- 뼈의 미네랄량 감소
- 소화기계의 변화(소화 효소분비 감소, 치아 탈락, 씹는 힘의 약화, 장운동 둔화)
- 순환기계의 변화(심장기능 저하, 동맥혈관의 변화, 혈액순환 장애)
- 신경계의 변화(신경계 기능 저하)
- 내분비계의 변화(내분비 기관의 위축)
- 기타(폐기능 · 신장기능 · 간기능 등의 감소)

② 신체의 변화

- 피부의 건조, 주름, 세포 수 감소
- 세포 간에 지방 축적(간이나 심장조직)
- 세포증식 능력과 조직 재생 능력 감소, 기초 대사 저하, 기관의 기능적 퇴행성

초래

- 뼈 조직의 약화
- 식욕 저하, 영양소의 소화 흡수 기능 감퇴(영양소 이용률 저하)
- 변비(소화관 운동부족)
- 심장박동수 · 심장활동지수 감소, 동맥경화, 고혈압, 뇌출혈, 심근경색, 심부전증 등의 발병 위험률 증가
- 학습능력 · 지각 · 운동기능의 감소, 신경자극 전달 능력 저하, 신체항상성 유지 능력 저하
- 호르몬 분비 저하
- 폐활량 감소, 신혈류량 · 사구체 여과율 감소
- 영양소 재흡수량 감소
- 영양소의 대사적 변화

(2) 심리적 변화

① 감각기능의 변화

- 시력: 가장 빨리 노화가 시작되는 기능은 시력의 변화이다. 40대 중반부터 원시가 시작되어 돋보기가 필요하다. 70세 이후 청색, 녹색, 보라색보다는 적색과 황색을 더 잘 구별할 수 있다. 세상이 노르스름하게 보이는 황하현상이 생길 수 있다. 따라서 노인들이 지내는 곳에는 조명을 밝게 하고 붉은 계통의 색깔을 사용할 필요가 있다. 화장실이나 식당의 문을 적색이나 황색으로 도색하면 노인들의 거동이 더 쉬워진다. 노인들은 눈의 조절능력이 저하되어 계단에서 발을 헛디뎌 추락 사고가 일어나기도 한다.
- 청력: 50세 이후 노인성 난청으로 가늘고 높은 소리는 잘 들을 수 없지만 낮고 굵은 소리는 잘 들을수 있으므로 노인들에게는 굵고 낮은 목소리로 크게 말하는 것이 좋다. 노년기에는 귀지가 많이 발생되고 귀지의 점도가 높기 때문에 제거하기 어려워 외이도를 막을 수 있고 청력 손실의 원인이 되기도 하

므로 정기적으로 귀지를 제거하여야 한다.

- 미각, 후각, 촉각, 통각: 노년기에는 미각 및 후각의 기능은 거의 변화가 없다고 할 수 있다. 촉각의 기능은 45세 이후 감퇴하는 경향을 보이고 통각도 연령의 증가에 따라 기능이 약화한다는 주장이 우세하나 과학적으로 검증되지는 못하고 있다.

② 정신기능의 변화

- 지각과정: 지각과정은 시각과 청각을 통해 들어온 정보를 해석하여 의미를 부여하고 형태를 파악하는 과정을 말하는데, 새로운 자극의 형태를 지각하는 속도는 느려진다. 그뿐만 아니라 어떤 자극이 지각되면 그 흔적이 오래 남아 있어 다음 정보의 입력을 방해한다. 노인들이 빠른 속도로 말하는 이야기를 알아듣지 못하는 것은 이런 이유 때문이다.
- 지능: 연령이 증가하면서 지능이 저하된다고 하나 그 저하비율은 심각한 것이 아니라고 한다.
- 기억력: 최근 기억력이 장기기억력보다 더 감퇴되며, 들은 것보다 본 것의 기억력이 더 감퇴되는 것으로 알려져 있다.
- 사고능력: 연령이 증가하면서 사고능력이 저하된다는 연구결과가 있으나 교육수준과 지능 등에 의해 영향을 받을 수 있어 과거의 교육수준과 지능이 높은 노인의 경우는 높은 사고능력을 유지할 수 있다.

③ 성격특성의 변화

- 우울증 경향의 증가: 신체적인 노화, 경제적 어려움, 배우자 사망, 가족과 사회로부터의 소외감, 지나온 세월에 대한 회한 등으로 우울증 경향이 증가한다.
- 내향성 및 수동성의 증가: 노화가 진행됨에 따라 사회적 활동이 감소하며 사물의 판단과 활동이 외부보다 내면으로 향하려는 경향이 나타나며, 새로운 일에 도전하려는 경향이 감소되고, 문제해결을 다른 사람의 도움을 받아 수동적으로 해결하려는 경향이 강해진다.
- 조심성의 증가: 노화로 인한 감각기능의 쇠퇴를 경험하게 되면서 조심성이 증

가하게 된다.

- 경직성의 증가: 조심성이 증가하면서 옛것을 고수하려는 보수성이 나타나 경직성의 증가를 가져온다.
- 성 역할 자각의 변화: 남성은 친밀성, 의존성, 관계지향성 등의 경향이 증가하고, 여성은 공격성, 자기주장성, 권위주의 등의 경향이 나타난다.
- 유산을 남기려는 경향: 정상적으로 노화하는 노인은 사후에 이 세상에 다녀갔다는 흔적을 남기려는 욕망이 강하게 나타나며 이를 '유산을 남기려는 갈망'이라고 부른다. 이러한 경향을 보이는 노인들은 심리적으로 매우 건강하고 적극적인 성향을 보인다.
- 의존성의 증가: 노인은 신체적 · 경제적 능력의 쇠퇴와 더불어 의존성이 증가한다. 의존성은 병리적 현상이 아니며 인생주기에 나타나는 정상적인 현상이다.
- 생에 대한 회상의 경향: 노인들은 과거의 인생을 회상하여 남은 시간에 그동안 해결하지 못한 것을 찾아서 해결하고 새로운 인생의 의미를 찾으려 한다.
- 친근한 사물에 대한 애착심: 노인이 될수록 오랫동안 사용해 온 물건과 대상에 대한 애착심이 증가한다.

3) 노인을 위한 자원봉사활동의 원칙과 준수사항

(1) 노인을 위한 자원봉사활동의 원칙

① 노인의 존엄성과 개성을 존중하여야 한다.

② 개인의 자주성과 독립성을 인정하고 존중하여야 한다.

③ 노인은 자신의 문제를 스스로 해결하고 결정할 수 있는 권리를 가지고 있다는 것을 염두에 두어야 한다.

④ 노인들에게는 복지에 대한 혜택을 받을 수 있는 권리가 있으며, 동시에 자기의 문제해결을 위한 책임과 의무를 다할 수 있도록 해야 한다.

⑤ 노인들을 도울 때에는 신체적 · 심리적 · 지적 · 사회적 · 영적인 제반 영역들을 다

같이 고려하여 도움을 주어야 한다.

⑥ 노인은 전문적인 수준에 맞는 서비스를 제공받아야 한다.

⑦ 노인은 각 시대에 독특한 욕구에 맞는 서비스를 제공받아야 한다.

(2) 노인을 위한 자원봉사활동의 준수사항

① 노인들에게 봉사활동을 할 때에는 단정한 외모와 겸손한 태도를 가지고 대하여야 한다.

② 노인들을 위한 봉사활동은 노인들의 관심사에서 출발해야 한다.

③ 노인이 원하는 욕구와 요구에 맞게 봉사활동을 해야 한다.

④ 봉사활동을 계획할 때에는 노인들과 상의하여 서로 합의하에 계획하고 실천해야 한다.

⑤ 봉사활동에 대한 한계를 분명히 하여 무리한 자원봉사활동은 삼가도록 해야 한다.

⑥ 노인들과 약속한 사항들은 꼭 지켜 신뢰받는 봉사자가 되어야 한다. 약속을 지키지 못할 경우에는 그 이유를 사전에 자세히 설명해 드려야 한다.

⑦ 봉사활동 중에 알게 된 노인에 관한 비밀을 보장해 주어야 한다.

⑧ 봉사활동을 계속하지 못할 경우에는 대상노인에게 상처를 주지 않도록 노인과의 관계를 신중하게 종결해야 한다.

⑨ 봉사활동에 대한 결과를 기록, 점검, 평가하여 참고자료들을 남겨야 한다.

⑩ 노인 분야에 관한 전문적인 지식과 기술을 습득하고, 자신의 성장을 위한 지속적인 노력을 해야 한다.

4) 노인을 위한 자원봉사활동의 기대효과

(1) 노인의 건강한 노후생활(healthy aging)

인간이 건강을 유지하는 것은 성공적인 노후생활을 준비하는 데 있어 필수조건이라 할 수 있다. 현재 사회보장제도를 통하여 노후 소득보장이 잘 되어 있는 서구 여러 나라에서는 노인의 빈곤문제보다도 건강문제에 더 큰 관심을 나타내고 있다. 이들 국가에서는 노인의 보건정책을 주로 노인성 질병에 대한 치료에 역점을 두고 있으며, 특히 허약한 노인들을 위해서는 노인전문요양병원이나 요양원 등에 입소시켜 보호하여 왔다.

그러나 이러한 방법들이 고령노인들의 건강이나 의료문제들을 근본적으로 해결하지 못하고, 오히려 사회보장 예산에서 의료비 지출만을 상승시키는 결과를 가져와 이들 국가들은 현대의 노인 건강문제를 과거의 치료 중심에서 질병예방이나 보건관리 및 건강 보호 등을 강조하는 건강증진 프로그램을 적극적으로 추진하고 있다. 또한 심신이 허약하고 병약한 노인들을 장기요양시설에 격리하여 보호하는 것보다는 노인이 살고 있는 지역사회 내에서 모든 자원들을 최대한 활용하여 가정에서 보호하는 것이 더 경제적이고 인간적인 접근이라고 생각하여 재가노인을 위한 다양한 서비스들을 제공하고 있다. 최근에는 재가노인들에게 필요한 의료장비와 의료서비스를 환자 가정에 직접 투입하여 도와주는 고도 기술의 재가노인보호나 임종간호, 가정요양보호 등을 실시하고 있어 보다 인간적이고 개별적인 재가노인서비스를 제공하고 있다.

(2) 노인의 생산적인 노후생활(productive aging)

현재 우리나라는 노인의 빈곤문제를 해결하기 위해서 기초연금제도를 실시하고 있으나, 이 제도만으로는 해마다 오르는 물가 상승이나 값비싼 의료비 등을 감당할 수 없다. 또한 이 방법은 정부의 재정 부담을 더욱 가중시킬 뿐만아니라 노인들을 사회로부터 격리시키는 결과를 가져올 수도 있다.

따라서 정부의 사회보장비도 줄이고 노인들의 근본적인 빈곤문제를 해결하는 동시에 노인의 심신건강을 유지할 수 있는 방법으로 노인들의 취업활동이나 지역사회의 봉사활동 등을 통한 생산적인 노후생활 지원방안을 모색하여야 한다. 이를 위해서 각국에서는 정년퇴직의 연령을 연장하거나, 노인들이 계속해서 일하기를 원하고 또는 일할 능력이 있는 사람들에게는 언제까지나 일을 할 수 있도록 자유정년제를 제공하고 있으며, 일단 은퇴한 노인들에게도 재취업의 기회를 제공하여 생산적인 활동을 계속할 수 있도록 권장하고 있다. 이 외에도 취업활동이 어렵거나 취업을 원하지 않는 노인들에게는 자원봉사나 학습활동 및 그 외의 사회활동 등을 통하여 의미 있는 여가활동과 생산적인 노후생활을 계속하도록 지원하고 있다.

(3) 노인의 통합적인 노후생활(integrated aging)

핵가족화로 인한 자녀와의 별거나 배우자 및 친구들의 사망, 정년퇴직 후 갖게 되는 역할 상실감과 수입 절감에서 오는 무력감이나 고독감 등은 수많은 노인들에게 사회·심리적인 고립과 소외감이라는 문제를 안겨 주고 있다. 또한 현대화과정에서 나타나는 젊은이들로의 자연스러운 사회·지리적인 이동은 더욱 더 노인세대들을 사회로부터 격리시키고 있다. 그러므로 직장에서 은퇴한 노인들은 물론이고 주부로서의 여성노인들도 가정이나 사회에서 소외되고, 고독한 나날들을 보내는 경우가 많이 있다. 이러한 노인들의 사회·심리적인 욕구를 충족시키고, 노후생활의 고독감과 소외감을 방지하기 위해서는 노인들을 사회적으로 통합시킬 수 있는 프로그램들이 필요하다.

5) 노인을 위한 자원봉사활동 프로그램

재가노인들을 위한 봉사활동서비스는 지역사회 내에 거주하는 노인들의 집이나 이용시설들을 직접 방문하여 노인 및 부양자들에게 필요한 서비스를 제공하는 사업으로서, 가정방문봉사활동, 주간보호, 단기보호, 임종간호 그리고 노인안부전화 등이 대표적인 봉사활동이라고 볼 수 있다. 시설에 입소한 노인들을 위한 봉사활동으로는 말벗, 상담, 각종 행사 돕기, 취미교실, 오락지도, 청소, 물리치료 보조, 위문활동 등 다양한 서비스를 제공할 수 있으며, 시설노인을 위한 후원자 결연사업, 재정후원, 시설장비 및 도구지원 등 다양한 프로그램을 계획하고 지원할 수 있다.

〈표 11-1〉 노인을 위한 자원봉사활동 프로그램

목표	체계	서비스	프로그램
자립기능 향상 (직접대인 서비스 프로그램)	심리적 지지	정서적 위문 서비스	• 노인에게 안부전화 걸기 • 독거노인 가정 결연사업 • 무의탁노인 가정방문사업
		심리적 자립 서비스	• 욕창 관리지도 • 인지지도 • 작업치료 • 회상치료
	사회성 증진	교육지원 서비스	• 노인대학 운영 보조사업 • 문맹노인 학습지도사업
		여가선용지도 서비스	• 노인체육지도 훈련 • 노인 취미활동 그룹지도 • 노인 특기 계발지도
		사회활동지원 서비스	• 노인 자서전 쓰기 • 독거노인 모임 • 장애노인 및 허약한 노인들의 외출 동행 • 치매노인들의 사회적응지도 훈련
	생활안정	취업지원 서비스	• 노인 취업 알선
		생활지원 서비스	• 노인 가정환경 미화 • 노인 급식지원 • 노인 목욕 • 노인 도시락 배달 • 무의탁 노인 세탁물 배달 • 이 · 미용 • 주간보호서비스
		의료지원 서비스	• 노인건강 강좌교육 • 노인진료 • 임종간호(호스피스) • 저소득 노인을 위한 진료단 조직
		보호활동	• 무의탁 장애노인 수발
간접적 자원봉사	시설지원	업무보조 서비스	• 시설환경 정리 • 차량운행 서비스
		방문활동 서비스	• 노인시설 위문공연 • 노인정 방문
	사회환경 조성	조사 · 개발 서비스	• 노인 관련 출판물 제작 • 노인 욕구조사 실시

2. 장애인을 위한 자원봉사활동

1) 장애인의 이해

장애인이라 함은 '장애를 가진 사람(people with disability)'이며, '불편한 것을 하나 또는 그 이상 지니고 있는 사람'으로 보고 있다. 장애에 대한 정의는 그 나라의 문화적·사회적·경제적·정치적 여건 및 수준에 따라 변화하고 있으며, 장애인에 대한 개념 정의도 나라마다 다르게 정리되고 있다(이병순 외, 2019).

우리나라에서 장애를 지칭하는 용어는 1981년 「심신장애자복지법」에서 '심신장애자'라는 용어를 사용하였으며, 그 후 1989년 「장애인복지법」에서는 '장애인'으로 변경되었다. 자구대로 해석하면 장애인은 '세상으로부터 막히고, 그래서 세상으로부터 벗어나 있는 사람'이라는 의미를 가지고 있다. 중국은 '잔질인', 일본은 '장해인', 서양은 과거에는 'the disabled'로 많이 사용하였으나 최근에는 'disabled people'이라는 용어를 더 선호한다. 다른 한편에서는 장애를 지칭하는 용어가 부정적이라는 문제를 제기하면서 'differently abled people'이라는 용어를 사용하는 사람들도 있다. 이처럼 장애를 지칭하는 용어는 다양하며, 다양한 용어는 다른 개념을 반영한다.

국제기구에 의한 장애에 대한 공식적인 정의는 1980년 세계보건기구(WHO)에서 채택한 정의에 의하면, 장애(disability)는 의학적 손상(impairment)의 직접적인 결과로서 발생하는 것이며, 손상된 능력이 장애를 구성한다고 하였다. 그러나 최근 들어 환경의 영향을 강조하는 추세이며, 장애는 신체적 요소와 환경적 요소와의 상호작용을 통하여 사회생활 참여를 제한하는 상태로 주목받고 있다.

우리나라 「장애인복지법」에서는 장애인이란 "신체적·정신적 장애로 오랫동안 일상생활이나 사회생활에서 상당한 제약을 받는 자"로 정의하고 있다. 따라서 장애의 정의는 신체적 또는 정신적 장애라는 의학적 원인이 존재하며, 이러한 원인에 의하여 일상생활이나 사회생활에 상당한 제약을 받고 있는 상태라는 두 가지 조건에 의하여 규정된다고 할 수 있다.

장애를 정의하는 이유는 그 사회가 사회정책을 통하여 어떤 사람들에게 어떤 서비스를 제공할 것인지에 대한 기준을 마련하기 위한 것이다. 따라서 사회적 약자에 대한 적극적인 옹호와 지원을 강조하는 사회에서는 장애를 넓게 정의할 것이고, 사회적 약자에 대한 지원이 소극적인 사회에서는 장애를 좁게 규정할 것이다. 장애개념에 대한 탐색과 장애를 정의하려는 노력은 사회적 소수자에 대하여 국가나 사회가 어떠한 관점에서 인식할 것인지, 어떤 정책적 수단을 강구할 것인지, 제공되는 서비스의 맥락은 어떠해야 하는지 등과 관련이 있다.

우리나라 장애등급제는 1987년 10월 1일에 장애인등록 시범사업을 시작으로 1988년 11월 1일부터 전국적으로 확대 실시되었으나, 장애등급제는 의학적 판정에 따른 획일적인 기준으로만 판정하며 장애인의 개별적 욕구나 어려움을 충분히 고려하는 데 한계가 있었다. 그래서 2019년 7월 1일부터 장애등급제 폐지 및 수요자 중심 장애인 지원체계를 구축하면서 장애인등급제 단계적 폐지를 위해 종전 1~6등급은 폐지하고 중증·경증으로 단순 구분됨에 따라 종전 1~3등급은 심한 장애인, 4~6등급은 심하지 않은 장애인으로 일괄 전환하였다. 그리고 서비스 종합조사를 도입하여 장애인의 복지서비스 필요도 조사, 서비스 필요 여부조사 및 지원을 하며 이는 장애인의 개별적 상황을 보다 섬세하게 고려하고 장애인 서비스 제공 기반을 강화하는 정책으로 전환하는 수요자 중심 서비스 지원을 강화하고자 하였다.

장애는 보는 관점에 따라 매우 다양하게 정의될 수 있다. 세계보건기구(WHO, 1980)에서는 장애를 ① 신체 손상(impairment: 신체구조학적·해부학적인 기능 및 심리적인 구조나 기능의 일부를 상실한 상태), ② 능력장애(disability: 기능 제약으로 인하여 나타나는 능력장애), ③ 사회적 불리(social handicap: 손상이나 능력장애로 인하여 일상생활이나 사회생활을 하는 데 제한을 받거나 지장을 초래하는 상태)의 세 가지 차원으로 제시하였다. 이후 이러한 장애개념이 더욱 확대됨에 따라 새로운 분류기준인 ICF(International Classification of Functioning, disability and health, 2001)에서는 장애를 기능과 장애(신체기능·구조와 활동·참여) 및 배경요인(환경요인, 개인요인)의 두 가지 영역으로 구분하여 정의하였다.

우리나라는 「장애인복지법」 제2조(장애인의 정의 등)에서 장애인이란 '신체적·정신적 장애로 오랫동안 일상생활이나 사회생활에서 상당한 제약을 받는 자'를 말한다. 이 법에 따른 신체적 장애란 '주요 외부 신체 기능의 장애, 내부기관의 장애 등'을 말하며, 정신적 장애란 '발달장애(지적장애와 자폐성장애) 또는 정신질환으로 발생하는 장애'를 말한다. 이들 장애의 내용을 자세히 분류하면 〈표 11-2〉와 같다.

〈표 11-2〉 장애의 분류

대분류	중분류	소분류	세분류
신체적 장애	외부 신체 기능의 장애	지체장애	절단장애, 관절장애, 지체기능장애, 변형 등의 장애
		뇌병변장애	중추신경의 손상으로 인한 복합적인 장애
		시각장애	시력장애, 시야결손장애
		청각장애	청력장애, 평형기능장애
		언어장애	언어장애, 음성장애, 구어장애
		안면장애	안면부의 추상, 함몰, 비후 등 변형으로 인한 장애
	내부기관의 장애	신장장애	투석치료 중이거나 신장을 이식받은 경우
		심장장애	일상생활이 상당히 제한되는 심장기능 이상이나 심장을 이식받은 경우
		간장애	일상생활이 상당히 제한되는 만성간질환이나 간 이식을 받은 경우
		호흡기장애	일상생활이 상당히 제한되는 호흡기관의 만성적 기능 부전
		장루 · 요루 장애	일상생활이 상당히 제한되는 장루 · 요루장애
		뇌전증장애	일상생활이 상당히 제한받는 뇌신경세포의 장애
정신적 장애	지적장애		지능지수가 70 이하인 경우
	정신장애		정신분열병, 분열형정동장애, 양극성정동장애, 반복성우울장애
	자폐성장애		일상생활이 제한되는 자폐성장애

2) 장애인 유형별 특성

(1) 신체적 장애

신체적 장애 중 먼저 외부 신체기능의 장애를 보면, 첫째, 지체장애는 사람의 몸 중에서 골격, 근육, 신경 중 어느 하나의 일부나 전체에 질병이나 외상 등으로 운동장애, 감각장애 등의 증상이 나타나게 되는 경우를 말한다. 둘째, 뇌병변장애란 뇌성마비, 외상성 뇌손상, 뇌졸중 등 뇌의 기질적 병변으로 인하여 발생한 신체적 장애로 보행이나 일상생활의 동작 등에 상당한 제약을 받는 경우를 말한다. 셋째, 시각장애란 시각기능의 현저한 저하 또는 소실에 의해 일상생활 또는 사회생활에 제약이 있는 경우를 말하는 것으로 시력감퇴에 의한 시력장애와 시야결손에 의한 시야결손장애로 구분한다. 넷째, 청각장애는 청력장애와 평형기능장애로 구분된다. 청력장애란 한 귀나 두 귀의 청력을 전부 또는 일정 데시벨(db) 이상 잃은 것이며, 평형기능장애란 청력기능의 손상으로 신체의 평형기능에 장애가 있어 생활에 불편이 따르는 경우를 말한다. 다섯째, 언어장애란 음성기능이나 언어기능에 영속적으로 상당한 장애가 있는 경우로 선천적 혹은 후천적 원인으로 의사소통과정에 문제가 생겨 언어습득 및 발달에 지장을 초래한 경우를 말한다. 여섯째, 안면장애는 안면 부위의 변형이나 기형으로 사회생활에 상당한 제약을 받는 경우를 말한다.

한편 내부기관의 장애로, 첫째, 신장장애는 신장의 기능부전으로 인하여 혈액투석이나 복막투석을 지속적으로 받아야 하거나, 신장 기능의 영속적인 장애로 인하여 일상생활에 상당한 제약을 받는 경우를 말한다. 둘째, 심장장애란 심장의 기능부전으로 인한 호흡곤란 등의 장애로 일상생활에 상당한 제약을 받는 경우를 말한다. 셋째, 간장애는 간의 만성적 기능부전과 그에 따른 합병증 등으로 인한 간기능의 장애로 일상생활에 상당한 제약을 받는 경우를 말한다. 넷째, 호흡기장애란 폐나 기관지 등 호흡기관의 만성적 기능부전으로 인한 호흡기능의 장애로 일상생활에 상당한 제약을 받는 경우를 말한다. 다섯째, 장루·요루장애는 배변기능이나 배뇨기능의 장애로 인하여 장루 또는 요루를 시술하여 일상생활에 상당한 제약을 받는 경우를 말한다. 여섯째, 뇌전증장애는 뇌전증에 의한 뇌신경세포의 장애로 인하여 일상생활이나 사회생활에 상당한 제약을 받아 다른 사람의 도움이 필요한 경우를 말한다.

(2) 정신적 장애

정신적 장애 중, 첫째, 지적 장애란 정신발육이 항구적으로 지체되어 지적 능력의 발달이 불충분하거나 불완전하고 자신의 일을 처리하는 것과 사회생활에 적응하는 것이 상당히 곤란한 경우로, 지능지수가 70 이하인 경우를 말한다. 지적장애인은 동기유발 부족, 의존적인 경향, 부정적 자아개념, 말과 언어의 지체, 주의집중력 및 단기기억력 부족, 적응능력의 부족 등의 특성을 갖는다. 둘째, 정신장애는 지속적인 양극성 정동장애(여러 현실 상황에서 부적절한 정서반응을 보이는 장애), 조현병, 조현정동장애 및 재발성 우울장애에 따른 감정조절 · 행동 · 사고기능 및 능력의 장애로 인하여 일상생활이나 사회생활에 상당한 제약을 받아 다른 사람의 도움이 필요한 경우를 말한다. 셋째, 자폐성장애는 소아기 자폐증, 비전형적 자폐증에 따른 언어 · 신체표현 · 자기조절 · 사회적응 기능 및 능력의 장애로 인하여 일상생활이나 사회생활에 상당한 제약을 받아 다른 사람의 도움이 필요한 경우를 말한다.

자폐성장애는 발달의 전 영역에 걸쳐서 장애가 일어나는 질환으로, 첫째, 대인관계의 형성이 일어나지 않으며, 둘째, 언어의 발달이 일어나지 않거나 발달의 심각한 지연이 있으며, 셋째, 상동증, 과잉운동증, 공격적인 행동, 자해적인 행동 등의 행동장애가 동반되는 특징이 있다.

3) 장애인을 위한 자원봉사활동의 필요성

장애인은 여러 가지 문제로 일상생활이나 사회생활에 어려움을 겪고 있다.

특히 학교나 직장, 병원에 갈 때에도 혼자 다닐 수 없거나 교통을 이용한다는 것은 생각조차 할 수 없을 만큼 이동권이 제한되어 있고, 편의시설도 잘 마련되어 있지 않아 생활에 많은 제약이 뒤따른다. 3년마다 실시되는 장애인실태조사에 따르면 장애인의 사회활동은 증가하여 거의 매일 외출하는 비율도 증가하고 있지만, 이와 함께 교통수단 이용 시 어려움이 있다는 비율도 증가하여 이동권확보를 위한 정책방안이 하루빨리 마련되어야 한다(고재욱, 2020).

장애인들은 장애정도나 상황에 따라 일부 또는 전적으로 남의 도움을 받아야 생활할 수 있다. 이러한 어려움 외에도 장애인들은 대부분이 교육 수준이 낮고, 취업률이 낮아 경제적으로 열악한 상태에 있다. 이와 같은 여러 요인들로 인해서 장애인들은 건강, 생활 그리고 정서상 많은 문제와 불편을 갖게 되고, 그들의 기능도 또한 점차 저하된다. 따라서 장애인의 생활 여건 및 기능의 향상을 위한 제도적인 변화와 함께 그들이 사회에서 잘 적응할 수 있도록 조력하고 지속적인 관심을 갖는 것이 필요하다. 자원봉사자의 활동은 바로 이러한 측면에서 필요성이 강조되는 것이다(오효근, 2006). 이런 점에서 장애인을 위한 자원봉사활동은 결함, 무능력, 사회적 불리 등의 문제를 정상상태로 전환시키기 위해 재활, 정상화, 사회통합 등의 프로그램이나 서비스를 제공하는 데 참여하는 것을 의미한다.

하지만 우리나라는 아직까지 장애인에 대한 부정적인 정서가 여전히 남아 있고, 물리적 장벽 또한 매우 높다고 할 수 있다. 장애의 원인으로 후천적 장애가 90%를 차지하고 있음에도 불구하고, 비장애인들은 아직도 본인은 장애로부터 자유롭다는 생각을 하고 있는 것이 일반적이다. 하지만 현대사회에는 산업재해, 각종 질병, 영양실조, 각종 사고 등 사회적인 위험요소가 우리 주위에 늘 산재해 있어 장애인의 문제는 더 이상 타인의 문제가 아니라 우리 자신의 문제가 될 수도 있다.

장애인에 대한 시각의 차이는 장애인을 대상으로 하는 자원봉사활동에 참여하다 보면 바뀌는 경우가 많다. 이런 저런 이유로 장애인들과 가까이서 서로를 느끼고 경험하다 보면 비장애인들이 막연히 가지고 있던 두려움과 장애인을 기피하던 사고에 변화가 생겨서 장애인들을 보다 잘 이해하고 도움을 제공할 수 있게 된다. 장애인은 신체적·정신적으로 다소 불편한 존재지 차별해야 할 대상이 아니다. 「장애인복지법」 제3조(기본이념)에서도 "장애인복지의 기본이념은 장애인의 완전한 사회 참여와 평등을 통해 사회통합을 이루는 데 있다."라고 하여 장애인들도 비장애인과 똑같은 인격을 가진 존재이며, 사회구성원으로 서로 존중하고 더불어 살아가야 할 존재라는 것을 강조하고 있다. 장애인을 위한 자원봉사활동은 장애인의 완전한 사회 참여와 평등을 위한 사회통합에 필요한 활동이다.

4) 장애인을 위한 자원봉사자의 역할

자원봉사는 사회문제 해결의 역사이고, 공동 연대의식에 기초한 나눔과 헌신의 가치에서 시작한 숭고한 활동이며, 자발성, 무보수성, 공익성이라는 기본적인 특성을 가지고 있다. 전통적인 돕는 활동이 이제는 몇 개의 역할로 통합되어 전통적 서비스 활동, 변화 및 변호 활동, 시민 참여 활동, 정책 결정에의 관여, 자조 활동, 모금, 후원 활동 등으로 분류할 수 있다. 이러한 역할을 장애인을 위해 돕는 역할로 구분하면, 첫째, 장애인의 재활·자립과 그 가족을 지원하는 역할, 둘째, 장애인 시설, 단체 및 종사자를 지원하는 역할, 셋째, 자원으로서 스스로 개발하고 조직하여 활성화하는 역할, 넷째, 장애인의 대변자로서의 역할, 다섯째, 정부의 장애인 정책, 제도, 사회 환경을 개선하는 역할이 필요하다(이병순 외, 2019)

5) 장애인을 위한 자원봉사자의 자세

장애인을 대상으로 하는 자원봉사자의 자세는, 첫째, 장애인을 돕는다는 것을 의식하지 말고 자연스럽게 행동하며, 장애인을 획일화하지 말고 각기 독특한 개성을 가진 인격체라는 사실을 인식하여야 한다. 둘째, 장애인을 도우려 할 때는 먼저 물어보아야 한다. 아무 말도 없이 몸에 접촉하거나 휠체어를 미는 것은 실례이다. 셋째, 장애보다 인간에 더 큰 비중을 두는 시각이 필요하다. 넷째, 동정어린 태도는 피하고 필요할 때는 가벼운 마음으로 도우며, 활동의 기준은 장애인의 재활과 자립에 두어야 한다. 다섯째, 장애인의 요구를 무조건 들어주기보다 명확한 기준에 입각하여 행동해야 하며, 지속적인 활동을 위해서는 새로운 정보 획득이 필요하다.

장애인 대상 자원봉사활동 시 유의사항으로는, 첫째, 장애인을 보았을 때 주춤하거나 유심히 바라보지 말며, 장애인이라는 의식 없이 매우 자연스러운 기분으로 대해야 한다. 둘째, 장애인에게 과잉보호, 과잉염려, 과잉친절, 동정, 자선은 금물이며, 신체의 가장 큰 결함에 대해 농담이나 흉내 내는 것은 절대로 해서는 안 된다. 셋째, 장애인은 신체가 불편할 뿐 대등한 대우를 받기를 원한다. 또한 그들의 능력 중에는 장애가 없는 사람보다 뛰어난 것이 있다는 것을 명심해야 한다. 넷째, 장애유형별 특성을 고려하여 행동해야 하며, 적절한 호칭을 사용하여야 한다.

〈표 11-3〉 장애인에 대한 올바른 호칭

잘못된 호칭	올바른 호칭	장애인을 기준으로 장애를 갖지 않은 사람 호칭
장애자	장애인	비장애인
봉사, 장님, 눈먼 사람	시각장애인, 맹인	정안자
절름발이, 앉은뱅이	지체장애인	비장애인
벙어리, 귀머거리	언어장애인, 청각장애인	건청인
바보, 멍청이	지적장애인	비장애인

읽기자료

어느 장애인의 요구

장애를 문제라고 생각하지 말아 주세요.

장애를 개성이라고 생각해 주세요.

장애를 결점이라고 생각하지 말아 주세요.

나의 능력이 없는, 보통이 아니라고 생각하는 사람은 당신입니다.

나는 망가지지 않았습니다.

그렇기 때문에 저를 고치려 하지 마세요.

도와주세요.

나만의 방법으로 지역에서 할 수 있는 여러 가지 일들을 해 나갈 수 있습니다.

묵묵히 제가 할 수 있는 행동을 지켜봐 주세요.

좀 더 잘할 수 있다고 해서 제가하는 일에 참견하지 말아 주세요.

나에 대해서 어떤 이론을 세우거나 대책을 강구하지 마세요.

도움이 필요한지 아닌지 물어봐 주세요.

제일 좋은 방법을 제가 당신에게 가르쳐 주겠습니다.

서두르지 말고 천천히 기다려 주세요.

당신이 부적절하다고 생각하는 나의 행동은 내가 할 수 있는 유일한 방법이며 당신과 이야기하고 싶어 하는지도 모릅니다.

같이 행동하기로 해요.

그래서 일이 잘 안될 경우에는 우리 서로 반성해요.

나를 관리하지 마세요.

나는 충분히 인간으로 힘을 가지고 있습니다.

당신이 부적응이나 잘 모를 거라고 생각하는 나의 행동은 내 생활 나름대로 해 나가기 위해서 내가 할 수 있는 유일한 방법입니다.

솔직히 말하고 있는 나에게 예의 바르게 하라고 간섭하지 말아 주세요.

나를 지키기 위해서 "노"라고 말할 권리가 나에게도 있습니다.

불쌍한 사람에게 좋은 일을 한다고 생각하지 말아 주세요.

자기만족을 위해서 우리를 이용하는 사람에게 반대해서 같이 싸워 주세요.

우리들이 되려고 하지 말아 주세요.

우리는 친구 이상입니다.

나를 잘 알아 주세요.

우리는 친구가 될지도 모릅니다.

기분이 좋아질 거라 생각하고 나를 도와주려고 하지 말아 주세요.

내가 열심히 살아간다고 해서 칭찬하지 말아 주세요.

인간은 누구나 그렇게 열심히들 살아가기에 칭찬할 필요가 없습니다.

당신은 나와 같은 인간입니다.

다른 사람에게 그렇듯이 너도 존경해 주세요.

명령하거나 교정하거나 지도하지 말아 주세요.

내가 하는 말을 잘 듣고 이해해서 나를 지원해 주세요.

그리고 부족한 부분을 채워 주세요.

내 위에서 일하지 말아 주세요.

나와 함께 일해 주세요.

– 캐나다 피플퍼스트 행사에서 어느 장애인이 쓴 시

6) 장애인을 위한 자원봉사활동 프로그램

장애인을 위한 자원봉사활동은 아동부터 청소년, 노인에 이르기까지 연령층이 매우 다양하고, 개인별 장애 유형에 따라서 특성도 다르다. 또한 개별적 욕구 또한 다양하게 나타나므로 자원봉사자는 이러한 사항에 유의하여 상황과 특성 등을 고려한 적절한 도움을 줄 수 있도록 준비하여야 한다. 이처럼 장애인을 위한 봉사활동에는 책임감이 더욱 요구된다고 할 수 있다.

장애인을 위한 자원봉사활동 프로그램을 살펴보면 〈표 11-4〉와 같다.

〈표 11-4〉 장애인을 위한 자원봉사활동 프로그램

구분	분야	프로그램
자립기능향상 (직접 서비스)	정서적 위문	• 동료상담 • 재활전화상담
	심리적 자립	• 발달장애인 친구 되기
	사회활동지원	• 발달장애인의 대중교통 이용지도 및 보조 • 발달장애인의 지역사회시설 이용지도 및 보조 • 언어소통을 위한 수화 통역 • 외출동행 및 중증장애인 나들이 보조 • 차량지원 • 특수학교 장애아동 통학 보조
	교육지원	• 장애아동 학습보조 및 학습지도 • 장애인 컴퓨터교육 • 시각장애인 이동훈련 보조
	여가선용	• 장애아동 발달을 위한 학예활동지도 • 체육활동지도 • 현장학습보조 • 여가선용보조
	취업지원	• 구인/구직 개척 • 구직장애인을 위한 직업상담 • 작업지도 및 보조 • 장애인 직업재활을 위한 욕구분석 보조 • 취업 알선 및 사후지원 • 고용홍보 보조
	생활지원	• 목욕 보조 및 이 · 미용 • 반찬지원 • 가사활동지원
	보호활동	• 장애아동 돌보기
	의료지원	• 순회 진료 • 언어치료 보조

사회적 지지 (간접 서비스)	업무보조	• 관련 시설 · 단체 업무 보조 • 시각장애인을 위한 녹음서 제작 보조 • 시각장애인을 위한 도서 전산화 • 장애아동 학습증진을 위한 학습자료 제작 보조 • 전국 장애인 체육대회 보조 • 후원자 개발 · 관리 보조
	기술지원	• 설비 · 장비 보수 및 환경 관리
	조사 · 개발	• 장애인 관련 조사 연구 사업 보조
	캠페인	• 장애인 관련 각종 행사

사례

발달장애인 대상 개별맞춤 학습지원 자원봉사활동

1. 기간

2019년 1~12월

2. 사업 목적

- 발달장애인의 개별맞춤 학습으로 기초적인 학습수준 향상 지원
- 발달장애인에 대한 장애인식 개선 및 자원봉사를 통한 공동체 의식 함양

3. 참여대상

발달장애인 5명, 자원봉사자 5명

4. 장소

○○장애인종합복지관 직업적응훈련실

5. 프로그램 내용

개별맞춤 1:1 학습지원(한글, 산수)

6. 세부내용

활동구분	장소	활동인원	세부내용
접수	사무실	자원봉사자 5명	• 사업소개, 자원봉사 신청서 작성
오리엔테이션 및 교육	프로그램실	자원봉사자 5명	• 자원봉사활동 교육 • 장애의 이해
매칭	프로그램실	발달장애인 5명 자원봉사자 5명	• 자기소개 • 자원봉사활동 유의사항
활동	프로그램실	발달장애인 5명 자원봉사자 5명	• 발달장애인 개별수준을 고려한 학습지 준비 • 학습지도 활동(주 1회, 2시간)
평가	프로그램실	발달장애인 5명 자원봉사자 5명	• 자원봉사활동 애로사항 • 참가자 활동소감 및 평가 공유

출처: ○○장애인종합복지관.

CHAPTER 12

다문화가족 · 지역사회를 위한 자원봉사활동

1. 다문화가족을 위한 자원봉사활동

1) 다문화가족의 이해

다문화가족이란 한국인과 외국인이 혼인하여 구성한 가족을 지칭하는 것으로 우리와 다른 민족 혹은 우리와 다른 문화적 배경을 지닌 사람들로 구성된 가족 공동체를 의미한다(이근홍, 2019).

다문화가족의 증가에 영향을 미치는 요인들은 대개 세계화, 노동력의 수요공급요인, 결혼이주여성 및 남북관계로 볼 수 있다(최현미 외, 2012). 세계화의 측면에서 보면, 세계화로 인하여 국가 간의 장벽이 무너지고 자본, 노동, 인구 등의 이동이 자유롭게 이루어지면서 다문화가족이 증가하고 있다. 노동력의 수요공급요인으로는 우리나라의 경제적 위상이 높아지면서 우리나라보다 경제적 수준이 낮은 나라의 노동자들이 일자리를 찾아오고 있으며, 우리나라의 많은 기업들, 특히 중소기업들이 노동력이 부족하여 저임금의 외국인근로자들의 유입을 필요로 하면서 국내에 체류하는 외국인근로자가 급증하면서 다문화가족이 증가하고 있다.

우리나라의 남성들이 내국인과의 혼인이 어려운 경우 중국, 베트남, 필리핀, 캄보디아 등의 외국인 여성과 혼인을 하는 경우가 점차 늘어나면서 결혼이주여성이 증가하면서 다문화가족이 증가하고 있다. 북한이 경제적으로 어려워지면서 북한에서 이탈하는 주민이 점차 증가하게 되고, 이러한 주민들을 우리나라에서 적절한 처우를 해 줌에 따라 남북이 분단된 이후 75년 동안 서로가 왕래를 하지 않으면서 다른 문화권을 형성해 온 북한이탈주민이 증가하게 되어 다문화가족이 더욱 증가하고 있다. 다문화가족이 지속적으로 증가하면서 그동안 여성가족부가 다문화가족의 실태를 조사하여 왔으며, 2018년 전국다문화가족실태조사에 따른 다문화가구의 특성을 살펴보면 다음과 같다 (최윤정 외, 2019).

(1) 다문화가족의 인구학적 특성

2018년 실태조사에 따르면 전국의 다문화가구는 306,995가구로 추정되는데, 결혼이민자 가구가 전체의 85.7%를 차지하고 있으며, 기타 귀화자 등 가구가 14.3%인 것으로 나타났다. 이것을 읍 · 면 · 동별로 구분해 보면, 동이 76.7%, 읍 · 면이 23.3%로서 동에 거주하는 경우가 3배 이상 많은 것으로 나타났다.

이것을 지역별로 살펴보면, 경기도가 28.7%로 가장 많으며, 서울 20.4%, 인천 6.5%, 경남이 6.2%, 충남 · 세종 5.4%, 경북 4.8%, 부산 4.2%, 전북 3.7%, 충북 3.2%, 대구 3.0%, 강원 2.4%, 광주 2.1%, 대전과 울산이 각각 2.0%, 제주 1.4%의 순이었다. 이와 같이 서울, 경기, 인천 등의 수도권 지역에 전체의 55.6%가 거주하고 있다.

다문화가구의 평균가구원 수는 2.9명이었으며, 2인 가구가 27.7%로 가장 많고, 3인 25.8%, 4인 19.7%, 5인 이상 12.3%, 1인 14.5%의 순이었다.

부부와 자녀로 이루어진 핵가족의 비중이 51.0%로 가장 많고, 부부+자녀+부모형제로 이루어진 확대가족의 비중도 10.6%에 달하고 있다. 전체 다문화가구 중 12.8%가 한부모가구인 것으로 나타났으며, 등록장애인 가구원이 있는 가구는 5.8%인 것으로 나타났다.

(2) 다문화가족의 자녀양육과 취학

다문화가구의 평균 자녀 수는 0.95명이며, 평균 연령은 8.3세이다. 연령별로 보면, 6세 미만 영유아가 39.0%, 6~11세 38.2%, 12~14세 8.6%, 15~17세 5.8%, 18세 이상 8.3%이었다. 5세 이하 미취학 자녀 중 76.0%가 어린이집이나 유치원에 다니고 있으며, 어린이집이나 유치원에 보내지 않은 채 양육수당을 받고 있는 가구의 비율은 20.2%이고, 어린이집이나 유치원에 보내지 않으면서 양육수당을 받지 않는 가구는 3.0%이었다.

다문화가구 자녀의 취학률은 초등학교가 98.1%, 중학교 92.8%, 고등학교 87.9%로서 우리나라의 전체학생 취학률인 초등학교 97.4%, 중학교 97.9%, 고등학교 92.4%에 비하여 초등학교를 제외한 중학교와 고등학교의 진학률이 다소 낮은 것으로 나타났다. 한편 전체 저학년 자녀의 53.4%가 혼자 방치되는 시간이 있는 경우가 있으며, 그중에서 1~2시간이 전체의 32.4%로 가장 많고, 3~5시간은 19.8%인 것으로 나타났다(교육부, 2018).

(3) 다문화가족의 주거 및 경제상태

다문화가구의 주거유형은 단독주택이 40.9%로 가장 많으며, 아파트 37.5%, 다세대주택 13.7%의 순이었다. 자기 집에 거주하는 비율은 45.8%이었으며, 보증금이 있는 월세 30.0%, 전세 17.6%로 나타났다. 지역별로 살펴보면, 동이 단독주택 34.5%, 아파트 40.6%, 다세대주택 16.2%였으며, 읍·면이 단독주택 61.6%, 아파트 27.3%, 다세대주택 5.7%였다.

다문화가구의 월평균 가구소득은 200~300만 원 미만이 26.1%로 가장 많으며, 100~200만 원 미만이 22.4%, 300~400만 원 미만이 20.1%의 순으로 나타났다. 이것은 2018년 도시근로자가구(4인) 월평균소득 617만 원에 비하면 너무 적은 수준이라 할 수 있다(통계청, 2019). 한편 다문화가구 중 국민기초생활보장 수급가구는 전체의 5.7%로서 우리나라 전체 수급자비율 3.1%에 비하여 많은 것으로 나타났다(보건복지부, 2018). 이것을 가구유형별로 보면 결혼이민자가 5.8%, 기타귀화자가 5.2%이며, 지역별로 보면 동이 5.9%, 읍·면이 5.1%로 나타났다.

2) 결혼이민자 · 귀화자의 이해

2018년 전국다문화가족실태조사에 따른 결혼이민자·귀화자의 특성을 살펴보면 다음과 같다(최윤정 외, 2019).

(1) 결혼이민자 · 귀화자의 인구학적 특성

결혼이민자·귀화자의 비율을 보면 결혼이민자 85.2%, 기타귀화자 14.8%이며, 성비는 여성이 82.7%, 남성이 17.3%를 차지하고 있다. 연령별로 보면, 만 29세 이하 19.6%, 30대 35.1%, 40대 23.7%, 50대 15.0%, 만 60세 이상은 6.5%이었다. 교육수준은 고등학교 졸업이 43.6%로 가장 많았으며, 중학교 졸업 27.6%, 대학 졸업 이상 15.6%, 초등학교 졸업 이하 13.2%의 순이었다.

혼인상태로는 배우자 있음이 73.5%, 이혼·별거 16.4%, 사별 4.8%, 미혼이 5.2%이었다. 이혼·별거의 사유로는 성격차이가 52.0%로 가장 많으며, 경제적 문제 12.6%, 학대·폭력 8.6%, 외도 등 애정문제 8.4%의 순이었다. 국내 거주기간을 보면, 10년 미만이 39.4%로 가장 많으며, 10~15년 미만 33.0%, 15년 이상 27.6%로서 전체의 60.6%가 10년 이상 국내에 거주하고 있는 것으로 나타났다. 국적으로는 중국(한국계) 31.1%, 베트남 23.4%, 중국 19.3%, 필리핀 6.2%, 미주·유럽·대양주 4.7%, 일본 4.2%, 러시아 2.1%의 순이었다.

(2) 결혼이민자 · 귀화자의 문화적 차이 경험

배우자가 있는 결혼이민자·귀화자에게 문화적 차이를 경험한 적이 있는가에 대한 질문에서 문화적 차이를 경험했다는 응답이 전체의 55.9%를 차지하고 있으며, 문화적 차이를 느낀 적이 없다는 응답이 44.1%였다. 문화적 차이를 느낀 적이 없다는 응답자를 성별로 보면, 여성이 39.5%, 남성이 67.9%였다. 문화적 차이를 경험한 정도는 혼인기간과 거주기간이 짧을수록 높게 나타났다. 특히 한국 생활을 시작한 지 얼마 되지 않은 초기에 부부관계에서 문화적 차이를 더 많이 느끼고 있었다.

한편 부부갈등의 원인을 보면, 성격차이가 54.8%로 가장 많은 부분을 차지하고 있으며, 자녀교육·행동문제 24.1%, 경제문제 22.0%, 언어소통의 어려움 21.0%, 가치관의 차이 18.1%, 음주문제 10.1%, 배우자 가족과의 갈등 8.9%의 순으로 나타났다. 우리나라에서 생활하면서 외국인이라는 이유로 차별이나 무시를 당한 적이 있는지를 질문한 결과 30.9%가 있다고 응답하였으며, 차별을 받은 자 중에서 직장·일터에서 지난 1년간 차별을 받은 경험이 있는 사람이 76.9%였으며, 집이나 공공기관에서 차별을 받은 적이 있는 사람은 20.0%였다.

(3) 결혼이민자 · 귀화자의 자녀양육의 어려움

결혼이민자·귀화자의 자녀양육의 어려움으로는 5세 이하의 자녀는 본인이 아플 때 자녀를 돌봐 줄 사람을 찾기 어려워서가 26.9%로 가장 많으며, 자녀에게 한국어를 직접 가르치기 어려워서 26.3%, 배우자나 다른 가족과의 의견 차이 12.8%, 어린이집·유치원·학교에 대해 잘 몰라서 9.1%의 순이었으며, 어려움이 없다는 응답은 21.8%였다. 6~24세 자녀를 양육하는 부모들이 느끼는 어려움은 자녀의 학업, 진학, 진로 등에 관한 정보 부족이 47.1%로 가장 많으며, 교육비, 용돈 등 비용부담 40.9%, 게임·스마트폰·인터넷 사용 등에 대한 자녀와의 갈등 25.1%, 자녀와의 대화 부족 16.3%, 학부모회 등 학부모활동참여의 어려움 14.9%로 나타났으며, 자녀양육에 어려움이 없다는 응답은 12.8%였다.

(4) 결혼이민자 · 귀화자의 한국생활의 어려움

결혼이민자·귀화자가 한국생활에서 직면한 어려움으로는 경제적 어려움이 26.2%로 가장 많으며, 외로움 24.1%, 언어문제 22.3%, 생활방식·관습·음식 등 문화차이 19.6%, 자녀 양육 및 교육 19.0%, 가족 간의 갈등 8.0%, 편견과 차별 7.4%, 친구 사귀기 7.1%, 은행·시청 등 기관이용 6.2% 등으로 나타났다.

결혼이민자의 경우에는 경제적 어려움이 25.6%로 가장 많으며, 외로움 25.4%, 언어문제 25.0%, 생활방식·관습·음식 등 문화차이 20.7%, 자녀 양육 및 교육 20.4%, 가족 간의 갈등 8.8%, 친구 사귀기 7.4%, 편견과 차별 7.3%, 은행 · 시청 등 기관이용 6.7%였다.

기타귀화자의 경우에는 경제적 어려움이 29.3%로 가장 많은 부분을 차지하고 있으며, 외로움 16.2%, 자녀 양육 및 교육 10.9%, 생활방식 · 관습 · 음식 등 문화차이 8.0%, 편견과 차별 8.0 %, 언어문제 6.2%, 친구 사귀기 5.0%, 가족 간의 갈등 3.9%, 은행 · 시청 등 기관이용 3.4%였다. 한편 한국생활에서 어려움이 없는 경우는 29.9%였으며, 결혼이민자가 26.6%, 기타 귀화자가 48.7%였다.

(5) 결혼이민자 · 귀화자의 경제활동

결혼이민자 · 귀화자의 경제활동참가율은 69.5%이며, 비경제활동인구의 비율은 30.5%였다. 이것을 연령별로 보면, 40대 이하의 경제활동참여율은 전체 국민보다 낮은 반면 50대 이상 연령층은 전체 국민보다 결혼이민자 · 귀화자의 경제활동참가율이 더 높은 것으로 나타나고 있다. 취업 중인 결혼이민자 · 귀화자 가운데 단순노무 종사자가 전체의 27.9%로 가장 높았으며, 서비스종사자 17.0%, 장치 · 기계 조작 및 조립 종사자가 13.8%, 전문가 및 관련 종사자 10.7%, 기능원 및 관련 기능 종사자가 10.2%, 사무 종사자 6.0%의 순이었다.

종사상 지위를 살펴보면, 상용근로자가 42.3%로 가장 높았으며, 임시근로자 21.4%, 일용근로자 18.5%, 자영업자 11.1% 등의 순이었다. 결혼이민자 · 귀화자의 월평균임금은 150~200만 원 미만이 25.3%로 가장 높게 나타났으며, 100~150만 원 미만 22.3%, 200~300만 원 미만 20.0%, 300만 원 이상 8.09% 순이었으며, 한국에서 일하면서 느끼는 어려움에 대해서는 42.8%가 어렵다고 응답하였다.

(6) 결혼이민자 · 귀화자의 지원서비스의 이용경험

결혼이민자 · 귀화자의 가족생활과 관련된 각종 지원 서비스를 이용해 본 적이 있는 경우가 전체의 60.9%였으며, 이용하지 않은 경우는 39.1%였다.

이러한 경험 중에서 한국어 또는 한국사회 적응교육 참여가 51.8%로 가장 많았으며, 임신 · 출산 지원 45.5%, 가정방문을 통한 각종 지원 44.0%, 일자리 교육 · 일자리 소개 32.9%, 각종 상담 27.5%, 자녀생활 및 학습지원 23.3%, 부모교육 21.2%, 아이돌보미 지원 17.4%, 통번역서비스 지원 15.5%, 자녀의 언어발달지원 · 이중언어교육 15.1%, 사회활동지원(자조모임 등) 13.0%의 순이었다. 한편 결혼이민자 · 귀화자의 지원서비스에 대한 요구는 일자리교육 · 일자리 소개가 가장 많았으며, 한국어 및 한국사회 적응교육, 가정방문을 통한 각종 교육, 각종상담의 순으로 나타났다.

3) 다문화가족의 문제

(1) 빈곤문제

다문화가족은 소득이 너무 적어 생활하기에 어려움이 많으며, 자녀의 사교육비를 충당하거나 문화적인 생활을 하기에 매우 부족한 수준이다. 특히 월평균 300만 원 미만 가구가 전체의 48.5%로서 과반수 정도를 차지하고 있으며(최윤정 외, 2019), 이것은 2018년 기준 중위소득(4인) 452만 원보다 훨씬 적은 금액이어서 최소한의 문화적인 생활을 영위하는 데 상당한 어려움으로 존재하고 있다. 특히 결혼이민자의 배우자가 일정한 직업이 없거나, 소유하고 있는 재산이 적거나, 혼인 이전에 상당한 부채를 안고 있는 경우에는 빈곤의 문제가 더욱 심각하다(김오남, 2008). 빈곤문제는 부부갈등, 가정폭력, 이혼, 자녀교육과 양육의 어려움 등의 사유가 될 수 있기 때문에 다문화가족이 경험하는 가장 심각한 문제 중의 하나이다.

(2) 의사소통의 문제

다문화가족에서 결혼이민자나 기타귀화자의 경우에는 배우자나 가족과의 의사소통에 가장 큰 어려움이 있으며, 생활습관, 관습, 가치관 등의 차이로 다른 가족이나 지역주민과의 공동생활에서도 어려움이 존재하고 있다. 의사소통의 어려움은 자녀교육과 자녀양육의 어려움, 가정폭력 · 학대 · 별거 · 이혼 등 심각한 부부문제를 야기하는 계기가 될 수 있다. 여성결혼이민자의 배우자는 아내가 내 마음을 알아 주겠지 하고 기대하는 데 익숙한 편이어서 아내에게 일일이 설명할 필요성을 알지 못하는 현실이 문제를 더욱 심각하게 하고 있다(김오남, 2008). 의사소통의 어려움은 직업생활을 어렵게 하여 가족의 경제상태를 악화시키는 요인이 되고 있으며, 외로움과 가족 간의 갈등의 원인이 되기도 한다.

(3) 자녀교육과 양육의 문제

결혼이민자와 기타귀화자들은 자녀양육 방법과 교육제도의 이질감 등으로 자녀교육과 양육에 상당한 어려움을 경험하고 있다(이근홍, 2019). 즉, 결혼이민자와 배우자는 서로 문화적 배경이 달라 자녀에 대한 양육방법과 가정교육 관념도 다를 수 있어 이러한 상황하에서 서로 간에 의견 충돌이 일어날 수 있으며, 이러한 것들이 자녀에게 좋지 못한 영향을 준다. 자녀교육의 어려움은 자녀의 가정생활 지도, 교과공부의 지도, 자녀와의 대화, 언어교육, 학원비 마련 등의 어려움에서 두드러지게 나타나고 있다(김명현 외, 2013). 또한 다문화가족의 자녀들은 부모와의 의사소통이 원활하지 못하고, 양육비용의 충당이 어렵고 자신을 돌보아 줄 사람이 부족하여 양육을 제대로 받지 못하고 있다.

(4) 부부갈등과 가정폭력의 문제

다문화가족은 가족구성원 간의 의사소통의 어려움, 생활습관과 사고방식의 차이, 문화적 이질성 등으로 가족 간의 갈등을 초래하는 경우가 많다. 의사소통의 장애는 일상적인 대화를 비롯하여 서로 간의 생각, 욕구, 고충, 가족의문제 등을 상의하고 교류하는데 장애를 일으키기 때문에 친밀감을 갖기 어렵고 이로 인하여 심각한 부부문제를 야기할 수 있다(김오남, 2008). 특히 다문화가족 부부간의 갈등은 가정폭력으로 이어질 수 있으며, 부부간의 의사소통의 어려움, 문화적 이질감과 생활방식의 차이, 경제적 어려움, 배우자의 여성결혼이민자에 대한 이해 부족, 배우자의 음주 등은 가정폭력의 원인이 될 수 있다(박주현 외, 2011). 한편 가정폭력이 여성결혼이민자를 통제하는 수단으로 행해질 수 있으며, 부부갈등의 보편화된 표출방법이 가정폭력으로 나타날 수 있기 때문에 그 심각성은 더욱 악화될 수 있다(김오남, 2008). 부부갈등과 가정폭력은 별거, 가출, 이혼, 자살, 자녀의 학교부적응 등으로 이어질 수 있기 때문에 더욱 심각한 문제이다.

(5) 자녀의 학교생활 부적응 문제

다문화가족의 자녀는 경제적 어려움으로 또래들보다 사교육에 접할 수 있는 기회가 상대적으로 적을 수 있으며, 부모로부터의 언어습득 기회의 부족, 숙제지도의 어려움 등으로 인하여 학업부진이 나타날 수 있다. 이러한 학업부진은 학교생활의 부적응으로 이어질 수 있다. 즉, 학업부진으로 학교를 다니기 싫어하게 되어 학교생활에 제대로 적응하지 못할 수 있다. 또한 다문화가족자녀에 대한 학우들의 편견으로 인하여 친구들을 제대로 사귈 수 없거나, 피부색이 다르고 생김새가 다르다는 이유로 차별을 받거나, 다른 학생들에게 놀림을 당하거나, 집단따돌림의 대상이 되는 것 등은 학교생활을 더욱 어렵게 하는 요인이 되고 있다(남복현, 2010: 150). 이와 같이 다문화가족 자녀의 학업부진, 학우들의 편견과 차별, 집단따돌림 등은 학교생활의 적응을 더욱 어렵게 하는 요인이 되고 있다.

(6) 문화 이질성의 문제

다문화가족은 가족구성원들 간에 가치관, 식사 습관, 의사소통 방식, 자녀교육과 양육 방식, 종교생활, 가족행사, 부모부양, 옷 입는 습관, 친척과의 관계, 이웃 간의 관계, 소비생활, 지역주민과의 공동생활 등이 서로 다르다. 이러한 문화적 이질감은 가정불화 등을 포함한 다양한 문제의 원인이 될 수 있으며, 다른 사람들과 의사소통을 하거나 친구를 사귀는 것도 어렵게 한다(김은미 외, 2009). 한편 결혼이민자의 경우 전혀 다른 문화권으로 옮겨와 새로운 삶을 시작해야 하기 때문에 문화적응의 충격이나 스트레스를 경험할 수 있다(곽윤정, 2014). 이러한 문화의 이질성은 다문화 가족구성원들 간의 갈등을 초래할 수 있으며, 고부간의 갈등, 부부갈등, 부모-자녀 간의 갈등, 가정폭력(배우자 학대, 아동학대 등), 별거, 이혼 등의 원인이 될 수 있다.

4) 다문화가족을 위한 자원봉사활동의 필요성

다문화가족이란 한 가족 내에 다른 문화적 배경을 가진 구성원으로 이루어진 가족을 말한다. 다문화가족은 우리나라의 경제적 위상이 높아지면서 유입되기 시작한 외국인노동자가 증가하고 있으며, 한국남성과 외국여성의 국제적 혼인에 따른 이주여성이 점차 늘어나고 있고, 북한이탈주민이 지속적으로 증가하면서 새로운 가족의 형태로 부각되고 있다(한국여성복지연구회 편, 2008). 우리나라가 산업의 발달과 경제수준의 향상으로 외국인근로자의 유입이 점점 늘어나고 있으며 결혼이주여성의 지속적인 증가로 인하여 빠른 속도로 다문화사회로 접어들고 있다. 2019년 11월 1일 기준 결혼이주여성을 포함한 외국인주민은 2,054,621명으로 전체인구의 4.0%를 차지하고 있으며 매년 꾸준히 증가하는 추세를 보이고 있다(행정안전부, 2019). 이로 인하여 다문화가족이 지속적으로 증가하는 추세를 보이고 있으며, 우리 사회에 그들의 조기정착을 포함한 다양한 과제들이 중요한 관심사로 등장하고 있다.

다문화가족의 구성원인 결혼이주여성들은 한국사회에서 언어와 문화의 차이로 인하여 사회적응에 어려움이 있으며, 가족구성원 간에 갈등이 야기되고, 자녀교육에 상당한 어려움을 가지고 있다. 결혼이주여성들이 경험하는 한국생활의 어려움을 보면, 경제적 어려움이 26.2%로 가장 높게 나타나고 있으며, 외로움 24.1%, 언어문제 22.3%, 자녀양육 및 교육 19.0%, 생활방식 · 관습 등 문화 차이 18.8%, 가족 간의 갈등 8.0%, 편견과 차별 7.4%의 순으로 나타나고 있다(최윤정 외, 2019). 이와 같이 결혼이주여성이 한 구성원인 다문화가족은 의사소통의 어려움과 문화의 이질성, 빈곤문제와 가정폭력, 부부갈등과 자녀양육의 어려움, 자녀의 교육과 학교생활 부적응, 결혼이주여성의 신분상의 불안감과 사회적 소외감 등과 같은 다양하고 복합적이며 장기적인 욕구와 문제를 가지고 있다. 따라서 이러한 다문화가족의 욕구와 문제를 해결하기 위해서는 국가와 지방자치단체의 다양한 제도와 서비스가 필요하지만 그것만으로는 그들의 욕구와 문제를 해결하기 어렵기 때문에 그들에 대한 자원봉사가 필요하다.

다문화가족을 위한 자원봉사활동은 다음과 같은 몇 가지 원칙을 기준으로 하여 활동이 이루어져야 한다.

① 모든 다문화가족은 국적, 인종, 피부색, 문화, 성별, 연령, 학력, 종교, 혼인상태,

거주기간, 거주지역, 사회적 지위, 경제적 수준 등과 관계없이 누구나 자원봉사를 받을 권리가 있다.

② 다문화가족을 국가발전의 동반자로 인식하고 그들의 인권을 최대한 보장하며, 그들의 권익을 보장하고 종교와 문화를 이해하며, 인간으로서의 존엄성과 가치를 존중한다.

③ 다문화가족이 우리 사회에 통합되고 그들의 사회적응에 도움이 될 수 있도록 하며, 그들이 우리 사회에 조기정착하고 국가와 사회의 발전에 동참할 수 있도록 하는 것과 관련된 서비스를 제공하도록 한다.

④ 다문화가족이 자원봉사활동에 의한 서비스를 받으면서 삶의 보람과 행복감을 가지고 살아갈 수 있도록 하며, 그들의 성장 가능성과 잠재능력을 극대화시키고 자립능력을 키울 수 있도록 한다.

⑤ 다문화가족에게 교육적·직업적·사회적·경제적·정치적·문화적 기회의 평등 보장, 차별대우의 금지, 동정심과 문화적 강요의 배제, 편견과 선입관의 배제, 생활조건의 개선, 완전한 사회참여 등이 이루어지도록 한다(김범수 외, 2018).

⑥ 다문화가족이 가족, 집단 및 지역사회의 다양한 사람들과 자유롭게 접촉하고 상호작용할 수 있도록 원조하며, 그들의 자기결정권을 존중하고 어떠한 경우에도 그들이 사회적으로 소외되지 않고 통합되도록 한다.

5) 다문화가족을 위한 자원봉사활동 프로그램

다문화가족을 위한 자원봉사활동 프로그램은 대인봉사와 기관봉사로 구분할 수 있다. 대인봉사는 상담보조, 사회적 지지, 여가활동, 생계지원, 보건의료, 사회활동, 교육활동, 취업지원 등으로 구분할 수 있으며, 기관봉사는 행사지원, 업무지원 등으로 구분할 수 있다.

〈표 12-1〉 다문화가족을 위한 자원봉사활동 프로그램

구분	유형	내용
대인봉사	상담보조	가족문제상담(고부갈등, 부부갈등, 배우자학대, 청소년비행), 자녀 학교생활상담(학습지체, 학교생활부적응, 집단따돌림), 자녀 성문제상담
	사회적 지지	자녀 친구 되어 주기, 결혼이주여성 말벗, 결혼이주여성 자조모임 활동보조, 이 · 미용서비스, 학부모모임 동행, 자녀 가정통신문 내용 알려 주기, 종교활동 지원과 종교단체(교회, 성당, 사찰) 동행
	여가활동	결혼이주여성의 여가활동 지원, 여가정보 제공, 취미생활 지도, 자녀 게임활동 · 오락활동 · 동아리활동 지도, 자녀 멘토링 지원, 이야기 친구 하기
	생계지원	후원자 개발과 연결, 자녀학비 지원, 밑반찬 지원, 생필품 지원, 집수리(도배, 장판교체, 주방 수선, 화장실 · 목욕탕 수리), 산후도우미 활동
	보건의료	병원이용 안내와 동행, 건강검진 안내, 의약품 구입대행, 건강관리 지도, 집안소독, 건강체조 지도, 건강보험과 의료급여 안내, 무료진료 안내
	사회활동	행정기관이용 안내와 동행, 사회복지시설(기관) 이용안내, 공공기관 이용안내, 지역사회생활 안내와 지도, 교통안전 교육 및 지도, 대중교통 이용안내
	교육활동	결혼이주여성 · 이주노동자 한국어교육, 컴퓨터교육, 자녀 학습지도, 자녀 학교생활지도, 자녀 숙제지도, 한국문화교육, 한국사교육, 한국음식 체험학습, 전통예절교육, 특별활동 · 특기활동 지원
	취업지원	취업정보 제공, 여성새로일하기센터 안내, 자격증(사회복지사, 보육교사, 요양보호사)취득안내, 직업교육 · 훈련 보조, 취업처 알선과 사후관리
기관봉사	행사지원	체육대회 보조, 작은음악회 · 작품전시회 지원과 보조, 각종 행사참여, 공연활동 지원과 보조, 각종 행사비용 지원 및 재능기부활동, 각종 행사 시 차량지원 및 행사물품 지원, 다문화 관련 세미나 · 토론회 · 강연회 지원과 참여
	업무지원	다문화가족지원센터 · 건강가정지원센터 이용안내, 기관 우편물 정리, 행정서류 정리, 기관직원 업무보조, 방문교육지도사 보조, 기관 환경미화, 다문화가족 조사 및 연구활동보조, 다문화 인식개선캠페인 보조, 각종 위원회 참여, 후원자 개발

2. 지역사회를 위한 자원봉사활동

1) 지역사회를 위한 자원봉사활동의 의의

최근 지역공동체 개념의 도입과 동시에 지역사회에 대한 관심이 높아지면서 지역사회주민들은 자원봉사활동을 통해 이웃돕기운동, 환경오염방지운동 등을 수행하고 있다. 위기발생 시 주민들이 협력하여 실천하는 자원봉사활동은 현대사회에서 매우 의미있는 일이며 지역사회를 더욱 발전시키기 위한 자원봉사활동 영역은 지역사회의 요구에 따라 보다 다양하게 전개되어야 할 것이다.

지역사회에는 복지와 관련된 보건위생, 교통, 사회교육, 생활 개선, 환경오염, 공해문제 등 개선해야 할 문제점이 많은데, 지역주민들의 자발적인 참여로 연대감과 책임감을 고취시키고 개인이 소속된 지역사회에서 성숙한 주민으로서의 역할을 다하도록 하기 위해서 봉사활동이 필요하다.

지역사회 자원봉사활동 목표는 다음과 같다(김범수 외, 2003).

① 환경보전적 지역사회 만들기
② 생활이 편리하고 친절한 지역사회 만들기
③ 건강하고 안전한 지역사회 만들기
④ 교육 및 문화환경이 쾌적한 지역사회 만들기
⑤ 지역공동체 재생적 지역사회 만들기

2) 지역사회를 위한 자원봉사활동의 필요성

지역복지공동체의 구현은 지역사회의 공공이익을 위한 지역주민들의 자발적 참여에 달려있다. 특히 지방자치에 따른 지역주민의 욕구와 지역사회문제에 대한 적극적 관심과 참여가 고조되고 있다. 자원봉사활동은 인간의 존엄성, 자주성, 참여와 책임, 공동체 의식 등을 실현하기 위한 구체적인 행위이다.

이러한 자원봉사활동의 의의에도 불구하고 우리나라의 자원봉사 수준은 서구 선진국에 비해 대단히 미약하고 열악한 상태이다. 즉, 우리나라의 자원봉사 참여 현황을 간략히 살펴보면 자원봉사 참여율은 전체 국민의 3% 정도로 선진국 20% 이상의 수준에 크게 미흡하다. 또한 자원봉사의 중도탈락률이 매우 높다.

자원봉사자도 여성이 68%, 20대 이하가 58%이고, 직업별로는 학생과 주부가 71%로서 일부집단에 편중되어 있고 요보호대상자의 생활지원서비스가 52%를 차지하고 있다.

결국 자원봉사가 활성화되기 위해서는 자원봉사 필요성에 대한 인식의 확산이 무엇보다 중요한 문제로 대두되고 있다. 따라서 지역사회 자원봉사의 필요성을 살펴보면 다음과 같다(김범수 외, 2003).

① 복지사회를 실현하기 위해서는 국가를 포함한 전체 사회의 책임이 요구된다. 이것은 한 사회의 발전과 복지는 정부나 몇 개의 사회단체 또는 엘리트의 노력만으로 이루어지는 것이 아니며, 시민 대다수가 참여하고 협동하는 힘에 의해 가능한 것이기 때문이다.

② 자원봉사활동은 각 개인으로 하여금 사회적으로 필요한 존재라는 것을 경험하게 함으로써 정신적 질병이나 일탈 행위를 예방하고, 개인적 만족감과 통합감을 느끼게 하며 고립감에서 벗어나게 한다.

③ 자원봉사활동은 제반 사회적 상황에 대한 생생한 지식과 정보 및 규범을 배울 기회를 제공하며, 사회계층 간의 간격을 좁혀 준다.

④ 자원봉사활동은 다양한 자조적 사업에 참여함으로써 지역사회의 건강을 증진시키며, 지역사회의 발전과 변화를 주도한다.

⑤ 자원봉사활동은 자원이 부족한 공적기관 및 민간 복지기관의 인력을 보충해 준다.

⑥ 사회복지 전문인력의 전문성 제고를 위해 필요하다. 즉, 사회복지 서비스를 제공할 때 자원봉사자를 활용하여 상대적으로 전문성이 낮은 업무를 자원봉사자

에게 맡길 수 있으므로 사회복지사들이 전문적인 업무에 주력하거나 자기개발에 노력함으로써 사회복지의 전문화가 심화될 수 있다.

⑦ 최근 강조되고 있는 사회복지 이념인 통합화와 정상화 및 탈시설화를 실현하는 요소로서 자원봉사가 필요하다. 특히 대인적 서비스의 필요성이 증대되는 상황에서 이를 위한 인력부족을 보완해 줄 수 있다.

결국 자원봉사는 개인 차원의 단순한 선행 행위로 끝나는 것이 아니라 지역사회 주민의 삶의 질을 한 단계 향상시키는 중요한 활동이며, 사회복지 욕구의 팽창과 함께 그 중요성이 강조되고 있다.

3) 지역사회를 위한 자원봉사활동의 현황

(1) 자원봉사자의 측면

1990년대 이후 자원봉사활동에 관한 관심이 고조되면서 자원봉사 참여가 급격히 증가하고 있다. 2001년 10월 이후 봉사활동 인증제를 시행하면서 봉사자별로 실적 등을 관리하고 있다. 한 해 동안 봉사자 한 명이 평균 23.8시간 봉사활동을 했고, 한 번에 3.5시간, 연간 6.9회 봉사를 하고 있다. 봉사자들은 식사보조, 목욕, 청소, 간병, 이미용 등 생활지원서비스가 전체 봉사활동의 58%이고, 이어 학습지도 등의 교육지원서비스, 상담, 말벗 봉사 등의 정서지원서비스 순으로 나타났다.

자원봉사정보센터의 교육훈련실적은 1990년대 이후 급속하게 증가하고 있고 지역별로도 큰 차이를 보이고 있지만, 아직도 우리나라의 자원봉사활동의 참여수준은 미미한 편이다. 외국의 경우와 비교해 본다면 영국 35%, 미국(환경 · 범죄 · 교통 등 포함) 54%의 참여율에 비해 아직도 자원봉사활동에의 참여의식이 충분히 확산되지 못한 것으로 볼 수 있다.

자원봉사활동 기간은 6개월 미만이 37.8%로 가장 많고, 그다음으로 6개월 이상 1년 미만이 18.1%를 차지하고 있다. 이는 자원봉사자가 자원봉사활동을 오래 계속하지 못하고 중도탈락하는 데서 비롯된 것이다. 자원봉사를 교육하고 숙달시키는 데는 상당한 시간과 노력이 소모되기 때문에 자원봉사자의 중도탈락은 자원의 낭비를 가져오는 결과가 된다. 또한 사회복지 분야 자원봉사자들의 활동 동기는 남을 돕고 싶어서가 전체 응답자의 33.9%를 차지하고 있으며 다음으로 자신의 발전과 인간관계의 폭을 넓히기 위하여(17.5%), 보람있는 여가를 보내기 위해서(13.0%), 가족 · 친지 등 주위의 권유(8.5%)로 나타나고 있다.

자원봉사자 자신의 문제점으로 자원봉사활동 중 사명감과 책임의 부족(31.4%), 자원봉사활동을 계속하고자 하는 의지력 부족(26.4%), 자원봉사활동에 관한 전문적 지식과 기술의 부족(24.8%), 자원봉사활동에 관한 가치관 부족(10.4%), 소속 복지관의 무관심과 비협조(4.3%) 등을 말하고 있다.

자원봉사자수가 늘고 인증관리체제에 들어갔음에도 불구하고 여전히 자원봉사에 대한 깊은 이해에 기초하기보다는 개인적인 차원의 단순한 동기에서 자원봉사활동에 참여하고 있는 것으로 파악된다. 또한 자원봉사활동에 대한 동기부여가 미약하고 소명의식이 매우 결여된 상태에서 형식적으로 경험 삼아 해 본다는 사례가 많다는 것이 지적되고 있다.

지역사회 자원봉사활동의 대표적인 문제인 중도탈락을 예방하고 자원봉사를 활성화하기 위해서는, 첫째, 자원봉사자들의 참여 동기를 강화해야 한다. 그리고 이를 바탕으로 보다 체계적이고 조직적인 관리규정을 도입하여 참여의 지속도와 참여강도를 관리, 유지해야 한다. 즉, 자원봉사자들이 그들 스스로 필요한 존재라는 느낌을 명확히 가지도록 하고 흥미와 관심에 관련된 유용하고 만족할 만한 활동들에 참여할 수 있는 기회를 제공해야 한다. 과거 자원봉사활동에 참여하게 되는 이유는 이타적 가치 때문이라는 것이 일반적인 견해였으나 최근 조사연구에서는 자기지향적인 동기로서 자원봉사의 특성을 설명하고 있다.

둘째, 자원봉사활동의 지속성을 유지해야 한다. 자원봉사에 참여한 봉사자들은 이후 봉사활동에 얼마나 많은 시간과 노력을 투여할 것인지 결정하게 되는데 자원봉사활동이 지속성을 가질 수 있도록 해야 한다. 이를 위해서는 봉사활동을 통해 자아실현의 만족감을 얻을 수 있도록 하는 것이 중요하며 자기 자신이 가치 있는 일을 하고 있다는 것을 느끼도록 해야 한다.

셋째, 어릴 때부터 체계적인 자원봉사활동에 대한 정신과 자세 및 체험을 위해 유치원·초·중·고·대학 교과과정에 자원복지봉사활동(복지일반교육에 포함)에 관한 내용을 포함시키고 아울러 일반 기업체와 정부 산하기관에서부터 신입사원을 대상으로 자원봉사프로그램을 적극적으로 개발·보급하고 자원봉사에 참여하는 직원에 대해서는 유급휴가 및 승진에 인센티브를 부여하는 방법 등을 고려하여야 한다.

셋째, 자원봉사활동의 적극적인 자세가 필요하다. 지역사회복지기관에서 자원봉사활동을 하는 대부분의 사람들은 해당 기관의 사회복지사들의 지시에 전적으로 의존하는 경향이 있다. 자원봉사자 자신의 자원봉사에 대한 적극적인 욕구의 표출과 책임감 있는 봉사활동의 자세가 중요하다.

넷째, 자원봉사활동에 대한 사회적 보상체계를 마련해야 한다. 자원봉사활동이 가지는 속성상 자발성과 무보수성이 주요한 특성이 되기 때문에 자원봉사활동에 대한 보상이나 유인책에 대해서는 간과되어 온 측면이 있다. 자원봉사활성화를 위해서는 자원봉사활동이 자발적이고 자주적인 결정에 의한 참여라는 본래의 원칙이 훼손되지 않는 범위 내에서 적절한 보상이 제공될 필요가 있다.

이러한 보상에는 경제적인 물질보상과 비물질적인 보상으로 구분할 수 있다. 경제적 물질보상에는 보수가 아닌 활동참여에 따른 실비의 보상, 교통비나 식사 등이 있다. 비물질적인 문화적 보상에는 활동증서, 매체를 통한 홍보, 행사 등에 초대, 활동기록의 보관 등이 있다. 최근 들어 나타나고 있는 학교에서의 교육과정으로서 자원봉사활동 운영과 기업에의 인사고과 반영 등의 형태는 자원봉사활동을 장려하는 하나의 유인체계라 할 수 있다. 그러나 이에 대해서 여러 가지 긍정적 측면에도 불구하고 자원봉사활동이 가지는 가치를 쇠퇴시킨다는 우려의 시각도 있는 것이 사실이다(이병순 외, 2019).

(2) 자원봉사활동기관의 측면

지역사회 복지기관들의 대부분은 자원봉사자들을 효과적으로 이용하지 못하고 있다. 상당수의 시설들이 필요한 자원봉사자들을 확보하지 못하는 어려움을 겪고 있다. 서울시정개발연구원의 조사결과 전문기술을 가진 자원봉사자가 부족하다는 응답이 64.7%에 이르는 것으로 나타났다. 또한 사회복지관, 의료기관, 교육기관, 기타 다양한 조직체계에서 그들의 필요에 따라 자원봉사자를 교육 · 활용하고 있으나 자원봉사자들 간의 횡적인 연계가 없어 어떤 사회문제에 공동으로 대처하지 못하고 있는 것으로 나타났다.

지역사회의 대표적인 사회복지기관인 사회복지관의 자원봉사자 동원능력에 대한 연구결과에 의하면 대도시에 위치한 사회복지관들이 중소도시나 농촌지역에 위치한 사회복지관들보다 자원봉사자 동원능력이 큰 것으로 나타났다. 즉, 저소득층 밀집지역에 위치한 사회복지관들이 일반지역에 위치한 사회복지관들 보다 자원봉사자 동원능력이 미약하다는 것이다.

이러한 연구결과는 중소도시나 농촌지역이 대도시보다 아직 자원봉사에 대한 일반적인 인식이 부족하여 이러한 지역에 위치한 사회복지관들이 자원봉사자 모집에 어려움이 있기 때문에 나타난 현상이라고 파악된다. 또한 저소득층 밀집지역은 주로 임대주택단지에 위치하고 있는데 이들 사회복지관은 서비스 제공의 범위나 전반적인 활동의 범위가 임대주택단지 내에 국한되고 있어 외부지역에서 유입되는 자원봉사자들을 확보하기에는 일정한 한계가 있기 때문에 나타난 결과로 해석된다.

사회복지관에서 자원봉사활동을 하고 있는 자원봉사자들의 45.2%가 복지관과 사회복지사로부터 호의적인 관계를 유지하지 못하고 있는 것으로 나타나고 있다. 이와 관련하여 사회복지관의 자원봉사자에 대한 보다 친밀한 유대와 적극적인 관리가 필요한 것으로 판단된다.

또한 자원봉사활동을 조정 · 연계하는 총괄기구가 필요하다. 자원봉사자 모집, 교육, 훈련, 프로그램 개발, 사후관리, 정보교환, 자원봉사담당자 육성, 자원봉사 수급관리 및 조정, 자원봉사 보상체계 개발, 그리고 자원봉사활동 수요처 개발을 위한 통합관리기구의 필요성이 있으므로 관련 기구의 신설이 요구된다(이병순 외, 2019).

지역사회복지 관련 기관 및 시설이 보다 효과적으로 자원봉사자를 동원하기 위해서는, 첫째, 자원봉사 관련업무를 전담할 수 있는 인력확보 및 배치가 필요하다. 일선 사회복지관의 자원봉사자 관리는 타 업무에 비해 소홀히 취급되고 있으며 전담인력이 부재한 경우가 많다. 현실적으로 추가 배치에 따른 복지관련 기관 운영상의 어려움이 예견되나 장기적으로 자원봉사자의 효율적 활용을 통한 지역사회복지관련 기관 전체의 예산절감을 모색할 수 있다.

둘째, 사회복지관의 자원봉사자 관리·운영상의 체계화가 이루어져야 한다. 사회복지관에서 자원봉사자 활용가능 프로그램에 대한 분류 및 평가를 통해 자원봉사자 활용업무를 세분화하여 모집 기준을 마련해야 한다. 또한 자원봉사자의 교육환경의 개선이 필요하다. 자원봉사교육을 제대로 할 수 있는 공간 환경의 마련과 적절한 교재 및 강사의 활용을 통해 교육효과를 높이고 자원봉사자의 욕구에 기초하여 업무 배치가 이루어져야 한다.

셋째, 지역사회 내의 각종 기관과의 연계를 통해 자원봉사자의 효율적인 동원전략을 마련해야 한다. 사실 복지관마다 산발적인 자원봉사자 동원은 전체 지역사회의 인적자원의 체계적 활용에 장애를 초래할 수 있다. 특히 자원봉사자 조정기관과의 밀접한 관계유지와 사업실행은 물론이고 타 복지관 및 자원봉사관련 기관과의 연합사업이 필요하다. 예를 들어, 각 복지관에서 분야별 교육을 할 경우 소수 교육인원에게 예산을 투입하는 것이 어려울 수 있으므로 타 복지관과 연계하여 통합적으로 교육함으로써 예산절약과 함께 지역사회 내의 자원봉사자들이 봉사활동에 대한 일체감 확보에 효과적이다.

넷째, 자원봉사자 담당자에 대한 교육 및 훈련이 필요하다. 자원봉사자 담당인력이 단계적 교육과 훈련 없이 거쳐 가는 자리 정도로 인식되고 있어 관리상 시행착오의 문제가 반복되고 있다. 또한 자원봉사자에 대한 지속적인 연구와 관리를 통해 자원봉사활동을 수행하는 봉사자들의 만족도를 높일 수 있는 다양한 전략들을 강구해야 한다. 즉, 자원봉사자 담당인력은 자원봉사 관리업무에 대한 명확한 이해와 이에 관련한 전문성을 제고할 수 있도록 자신의 능력을 개발하는 노력을 해야 한다.

다섯째, 활동기관별 책임자는 그 기관 소속 자원봉사자들 간의 의견교환과 조정, 그리고 소속 자원봉사자의 활동상황 점검 및 사후 행정관리를 담당해야 한다. 또한 기관에서는 자원봉사자가 소속감과 유대관계를 가지기 위해 각종 유인물 및 자원봉사활동 관계자료를 자원봉사자에게 우송하고 자원봉사활동 회보를 제작하여 계속 관심을 가지게 해야 한다. 정기적인 회의 이외에 활동기관별 모임도 정기적으로 가져 자원봉사의 제반 건의사항 수렴 및 그룹 스터디를 위한 기회를 제공해야 할 것이다.

4) 지역사회를 위한 자원봉사활동의 영역

지역사회를 위한 자원봉사활동은 지역주민들의 자발적 참여를 통한 지역공동체 활동으로 지역 사회를 중심으로 지역에 사는 주민들이 공동체 일원으로 스스로 지역의 문제를 해결하고자 하는 다양한 활동 혹은 지역 소규모 생활공간에서 지역민 스스로 자립을 위해 협동적 · 공동체적 경제를 구조화하고, 동시에 사회적 관계망을 형성하여 대면접촉과 의사소통을 원활히 하는 행위와 활동(최승호, 2009) 등으로 정의되고 있다.

지역사회 자원봉사활동은 지역사회문제나 욕구를 해결하고 지역사회발전을 위해 지역주민들이 언제나 어디서나 누구나 자유롭게 참여할 수 있는 자발적인 사회적 활동이다. 따라서 자원봉사활동 프로그램은 주민들이 가지고 있는 지식, 기술, 경험, 관심 및 특성 등에 맞게 개발되어야 하고 효과적인 활동을 위하여 적절한 교육, 훈련, 지도, 감독, 보상, 평가 등을 받아야 한다. 이는 지역공동체 운동이 행정과 외부자원에 의한 외생적 지역발전 패러다임에서 지역내부의 주체세력에 의해 지역발전의 동력이 되고 추진되며, 그 성과와 혜택이 지역으로 환원되는 내생적 지역발전 패러다임으로의 전환을 의미한다. 이 과정에서 지역문제 해결을 위해 외부의 시혜적 지원에서 벗어나 지역 스스로 공동체의 자산을 재발견하고 이를 기반으로 지속가능한 지역발전을 도모하자는 자산기반 지역공동체 발전(Asset-Based Community Development: ABCD) 방식이 주목받고 있다. 이를 반영하여 지역공동체 운동은 주민이 영위하는 일상의 공간적 · 사회적 범위인 지역(마을)에서 주민자치 공동체가 지역의 인적 · 물적 자원을 활용해 주민의 삶의 질을 높이는 일련의 활동으로 정의하기도 한다(조정래, 2012).

이러한 지역공동체 운동이 궁극적으로 지향하는 목적은 지역주민들의 삶의 질 향상

혹은 지역의 복지(well-being) 증진이며, 이는 지역의 특성에 따라 지역사회 일자리를 창출하고 지역경제를 활성화하기 위한 마을기업 혹은 사회적 기업, 자활사업, 생활협동조합 등의 경제공동체, 마을축제나 문화시설 조성 등을 위한 문화공동체, 공동육아시설이나 방과 후 학교 등의 교육공동체, 지역의 생태적 환경문제 해결을 위한 환경공동체, 주거환경 개선이나 소외계층의 복지를 위한 시스템 및 시설 구축 등의 복지공동체, 지역주민의 의료혜택의 접근성을 높이기 위한 의료공동체 등 다양한 영역에서 지역주민들의 자원봉사활동을 통한 지역공동체운동이 전개되고 있다. 자원봉사활동은 활동 영역과 활동 장소에 따라 분류된다. 자원봉사의 장은 지역사회의 각종 활동이 일어나고 있는 장소(환경) 또는 기관 및 시설을 말한다.

일반적으로 잘 알려진 자원봉사활동의 장으로는 ① 가정, ② 사회복지기관 및 시설, ③ 의료기관 및 시설, ④ 교육기관 및 시설, ⑤ 환경단체 및 시설, ⑥ 경제단체 및 시설, ⑦ 사회문화단체 및 시설, ⑧ 정부 및 지방자치단체 산하기관, ⑨ 국제관계 기관, ⑩ 기타 지역사회 안전과 질서를 유지하기 위한 기관 및 시설 등이 있다.

(1) 환경영역 자원봉사활동

최근 환경문제에 대한 시민들의 의식이 높아지면서 이 분야에 관심을 가지고 활동을 하는 자원봉사자들이 많이 늘어나고 있다.

환경봉사활동 현장은 매우 광범위하고, 활동 내용 또한 쓰레기청소, 대기오염, 수질오염, 토양오염, 해양오염, 소음 등 다양하다. 집 앞 골목에서부터 거리, 공원, 공공시설 등에서 활동할 수도 있고, 주요 문화재시설 주변에서 그리고 산, 강, 바다로까지 나가 활동할 수 있다. 환경봉사활동은 우선 환경을 보존하기 위한 사전 예방 활동과 환경을 오염시키는 사람들이나 공장 등을 감시·고발하는 등의 사후 치료적 활동으로 크게 구별할 수 있다.

환경보존 활동은 쓰레기 줍기와 국토대청소와 같은 직접적인 활동과 쓰레기 함부로 버리지 않기, 쓰레기 분리수거하기, 샛강 살리기 등과 같은 계몽활동, 그리고 환경캠프, 환경교실을 통한 환경교육활동 등이 있다. 자원봉사자는 직접 교육을 맡을 수도 있고,

교육 보조, 행사 보조 등 일손으로 봉사할 수도 있다.

지역사회가 당면한 대기오염, 수질오염, 소음 등의 실태를 조사해서 환경오염지도를 작성해 보는 활동도 교육적 효과가 높다. 그 밖에 구체적인 활동사례로는 암벽 낙서 지우기, 벽보 제거, 낙서 지우기, 저공해 비누 제작, 공공장소 길바닥 껌 떼기 등이 있다.

환경감시 · 고발 활동 또한 국토 전체에서 필요한 활동이다. 동네 쓰레기 투척을 감시해야 하고, 산, 강, 바다를 오염시키는 부당행위도 감시해야 하며, 대기오염, 소음 등을 감시하는 활동도 필요하다. 그 밖에도 시민단체에서 환경오염 고발접수를 받는 일, 현장에 출동해서 관계기관과 언론에 고발하는 일, 오염을 일으키는 개인이나 공장에 시정을 요구하는 공문이나 편지를 쓰거나 직접 단체로 방문해서 시정을 요구하는 일 등도 중요한 감시활동이다(김범수, 2003).

(2) 교통영역 자원봉사활동

시민들이 일상생활에서 가장 큰 불편을 겪으며 불쾌하게 생각하는 생활영역이 있다면 교통 분야일 것이다. 교통사고율은 세계 정상을 다툴 정도이고 서울의 교통정체는 세계 주요 대도시에 결코 뒤떨어지지 않는다. 이러한 상황에 대비한 교통안전과 교통의 원활한 소통을 위한 자원봉사자의 참여가 특별히 요구된다.

교통 분야의 자원봉사활동은 우리 사회의 질서유지에 그 일차적인 목적이 있으며, 교통질서의 확립은 선진 문화를 가늠하는 잣대이기도 하다. 교통 분야의 봉사활동은 거주 인근 지역에서 팀을 조직하여 활동하는 것이 효과적이다. 교통 영역에서는 교통정리, 교통여건 개선활동, 각종 캠페인, 카풀 등으로 봉사활동이 이루어질 수 있다.

교통정리활동은 직접 등 · 하굣길에 나가서 어린이, 어르신, 장애인 등이 교통사고를 당하지 않고 안전하게 건널목을 건널 수 있도록 도와주는 교통사고 예방활동이 있다. 특히 아동들에게 교통신호 지키기, 건널목 건너기 등 교통안전교육을 맡는 봉사활동도 중요하다. 또한 지하철이나 버스 승하차 안전을 지켜주는 현장 활동도 필요하다.

교통여건 개선활동은 교통표지판 및 시설물 점검, 도로 파손상황 점검, 보행환경 및 자전거 이용여건 모니터 등의 활동을 통해 교통의 흐름 및 안전에 지장을 초래하는 교통환경을 개선하도록 안내 시스템, 거리표지판 등을 제작 설치하는 현장 중심의 활동이 있다.

각종 캠페인 활동으로는 노약자 보호석 지키기, 교통질서 지키기, 자가용 요일제 지키기, 주차질서 지키기 등이 있다.

(3) 범죄영역 자원봉사활동

범죄영역의 자원봉사활동은 예방적 · 교정적 기능을 다할 수 있는 전형적인 여역이다. 안심하고 밤거리를 다닐 수 있는 지역사회를 만들기 위한 자원봉사의 영역은 교정과 치안이다. 전국에서 범죄 없는 마을로 선정된 지역들은 거의 지역주민 자원봉사자의 정기적인 예방활동으로 얻은 결실이라고 한다. 특히 유흥가 등 우범지역으로 둘러싸인 도심지역에서는 경찰뿐 아니라 지역주민도 자원봉사활동을 통하여 청소년의 탈선과 범죄발생을 예방하는 활동을 할 수 있다.

교도소나 소년원에서 복역하는 청소년에게 다시 한번 사회참여의 기회를 주어 정상적인 사회인이 되도록 돌보아 주는 봉사활동도 필요하다. 한번 범죄에 빠지면 다시 범죄에 가담하게 되는 경우가 많기 때문에 이들을 선도해 줄 수 있는 전문인력이 필요하고 이는 바로 자원봉사활동의 중요한 영역이라고 할 수 있다. 보호관찰 대상자를 위한 보호위원으로서 법정후견인 및 상담원으로서 활동할 수 있고 사회에 복귀하기 위해 노력하고 있는 사람들을 환영하고 지원한다. 그들이 부당한 처분을 받았을 때 정당하게 항의할 수 있도록 도와주는 일도 중요하다. 내 자식, 형제처럼 사랑의 손길로 돌볼 수 있다면 많은 전과자가 정상적인 사회인으로 복귀할 수 있을 것이다. 여기에는 이들의 교육, 취업지도를 담당하고, 자매결연을 통해 보다 가까이 살펴 주는 일도 포함된다.

또한 자원봉사자는 가출 청소년, 학대 아동, 약물복용 청소년, 미혼모 등을 상담하거나 선도하는 활동을 할 수 있으나 그러기 위해서는 특별한 소양교육을 이수해야 한다. 예민한 청소년과 대화하는 특수 상담법 등이 필요하기 때문이다.

청소년의 탈선과 범죄발생을 예방하기 위해서는 무엇보다도 청소년 유해환경을 조사해서 정부에 건의하고, 청소년이 유해환경에 접근하지 않도록 계도하고 감시하는 활동도 필요하며, 특히 저질 잡지, 만화, 비디오, 인터넷 동영상 등으로 청소년을 유혹하는 유해물질을 고발하고 추방하고자 하는 시민 스스로의 자구적 노력이 필요하다.

(4) 교육영역 자원봉사활동

교육은 국민의 의무이자 권리이지만 교육혜택을 받지 못하는 계층이 적지 않다. 아동, 장애인, 청소년 등 사회복지 대상자들뿐 아니라 주부, 어르신 등 일반인까지도 교육봉사의 대상자가 된다. 일거리도 직접 교육 상담, 보조 등 다양하다. 아동의 경우 사회복지시설에 있는 아동, 결손가정의 아동 그리고 맞벌이부부의 아동 등으로 꼽을 수 있다. 장애인의 경우 대부분이 장애인학교와 특수교육시설의 미비로 교육혜택을 누리지 못하고 있는 아동들이다. 장애가정의 처지를 이해하고 지역사회에서 함께 더불어 사는 공동체를 만드는 일에 동참하도록 협조를 이끌어 내는 일도 훌륭한 자원봉사활동이 될 수 있다. 또한 장애 아동의 등·하굣길 길잡이 역할도 하며, 책 빌려다 주기 등의 활동도 의미 있는 자원봉사활동이 될 수 있다.

그러나 장애인 교육은 특수교육 전공자의 체계적인 지도가 필요하며, 자원봉사자는 교육 보조역할을 맡을 수 있다. 시각장애인을 위해 컴퓨터로 점자도서를 제작하는 일, 녹음기로 음성도서를 제작하는 일은 이제 많은 자원봉사자가 참여하는 장애인 교육지원활동이 되었다. 또한 가출 청소년, 소년소녀범, 가정형편상 학업을 중단하고 돈벌이를 하는 청소년 등이 교육혜택에서 소외된 계층으로, 이들을 직접 가르치고 돌보는 활동, 상담 등의 활동도 있다.

사례

해피홈스쿨 선생님 활동

1. 활동목표

해피홈스쿨 선생님은 교사경력이 있는 은퇴노인들이 저소득 가정 어린이 방과 후 교실의 선생님으로 파견되어 학습지도를 하며, 세대 간 통합의 기회를 제공하고 전문 자원봉사활동으로 노인에 대한 긍정적인 인식개선을 목표로 한다.

2. 활동현황

1) 활동인원

참가자 중 1차년도 부터 지속 참여한 인원은 7명이며, 참가자의 90%가 교사 은퇴자로 구성되어 있다.

- 1차년도: 참가자 8명, 수혜자 72명
- 2차년도: 참가자 11명, 수혜자 120명
- 3차년도: 참가자 20명, 수혜자 100명

2) 슬로건(참가자들의 의견)

콩 한 개(콩 한 개를 심으면 100개의 콩이 나온다는 마음으로 어린이의 가능성을 사랑하자)

3) 활동내용

해피홈스쿨 선생님은 저소득 가정 어린이들의 방과 후 교실, 장애 어린이들의 방과 후 교실 등에서 선생님으로 활동하는 자원봉사이다. 참가노인들은 주로 교사 은퇴자들로 구성되어 있으며, 교과목은 한글, 영어, 수학과 같은 교육에서 피아노, 오카리나 등 악기연주에 이르기까지 다양한 분야로 파견되었다. 평균 주 1회, 회당 1시간으로 진행하였고 1개소당 어린이 평균인원 10명을 대상으로 진행되었다.

수요처는 기아대책에서 지역교회와 연계하여 예배가 없는 평일에 방과 후 교실로 활용한 행복한 홈스쿨로 주로 파견하였으며, 그 외에도 서초구 내 장애어린이 방과 후 교실 등으로 파견하였다.

또한 특별 프로그램으로 연 1회 홈스쿨 어린이와 함께하는 여름캠프를 진행하였다. 나들이의 기회가 많지 않은 저소득가정 어린이들과 노인이 짝을 이루어 여름캠프를 진행하였는데, 1차년도에는 버섯체험과 천연염색 프로그램을, 2차년도에는 수영장 프로그램을 진행하였다. 총 2개 홈스쿨, 50명 어린이와 연계하여 통합 프로그램을 진행함으로서 세대통합의 기회를 제공하고자 하였다.

3. 활동분서

해피홈스쿨 선생님 활동은 어린이 교육을 위해 노인이 파견되어 활동한다는 점에서 세대통합을 이룰 수 있는 좋은 프로그램으로 평가된다. 또한 기존의 방과 후 교실 강사 파견의 경우 단순 교육으로 진행되었다면, 해피홈스쿨 선생님은 교육에서 더 나아가 인성교육과 조부모의 느낌으로 정서적 지원을 하였다는 점에서 큰 성과로 평가된다. 이러한 성과는 노인이 자원봉사자라는 점을 잘 살렸다고 평가된다.

반면 본 사업의 한계점으로는 저소득가정 어린이 방과 후 교실의 위치가 대부분 서울시 외곽지역에 있어서 서초구에 거주하는 참가 노인들이 이동하기에 어려움을 호소하는 경우가 많았다. 평균 왕복 이동시간 2시간 이상을 소요하면서 자원봉사활동을 하기에 부담을 느끼는 참가자가 많아 연계의 어려움이 다소 발생하였다.

4. 활동수기

정말로 미안합니다

해피홈스쿨 ○○○

나는 행복한 노인입니다. 갈아입을 옷이 있고 하루 세 끼 밥을 먹고, 내 몸 하나 누일 집이 있고, 가족이 있으니 백만장자 부럽지 않게 행복하며 그렇지 못한 사람들에게 정말로 미안합니다.

내가 우리 동네에 이사 온 지 35년으로 아침 일찍 일어나 집 앞을 비롯하여 이웃을 청소하는데 몸이 불편하여 지팡이를 짚고 운동을 위하여 걷는 사람과 인사를 나누며 대화 중에 "나도 나아서 같이 청소했으면 좋겠어요."라는 말을 들을 때 내가 저분의 건강을 빼앗은 것 같아서 정말로 미안합니다.

남을 위하여 일하는 것을 흔히 봉사라고 합니다. 그러나 나는 봉사라는 어휘를 부정합니다. 왜냐하면 자신에게 주어진 일시적 행복을 불행한 사람에게 조금 나누어 주는 것인데 그것을 감히 봉사라고 일컬을 수 있을까 생각하고 충분히 나누어 드리지 못하는 것이 정말로 미안합니다.

3년간 해피홈스쿨 선생님으로 활동하면서 가정형편이 어려운 아이들을 가르치면서 또 장애가 있어 숫자 하나 알려 주려면 몇 달이 걸리는 장애아동을 가르치면서, 더 사랑하고 마음을 써 주지 못한 것 같아 정말로 미안합니다.

전국 각지에서 어렵게 봉사하시는 자원봉사자들과 모든 역경을 이겨 가며 오직 하나님의 돌보심을 믿고 일하시는 모든 선교사님과 참자원봉사자들에게도 정말로 미안합니다.

오늘도 어김없이 아침 일찍 밝은 햇살과 맑은 새소리를 들을 수 있고 가족들과 아침 인사를 나눌 수 있는 행복을 느끼며, 그렇지 못한 사람들에게 정말로 미안합니다.

엉뚱한 데서 행복을 찾으려고 노력하는 분은 참 행복은 무엇이며 참 인간상을 정립하는 것이 무엇이며 남들이 나를 필요로 하는 데서 살아있고 숨 쉬는 값어치를 발견하고 남에게 보탬이 안 되는 사람이 되지 않겠다는 늙은이의 좌우명으로 삼고, 평생 서로 미안해하는 생각을 잊지 않습니다.

하나님께 미안하고 가족에게 미안하고 이웃에게 미안하고 이 세상 모든 이에게 정말로 미안합니다. 이 몸을 세상에 태어나게 하신 하나님과 지금까지 지내온 것에 대하여 감사하며, 나를 보고 인사를 나누고 먼저 미소를 주시는 모든 분들에게 정말로 미안하고, 정말로 감사합니다.

출처: 한국노인종합복지관협회(2009).

(5) 의료영역 자원봉사활동

의료전문인이 자원봉사자가 되어 할 수 있는 일거리는 많다. 우리 사회도 의사, 간호사 등 전문의료진이 수시로 현장을 방문해서 활동하는 경우를 흔히 볼 수 있다. 농어촌 등 무의촌 의료봉사, 사회복지시설 의료봉사, 해외교포 의료봉사, 해외난민 의료봉사, 부랑인 의료봉사 등 정기적으로 혹은 부정기적으로 이루어지는 활동이 적지 않다. 도심권 지역사회에서도 어르신, 장애인 등 소외계층을 위한 전문 의료진의 자원봉사활동도, 대학, 병원 등의 조직적인 활동도 전개되고 있으며, 물리치료, 한방, 수지침 등 전문의료활동도 개인이나 협회 등의 단체 차원에서 시행되고 있다.

비전문인 일반자원봉사자의 일거리도 그만큼 많다. 병원, 기타 의료기관에서 간단한 접수, 안내 등 행정보조자 역할도 하고, 약제실, 의무기록실, 도서실 등에서 임상업무 지원 및 입원환자 위문, 도서대출 등의 역할을 하기도 한다. 특정 교육과 훈련을 받은 후 상담, 물리치료실, 재활의학실, 호스피스 병동, 정신병동 등에서 보다 전문적인 활동을 할 수도 있다. 헌혈 캠페인과 골수기증운동, 장기기증운동에 참여해서 자원봉사를 하는 사람들도 늘고 있다. 특수 장애인의 경우 장기간 병원에만 입원해 있을 수 없는 문제도 있고, 그 때문에 집에서 멀리 병원까지 불편한 몸을 이끌고 다녀야 하는 고통이 뒤따르므로 장애인 의료문제를 해결하기 위한 자원봉사활동은 대학생들이 참여하기에 적절한 것이라고 할 수 있다.

또한 보건소 등의 공공기관에서 실시하는 보건업무를 지원하고, 보건 서비스가 확대되도록 하기 위하여 지역주민들이 받을 수 있는 서비스의 종류를 지역주민들에게 알려주는 활동뿐 아니라 개인 위생관리법, 식생활습관, 성인병 예방, 성병 예방, 약물남용 예방, 금연운동 등 각종 보건교육행사 및 캠페인 활동에도 참여할 수 있다. 이런 교육 및 캠페인 활동에는 홍보물 제작, 해외문헌 번역, 전산업무 등 행정지원활동도 있고, 행사 준비, 전단 나눠주기 등 구체적인 자원봉사활동도 많다.

(6) 정치영역 자원봉사활동

정치영역에서는 선거운동 봉사활동뿐만 아니라 지역사회의 정치를 관리하는 일도 매우 중요하다. 지방자치단체장이나 정치지도자의 일을 보조하는 활동으로 이들이 지역사회와 가까이 하도록 연결시키는 일을 한다. 즉, 지방정부사업의 모든 영역에서 참여하여 활동할 수 있다.

정치 분야의 자원봉사활동은 선거운동 봉사활동과 지역사회의 정치를 관리하는 일 등으로 구분할 수 있다. 선거 자원봉사자는 선거관리위원회와 같은 선거 주무기관의 행정업무, 전산업무, 후보감시, 고발접수, 선거벽보 부착 및 제거 등 많은 활동을 할 수 있다. 또한 공명선거실천시민연합이나 한국유권자연맹과 같은 시민단체가 지향하는 민주선거정착운동에 참여할 수 있다. 정당이나 후보를 감시하는 활동, 후보경력조회, 언론 모니터, 공명선거 캠페인 등 다양한 활동 모두가 자원봉사로 해결될 수 있다. 정치 자원봉사자는 정치인의 활동을 모니터하거나, 정당 활동을 모니터하는 일, 지역주민들로 구성된 소집단을 만들어 좋은 지역사회를 만들기 위한 의견을 제시하는 일, 시의회나 구의회에 대한 의정감시활동 등을 할 수 있다. 그 밖에 소외층의 권익을 보호하기 위한 민원 제출, 토론회 개최, 집단시위 등 정치 관련 활동은 시민단체 등에 참여를 통해 할 수 있다.

(7) 경제영역 자원봉사활동

지역사회에서의 경제영역 자원봉사활동 내용은 매우 다양하다. 먼저 실업자와 기술이 없는 사람을 모집하며 훈련, 직업알선 등을 하는 활동이 있으며, 취업 및 전업지원 등의 상담 활동과 노동자의 권익보호를 위한 활동 등이 있다.

경제영역에서의 자원봉사란 취업의사를 가진 실업자나 고령은퇴자의 직업알선을 위해 정보를 제공해 주거나, 훈련을 받을 수 있는 활동을 제공해 주는 것을 말한다. 이러한 활동은 최근 들어 더욱 많이 요청되고 있는 분야로서 지역사회 발전을 위한 시민의 자발적 참여와 자발적 연대력이 요구된다. 경제 분야에서의 자원봉사에는 실업자와 기술이 없는 사람을 모집, 훈련시켜 직업을 알선해 주는 활동이 있다. 이 외에도 청소년과 성인들에게 산업 분야의 각종 업무를 보고 배울 수 있는 기회를 제공해 주는 것이다.

여성, 장애인, 고령자 등 소외층의 고용문제나 생계문제해결에도 자원봉사자의 일거리가 있다. 무주택자의 주택문제 해결 등을 위한 노력과 지역 특성에 따른 관광가이드 등도 경제 분야의 중요한 자원봉사활동이다. 또한 자원봉사자는 전문가들에게서 기대할 수 없는 개인적인 관심을 줄 수 있으며, 은퇴한 사업가들이 젊은 구직자들을 위하여 상담자로서 도와주고 훈련받을 기회를 베풀어 주는 일은 지역사회에서 매우 유익한 자원봉사활동이 될 수 있을 것이다.

지역사회에서의 소비자 분야 자원봉사활동은 소비자문제와 관련된 활동으로 자원봉사자는 주로 소비자단체의 회원으로 가입하여 유통기한이 지난 상품 등 불량 상품에 대한 조사, 과도하게 높은 상품가격, 외국산 상품 등에 대해서도 조사와 감시 활동을 할 수 있고, 특정 상품에 대한 불매운동 혹은 특정 업체에 대한 불이용운동에 참여하는 것도 작은 자원봉사가 될 수 있다.

또한 소비자단체에서 실시하는 사무업무를 지원하는 활동뿐 아니라 우리상품 애용하기, 우리농산물 사기 운동, 아나바다 운동 등 각종 소비자 교육행사 및 캠페인 활동에도 참여할 수 있다.

(8) 문화영역 자원봉사활동

문화영역에서의 자원봉사활동은 역사 · 미술 · 과학박물관의 견학 안내자로서 또는 그 외 다른 형태의 보조자로서 활동할 수 있다. 어떤 자원봉사자들은 박물관의 내용을 가르치기도 하고, 다른 사람들은 동물원 안내자로서의 기능을 다하여 어린이와 성인들의 나들이가 즐겁도록 지원하기도 한다.

주요 궁, 능원, 사찰, 사적지, 유적지 등 유형문화재를 보호하는 활동도 중요한 자원봉사활동이며, 전통 굿, 판소리, 무용, 무술, 도예 등 무형문화재를 계승해서 일반인의 여가 선용의 기회로 제공하는 일도 자원봉사활동으로 중시된다. 문화유적 발굴을 돕는 일, 역사자료를 찾고 정리하는 일, 해외 중국이나 러시아에 방치되어 있는 역사유적지를 찾아내고 보존하는 일 등도 값진 자원봉사 일거리가 된다. 아울러 시민단체와 함께 문화재나 문화 시설의 상태를 조사하고 사진으로 찍고 기록해서 훼손이나 방치문제를 제기해서 시정하도록 요구하는 일도 자원봉사활동으로 이루어질 수 있다.

지역사회에 어떤 문화재가 있는지 먼저 구청 등에서 상황을 알아본 다음 직접 조사활동과 청소 및 관리활동을 할 수도 있고, 우리고장의 문화와 전통을 널리 알리는 활동도 할 수 있다. 이때 지역 전문인사의 도움말을 듣고 문화재 관리의 소중함을 알고 활동하는 것이 바람직하다.

문화시설 주변 쓰레기 줍기 및 낙서 지우기, 문화명소 안내 및 통역, 지역문화재 진행 보조, 꽃길 가꾸기 등의 활동과 문화시설 주변 질서 지키기, 깨끗한 화장실 만들기, 암표 사지 않기, 술 가져가지 않기 등의 캠페인 활동은 학생들이 참여하기에 적절한 자원봉사활동이다.

문화 분야와 예술 분야는 동떨어져 생각할 수 없을 정도로 밀접한 관련을 가지고 있다. 음악, 무용, 미술, 연극, 영화 등 예술 분야에서 활동하는 예술가들은 지역사회에 거주하는 소외계층과 이웃들에게 기쁨을 주는 활동으로 자원봉사활동을 시작할 수 있다. 전문음악인, 무용가, 연극인, 연예인들도 하나둘 동참하여, 음악과 무용, 연극과 영화를 통해 더불어 사는 세상을 열어 가고 있다. 예술전공자들은 이 밖에도 지역사회 내의 아동과 청소년, 장애인에게 예술지도를 하는 교육봉사자가 될 수 있다. 방과 후 집에 맞이하는 사람이 없는 아이들을 대상으로 복지관이나 학교교실에서 예술지도를 해주는 활동도 좋을 것이다. 일부 대학에서는 미대 학생들이 팀을 짜서 지역사회 내의 공공 담벽에 아름다운 벽화를 작업하고 있다.

(9) 행정영역 자원봉사활동

우리나라 공공기관의 서비스에 대한 문제는 최근에 들어 여러모로 지적이 되고 있다. 민원업무 창구의 경우 민원인들을 위한 활동이 많이 이루어지고 있지만 많은 기관에서 계속적으로 이루어져야 할 것이다. 이러한 경우 일손이 크게 부족한 구청이나 동사무소 등 공공기관의 행정업무 중 일부분이 자원봉사자의 힘으로 많은 도움을 받을 수 있다. 자원봉사자의 활용을 통해 예산을 절감할 뿐만 아니라 궁극적으로 행정 서비스의 질을 높이는 데 크게 기여할 것이다.

지역주민의 참여를 통해 행정지원도 받고 동시에 행정 감시도 받는 것이 절대적으로 필요하다. 지방자치단체에서 시행하는 각종 행정 관련 소식을 알리고 다양한 의견을 수렴하는 역할도 중요하다. 그러나 이러한 활동은 어떤 일을 하려 해도 국가나 지방자치단체의 행정력만으로는 인력이 부족하거나 재정이 없어 포기하는 경우가 허다하다. 지역 주민들이 작은 다수의 힘을 모아 민간단체 운동을 지원하여 지역문제를 극복할 수 있을 때 지방자치의 원래 취지를 살릴 수 있을 것이다. 이제 지역사회가 국가나 지방자치단체의 힘에만 의존하는 시기는 지나고 있으며, 국가나 지방자치단체 또한 스스로의 힘에만 의존할 수 없는 상황에 놓여 있다.

행정 분야에서의 자원봉사활동은 민원안내 및 상담, 업무지원, 행사 보조 등이 포함되며, 행정업무에 따른 어려움이나 편견을 해소할 수 있고, 지역주민을 위한 행정을 널리 알릴 수 있는 강점이 있다. 행정 분야에서의 자원봉사활동은 주부들이 참여하기에 적절한 영역이다.

(10) 스포츠영역 자원봉사활동

스포츠영역의 자원봉사활동은 특정한 대상이 따로 정해진 것이 아니라 누구나 대상이 될 수 있다. 각종 구기, 투기 종목에서 에어로빅에 이르기까지 모든 체육활동과 각종 취미생활이 이에 해당된다. 함께 뛰는 운동, 함께 웃는 놀이로 자원봉사자가 대상자와 기쁨의 시간을 가질 수 있다.

스포츠종목은 매우 광범위해서 실내에서도 가볍게 할 수 있고, 실외 운동장이나 잔디밭 등 여건에 따라 얼마든지 프로그램을 짤 수 있다. 활동장소는 앞마당, 골목에서부터 작은 공터, 운동장 등 다양하다. 배드민턴, 볼링, 테니스, 에어로빅 등 생활체육 종목들이 널리 활성화되면서 각 지역에서 주민들 교육과 지도를 맡거나 보조해 주는 자원봉사자가 많이 필요하게 되었다. 정기적으로 열리는 올림픽이나 전국체전 행사도 많은 자원봉사자의 힘을 모아 정성으로 추진되고 있다. 특히 대규모 스포츠 행사의 다양한 업무와 성공적인 추진을 위해서는 많은 인력과 경비가 필요하다. 그러나 한정된 자원으로 모든 필요 사항을 충족할 수 없으며 이는 곧 자원봉사활동으로 해결할 수밖에 없다. 장애인 스포츠분야의 자원봉사활동은 특별한 오리엔테이션 교육을 거쳐야 한다.

체육지도자나 특기자의 지도를 받아 선수 지도, 경기 보조, 진행, 안내 등의 일을 자원봉사자가 할 수 있기 때문이다.

올림픽, 월드컵과 같은 큰 행사에서부터 동네 공터에서의 공놀이까지 자원봉사자가 참여해서 할 수 있는 활동은 무궁무진하다. 국제적인 스포츠 행사, 전국규모의 체육대회, 동단위 체육행사, 각 학교 및 사회복지시설 등의 체육행사도 많아 자원봉사자가 할 수 있는 일은 매우 많다.

사례

재능을 나눕시다

1. 배경

개인주의와 이기주의가 팽배하는 현대사회에서 남에게 베풀고 나누는 이타심은 무척 소중합니다. 이타심은 사랑에서 나오며 사랑의 열매는 봉사입니다. 각종 통계를 살펴보면 우리나라 성인남녀 인구 중 봉사에 참여하는 사람들의 비율은 평균 20%라고 합니다. 10명 중 2명 정도만이 봉사활동을 한 경험이 있거나 봉사활동을 하고 있다는 것입니다. 나머지 8명이 봉사활동을 하지 못하는 이유는 무엇일까요? 가장 큰 이유는 '어떻게 할지 모르겠다'와 '현재는 여유가 없다'라는 것입니다(2006년 통계청 조사). 대부분의 사람들이 자원봉사활동을 어렵게 여기고 무언가가 갖추어졌을 때 할 수 있는 것이라고 생각하는 것입니다. 또 우리나라는 고학력자보다 저학력자가, 고소득 연봉자보다 월 200만원 이하 연봉자의 자원봉사 참여율이 훨씬 높다고 합니다. 재능나눔 캠페인은 자원봉사활동이 내가 가진 것으로 쉽게 참여 가능하며 누구라도 할 수 있는 일이란 것을 알리고자 합니다. 내가 가진 아주 조그마한 재능이나 지식, 경험이라도 누군가에게는 유용하게 쓰이며 도움을 줄 수 있다는 것입니다. 사람에게는 누구에게나 한 가지 이상의 재능이 있습니다. 미소를 짓게 하는 재능에서부터 나무를 깎고 다듬는 재능까지 재능의 종류는 사람마다 각각 다릅니다. 또 개인뿐만 아니라 동창회 등 사적 모임, 단체, 기관, 학교 등도 재능을 가지고 있습니다. 누구나 가진 재능이기 때문에 모두가 참여할 수 있습니다.

내가 가졌을 때는 나 한 사람의 재능이지만 나누면 값진 선물이 됩니다. 우리의 소외된 이웃에 웃음과 기쁨을 주는 아름다운 기부가 되는 것입니다. 그럼으로써 그것은 생명력이 있어 씨앗이 열매를 맺듯 성장하고 자랍니다.

'재능을 나눕시다' 캠페인은 이러한 각각의 소중한 재능을 나눔으로써 우리사회를 따뜻하고 행복한 공동체로 만들어 가고자 합니다. 이미 우리사회는 재능나눔 봉사활동이 이곳저곳에서 이뤄지고 있습니다. 싹이 하나 둘씩 돋아나고 있다고나 할까요.

한국자원봉사협의회는 이러한 싹들의 뿌리가 깊어지고 많은 열매를 맺을 수 있도록 전국의 회원단체들이 함께 참여하는 범자원봉사계의 캠페인으로 진행될 것입니다.

2. 목적

- 남녀노소, 사회지도층과 일반인 등 다양한 계층의 사람들의 재능을 자원봉사로 연결시켜 우리사회의 자원봉사 문화 정착
- 다양한 형태의 재능나눔 봉사활동을 통해 따뜻하고 행복한 사회 만들기
- 적재적소의 봉사활동으로 봉사자와 수혜자 모두 만족하는 질 높은 봉사활동 정착
- 자원봉사 운동 확산

3. 참가대상

- 재능과 지식을 나눌 수 있는 사람이면 누구나 참가 가능
- 캠페인 시작과 더불어 재능나눔 봉사자 접수(봉사와 나눔 운동본부 홈페이지)
- 자원봉사자가 필요한 개인, 기관, 단체 등 봉사처 및 봉사요청사례 함께 접수

4. 진행도

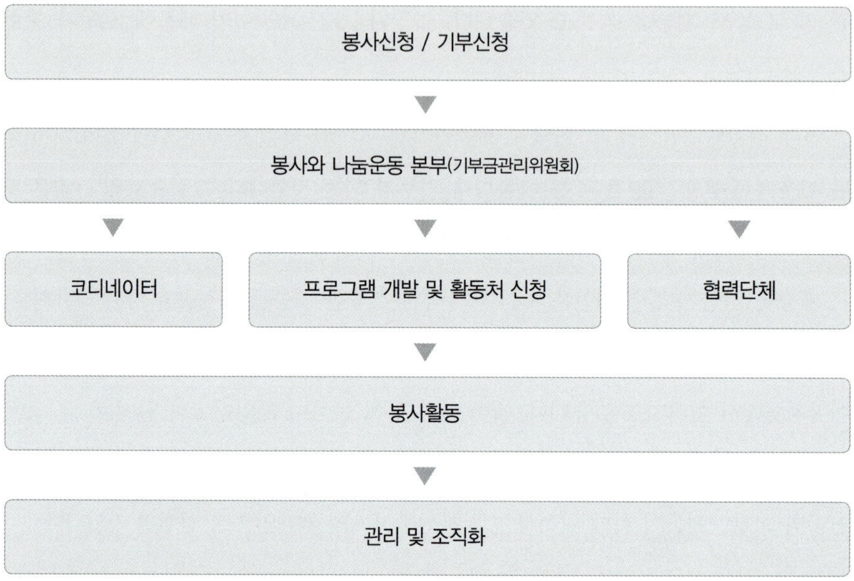

5. 프로젝트 소개

우리 사회에는 어려운 사람들과 함께하고 실천하여 다른 사람에게 감동을 준 큰 인물들이 있습니다. 이들의 이름만 들어도 봉사활동의 참된 의미를 전달받을 수 있고, 닮아가고 싶다는 생각을 하게 만듭니다. 재능을 나누는 아름다운 당신이 바로 우리 사회의 희망을 주는 위인이며, 그 가슴 뛰는 이름의 주인공이 되실 수 있습니다.

1) 슈바이처 프로젝트

- 소개 : 파이프 오르간 연주자이자 철학자로 유명한 슈바이처 박사는 가난과 질병으로 고통받는 아프리카로 떠나기 위해 의학공부를 시작했다. 그리고 아프리카에 정착하여 생을 마칠 때까지 의술로 사랑을 실천했다. 병원운영에 필요한 돈은 3년에 한 번 유럽으로 돌아가 연주회를 열어 번 돈과 저서의 인세, 강연으로 기부금을 충당하였다. 슈바이처 박사의 이런 삶이 빛을 발해 노벨 평화상을 받았다. “누구에게

나 고통스러운 순간이 있다. 그럴 때에는 더 큰 아픔을 겪고 있는 다른 사람의 고통을 자신이 덜어 주고 있다고 생각하라."

- 활동 영역: 의료, 보건, 건강과 관련된 분야
- 예시: 의사, 한의사, 수의사, 스포츠마사지, 수지침, 이혈, 발마사지 등 의료활동이나 의료활동을 위한 후원, 보건 · 의료활동 보조, 대체의학요법, 보건위생 응급처치 등

2) 오드리 햅번 프로젝트

- 소개: 배우로서의 성공적인 삶뿐만 아니라 아름다운 품성으로 고귀한 삶을 살았던 오드리 햅번, 배우로서의 재능과 사람을 끌어들이는 매력을 타고난 그녀는 분명 축복받은 사람이었다. 하지만 그녀를 진정 완성시킨 건 인생의 비탈길에서 빛나는 그녀의 인격이었다. "한 손은 너 자신을 돕는 손이고 다른 한 손은 다른 삶을 돕는 손이다."
- 활동 영역: 문화 · 예술 관련 분야
- 예시: 예술가, 문화 관련 프로그램 제공, 전시 · 관람 등 기회제공, 사진 · 영상, 디자인, 미용, 메이크업, 마술, 모델, 환경 캠페인 등

3) 마더 테레사 프로젝트

- 소개: 테레사 수녀는 성직자로서 평생을 가난하고 병든 사람을 위해 봉사했다. '사랑의 선교수녀회'를 설립하여 빈민, 고아, 나병환자, 죽음만을 기다리는 사람들을 구원하는 데 몸 바쳐 일해 왔다. '마더 테레사'로 불려 세계 각국의 가난에 허덕이는 사람들에게 사랑의 손길을 전했고, 1979년 노벨 평화상을 수상했다. "사랑은 가장 가까운 사람을 보살피는 것에서 시작된다. 당신에게 당신의 이웃에 사는 사람들에 대해 관심을 가져 달라고 부탁하고 싶다. 당신은 당신의 이웃에 누가 살고 있는지 알고 있는가?"
- 활동 영역: 저소득 층 및 사회복지 분야
- 예시: 사회복지 관련 시설기관 봉사 및 후원, 독거노인 어르신 돌봄, 그룹홈 · 쉼터 지원 등

4) 키다리 아저씨 프로젝트

- 소개: 1912년 출판된 소설로(J. 웹스트 작) 주인공 제루셔 애봇은 미래에 대한 희망 없이 고아원에서 지내고 있었다. 그러던 어느 날 어느 후원자로부터의 도움으로 대학을 가게 되고 타고난 재능을 더욱 연마, 명랑하고 적극적인 여성으로 변모해 간다는 이야기이다. 긴 그림자만을 보았을 뿐이지만 그 나눔의 마음을 함께 느끼는 소중한 이야기로 많은 사람들 속에 깊이 자리 잡고 있다. "무엇보다 중요한 것은 커다란 기쁨이 아니라 작은 기쁨에서 많은 기쁨을 만들어 내는 것이다."
- 활동 영역: 멘토링, 상담, 교육, 결연 분야
- 예시: 결연, 상담, 멘토, 독서·학습지도, 법률·금융·세무·회계교육계획 제공, 장학지원, 심리상담 등

5) 헤라클레스 프로젝트

- 소개: 그리스 신화에서 가장 힘이 세고 운동 능력이 탁월했던 인물은 누구일까? 가장 위대한 영웅으로 칭송받으며, 힘과 용기의 상징이 된 헤라클레스가 그 인물이다. 막강한 힘과 용기, 재치를 지녔으며, 고난과 역경을 이겨 낸 신이기도 하다. 순발력과 지구력도 탁월해 신화에 등장하는 이 나라 저 나라를 뛰어다니는 대단한 체력의 소유자이다. 헤라클레스는 힘과 운동 능력의 상징으로 통하는데, 2008년 세계역도선수권에서 무제한급 우승을 차지한 안용권 선수는 최근 '헤라클레스'라는 별명을 얻었다. 아버지 제우스가 어린 헤라클레스에게 용맹과 힘이라는 '재능'을 선물해 영웅이 된 것처럼 안 선수도 유년시절부터 코치의 가르침으로 운동의 재능을 갈고 닦아 세계 정상에 우뚝 섰다. 스포츠에 능통한 재능이 있거나 힘이나 기술을 사용하여 큰 사랑을 만들어 낼 수 있다.
- 활동 영역: 체육, 재능·기술 관련 분야
- 예시: 체육활동 및 교육, 집수리봉사, 운전, 배송, 엔지니어링, 기술제공 및 자문 등

출처: 한국자원봉사협의회 홈페이지.

PART 4

자원봉사자 관리

CHAPTER 13

자원봉사자 관리

1. 동기부여

1) 동기검토

자원봉사의 활성화를 위해서는 자원봉사의 동기에 대한 다각적인 검토가 필요하다.

① 자원봉사자 개인의 입장에서 볼 때에는 자원봉사의 동기 및 욕구를 확인함으로써 자원봉사에 대한 합리적인 태도를 확립할 수 있도록 도와줄 수 있다.

② 사회복지단체·기관·시설의 입장에서는 과학적인 동기 및 욕구에 대한 지식을 바탕으로 효과적인 모집, 오리엔테이션, 업무배치, 지도감독 및 운영체계를 확립하는 데 도움을 줄 수 있다.

③ 사회복지 증진을 위해 주도적인 노력을 해야 할 전문사회복지 입장에서 볼 때는 한국인의 도움행위로써 사회적 행동의 본질을 규명할 수 있다는 학문적 의의와 이를 개발·활용하는 데 도움이 된다는 실천적 의의를 가진다.

④ 사회내의 인간관계와 사회구성원이 누리는 삶의 질에 영향을 주는 제반 조치에 관한 과정이라는 사회복지정책의 차원에서 볼 때는 자원봉사자의 동기 확인은

사회복지정책의 수립에 중요한 요소가 될 수 있다.

⑤ 전통적인 가족주의, 자본주의, 이기주의, 개인주의가 팽배해 가는 사회 분위기에서 국민의 위화감을 해결하고, 국민의 연대의식 및 공동체의식을 육성할 수 있는 자원봉사의 동기를 확인하는 것은 중요한 과제라고 할 수 있다.

2) 동기유형

자원봉사의 동기는 크게 이타주의적 동기와 이기주의적 동기로 구분한다. 혹은 타인지향적 동기와 자기지향적 동기로 표현되기도 한다. 사실 자원봉사의 동기는 이타적인 극점과 이기적인 극점 사이의 어느 한 점에 위치하게 되며, 이 양자는 혼합적인 성격을 띠고 있다. 여기서는 동기의 특성을 중심으로 살펴보고자 한다.

(1) 종교적 동기

종교적 특성에 따라 다르지만 이웃사랑의 차원으로 혹은 자비의 실천으로 이타적 성격이 강하다. 간혹 전도, 포교의 성격을 가지기도 하지만 이는 종교의 사회봉사 부분과 연결된 동기로 볼 수 있다.

(2) 인도주의적 동기

박애정신이나 자발적 참여정신에 기인하여 자원봉사에 참여하게 되는 것으로서 클라이언트와 자원봉사자는 대등·평등한 관계를 유지하려는 경향이 있다.

(3) 상부상조적 동기

계, 품앗이, 길드 등 주고받는 차원으로 접근하므로 이기적 성격이 강하다고 볼 수 있으나 클라이언트와 자원봉사자는 대등한 관계를 유지할 수 있는 장점도 있다. 초기의 자원봉사는 대체로 상호 부조적 동기로 출발하는 경향이 있다.

(4) 성장적 동기

자신의 기술을 연마하기 위한 수단으로 경험을 쌓기 위한 기회를 가지기 위해 혹은 보다 폭넓은 인간관계를 쌓기 위해 자원봉사를 하는 경우가 있다.

(5) 직업적 동기

아무런 경험이 없는 사람보다 자원봉사 경험이 있는 사람이 직업적 역량이 우월하다는 인간자원론에 근거하여 직업을 구하기 위한 수단으로 혹은 직업과 관련된 업무의 경험을 쌓기 위하여 자원봉사에 참여하는 경우가 있다.

(6) 죄의식의 해소

선의를 행함으로써 악업의 소멸을 꾀하는 이기적 성격이 강하다. 비도덕적 수단으로 재산을 축적했거나 비인간적·반사회적 행위로 인한 죄의식의 경감 수단이 되는 경향이 있다.

(7) 다양한 압력

자원봉사 권유자와의 관계상 거절할 수 없어서, 어떤 지위에 있거나 어떤 단체에 소속되어 있기 때문에 혹은 매스컴이나 정치적 압력 등 다양한 압력으로 인하여 자신은 원하지 않지만 어쩔 수 없이 자원봉사에 참여하게 되는 경우도 있다.

3) 동기파악

자원봉사 동기의 파악은 다음과 같은 방법으로 할 수 있다.

① 자원봉사활동 과정에서 파악

② 자원봉사자, 가족, 비공식체계 속에서 파악

③ 자원봉사 그룹과 기관의 활동을 통해서 파악

④ 관계기관·단체와의 유대관계를 통해서 파악

⑤ 기존문헌과 자료정리 분석을 통해서 파악

⑥ 언론기관의 매체를 통해서 파악

⑦ 그 외의 자원봉사기관·민간사회복지기관 직원과의 인간관계를 통해서 파악

자원봉사의 동기는 자원봉사자의 다양한 요인들에 의해 형성되므로 단독동기로 구성되는 경우는 드물고, 대부분은 복합동기로 나타나게 된다. 또한 처음 가진 자원봉사의 동기가 계속 이어지는 경우도 많지 않고, 자원봉사활동을 하는 과정에서 동기가 바뀌는 경우가 많다. 따라서 동기를 파악하는 것도 정기적으로 할 필요가 있으며, 이에 따라 적절한 동기 충족 방법도 강구해야 할 것이다.

4) 동기충족

자원봉사자도 욕구가 있는 사람이기 때문에 자원봉사활동 과정에서 그들의 자원봉사 동기가 충족되어야 활동의 지속성을 담보할 수 있다. 이를 위해서는 다음과 같은 방법을 생각할 수 있다.

첫째는 자원봉사자의 동기를 충족할 수 있는 프로그램을 개발·실시하는 것이다. 자원봉사자 활용기관은 자원봉사자를 이용하는 곳이지 자원봉사에게 무엇을 제공하는 곳이 아니라고 생각하는 경우가 있다. 자원봉사자도 지역의 복지 자원이므로 이를 잘 활용하기 위해서는 일정한 관리가 필요하다는 사고의 전환이 필요하다. 따라서 자원봉사자 활용 현장에서는 클라이언트의 욕구, 활용기관의 욕구, 자원봉사자의 욕구를 상호 고려한 프로그램을 만들어 실시해야 한다.

둘째는 자원봉사자를 조정할 전문가를 배치하는 것이다. 자원봉사자들의 동기를 충족하는 것은 일련의 과정으로 연결되어 있으므로 이를 잘 관리할 전문인력의 배치가 되어 있지 않으면 효과적인 동기 충족은 어려울 것이다.

2. 인정과 보상

인정과 보상은 자원봉사자의 지속성을 보장하는 유일한 수단은 아니더라도 자원봉사자들이 봉사의 경험에서 만족감을 느끼고 기관에 머무르도록 격려하고 자극하는 중요한 매개체의 역할을 한다. 대부분의 경우 인정 활동은 자원봉사프로그램 성공에 중요한 요인으로 작용하는 것으로 나타났다. 이러한 인정과 감사는 지속적인 바탕에서 전달되어야 하며, 자원봉사자에게 주어지는 관심과 배려는 아주 작은 방법으로 큰 노력 없이도 주어지지만, 자원봉사자 개인에게는 의미 있는 경험이 된다. 즉, 자신이 기관 내에서 가치 있는 존재이고, 소속되어있다는 자부심을 가지게 한다. 보상(compensation)은 조직 구성원이 조직체에서 수행한 일에 대한 대가로서, 인적 자원 유지와 활용은 물론 전체 인적자원관리에서 가장 중요한 기능의 하나로 인식되고 있다. 조직체에서 주어진 업무를 수행하고 성과를 달성하는 과정에서 구성원은 자기의 기술과 능력을 개발해 나간다. 따라서 보상은 조직구성원의 노력에 대한 대가일 뿐만 아니라 인적자원의 개발을 위한 투자라고 할 수 있다. 따라서 보상관리는 이들 요소가 구성원의 능력개발에 작용하도록 촉진제 역할을 해 줄 수 있다는 데에 큰 의의가 있다(최성문, 2004).

인정과 보상의 전달에는 각 개인의 자원봉사 동기 및 욕구가 가장 우선적으로 고려되어야 하므로 자원봉사자들을 개별화하여 의미 있는 보상을 실시하는 것이 관리자의 중요한 임무이다(강문희, 2005). 자원봉사자들은 그들의 기여에 대해 감사와 보상을 받아야 한다. 이러한 인정은 공식적·비공식적 체계를 포함한 많은 과정을 통해서 전달될 수 있다.

첫째, 공식적인 체계는 자원봉사활동에 경의를 표하기 위하여 상, 수료증, 소패, 핀, 감사 만찬, 리셉션 등을 포함한다. 공식적인 인정체계는 지역사회의 승인에 대한 욕구를 가지고 있는 자원봉사자의 욕구를 주로 충족시켜 주는 데에 는 도움을 주지만, 자원봉사 대상자를 돕는 것이 주요 목적인 자원봉사자들에게 는 효과가 없고 때로는 부정적인 영향을 준다. 이런 자원봉사자들에게는 그들의 자원봉사 대상자의 성취를 인정하고, 자원봉사자가 이러한 성취에 기여했다는 것을 인정할 때 동기화된다.

둘째, 비공식적 체계는 가장 효과적인 자원봉사자 인정의 방법이다. 이는 자원봉사자가 수행하는 업무에 대한 직원의 일상적인 감사 표현을 통하여 실현된다. 일상적인 인정은 예를 들어 감사하다고 말하는 것, 그들에게 영향을 미치는 결정에 참여시키는 것, 그들의 가족과 바깥 생활에 대해 관심을 보여 주고 묻는 것, 직원이 받는 대우를 동등하게 받는 것, 그들의 가족에게 감사의 편지를 보내는 것, 그들의 기술을 향상시키기 위하여 훈련에 참석시키는 것, 더 책임감을 느낄 수 있도록 업무에 추천하는 것 등이 있다.

자원봉사자의 인정과 보상에 있어서 중요한 것은 자원봉사를 개별화하여 그들에게 가장 의미 있는 보상을 실시해야 한다는 것이다. 이를 위한 방법으로 자원봉사자의 유형을 동기적 욕구(성취지향적 자원봉사자, 관계지향적 자원봉사자, 권력지향적 자원봉사자)와 활동 스타일(단기 자원봉사자, 장기 자원봉사자)로 나눠서 적합한 인정과 보상을 생각해 볼 수 있다.

성취지향적 자원봉사자에게는 추가적인 훈련과 보다 도전적인 업무가 이상적인 인정의 결과이고, 구체적인 성취에 대한 인정, '최고', '가장'이란 이름의 상을 통한 인정, 동료들에 의해 뽑힌 수상자가 되는 것이 효과적인 인정이다.

관계지향적 자원봉사자에 있어서 인정은 그룹 행사 때나 동료, 가족, 다른 소속 멤버들이 있을 때 주어져야 한다. 인정은 기관 차원에서 기관에 의해서 주어져야 하며 동료들에 의해서 선출되어야 한다. 자원봉사 대상자가 감사의 편지를 쓰거나 또는 상을 수여하는 것을 통하여 인정에 참여해야 한다.

권력지향적인 자원봉사자에게는 권한과 정보에 더 큰 접근을 가능하게 하는 승진이 가장 중요한 인정의 측면이다. 유명인사로부터의 칭찬, 신문 등에 이름이 실려 지역사회에 알려지는 것, 조직의 지도자들에 의한 인정의 결정 등이 적합하다.

장기간 자원봉사자에게는 그룹에 의한 인정, 그룹 상징을 사용한 상품, 조직의 더 큰 권력, 참여, 정보를 수반하는 인정, 권위가 있는 사람에 의한 인정이 주어져야 한다. 단기간 자원봉사에 있어 적합한 인정은 현재 함께 일하고 있는 사람들이 있는 데서 주어지는 인정, 떠날 때 같이 가지고 갈 수 있는 것, 자원봉사자의 가정이나 직장을 통한 인정, 지도감독자나 자원봉사 대상자에 의한 인정의 전달 등이 있다. 인정 및 보상은 자원봉사활동을 촉진시키는 매우 중요한 요인이다. 최소한의 활동경비(교통비, 식사비)는 자원봉사활동에 있어서 부담을 줄이고 지속할 수 있도록 지급해야 하며, 그러기 위해 사회복지기관의 자원봉사에 대한 예산이 확보되어야 한다. 자원봉사자들을 위한 전용 공간을 마련해 휴식과 자원봉사자 간의 정보교환 및 피드백 제공이 이루어질 수 있도록 해야 한다. 인정과 보상의 전달에는 각 개인의 자원봉사 동기 및 욕구가 가장 우선적으로 고려되어야 하므로 자원봉사자들을 개별화하여 의미 있는 보상을 실시하는 것이 중요하다.

사례

보상체계가 작년부터 생겼어요. 다른 때는 없고요. 5월에 ○○축제라고 하는 축제가 있어요. 그 축제 때 자원봉사자 상을 수상해요. ○○축제는 자원봉사자들을 위한 행사는 아니고 우리를 위한 행사인데요. 후원의 밤이라거나 자원봉사자의 날을 잡아서 하자는 얘기도 있었는데 계획상으로는 잡아지지 못했고 여러 가지 여건이 되면 내년쯤엔 하려고 해요.

– 자원봉사관리자

자원봉사자들은 활동에 적극적으로 참여할 수 있도록 정보를 제공해 주는 것을 큰 보상으로 생각한다. 봉사활동을 통해 어떤 이익을 얻을 수 있는지, 어떤 활동들이 가능한지를 알려 주고, 자신이 한 활동들에 대해 자긍심을 가지게 하는 보상에 초점을 둔다. 또한 자원봉사자가 봉사활동을 하면서 스스로 혜택을 누릴 수 있게 한다.

사례

자원봉사자 전체에 대한 어떤 보상책임이 없어요. 봉사자가 활동하다 다쳤을 경우 보상대책이 없거든요. 차량봉사 같은 경우 보험은 일부분에 불과하고 밖에 나가서 활동하는 도중에 생기는 사고들에 대해서는 보상체계가 미비하니까 그런 점이 어려운 것 같아요.

– 자원봉사관리자

3. 갈등관리

갈등이 없는 사람이 없듯이 갈등이 없는 조직도 없다. 특히 여러 가지 복합적인 욕구를 가진 봉사 대상자들과 다양한 동기를 가지고 봉사활동에 참여하거나 까다로운 자원봉사자, 그리고 급격히 변화하는 상황들과 지역사회와 관계하는 조직이나 기관들은 갈등발생의 원인이 많을 수 있다. 그러므로 사람들의 협동체계인 자원봉사활동과 조직은 갈등을 해소시키거나 해결하지 않으면 본연의 기능을 수행하기조차 힘들다. 조직과 자원봉사자, 직원과 자원봉사자, 자원봉사자 상호 간, 봉사대상자와 자원봉사자 사이의 갈등해소를 위해서 조직의 자원봉사관리자나 담당 실무자는 상당량의 업무를 갈등관리에 투입해야 한다.

1) 갈등유형

(1) 조직 간의 갈등

시설에서 나타나는 갈등은 자원봉사 참여 조직 간의 갈등으로 참여하는 조직들 간의 경쟁심리에서 오는 갈등이 많다. 많은 자원봉사 단체들이 행사에 참여할 경우, 서로의 활동 영역 간에 보이지 않는 갈등이 나타나는데, 그런 경우에는 행사 전에 미리 사전교육을 시키거나 서로의 활동 영역을 확연하게 구분해 줌으로써 더 이상 부딪히는 일이 없게 한다. 또 관리담당자는 가능한 한 행사에 한 단체만을 초대하여 여러 단체가 함께 봉사활동을 하면서 발생할 수 있는 갈등을 최소화하고 있다.

사례

저희가 다른 갈등관계는 모르겠는데 여러 조직들이 행사에 참여하다 보니까 이쪽 학생단체 저쪽 학생단체들이 같이 모이면 서로 융화가 안 돼요. 통제가 안 될 경우가 많아 굉장히 어렵더라고요. 이런 경우 저희가 효과를 봤던 게 행사를 잡기 전에 다른 조직들이지만 한꺼번에 모아 놓고 교육을 했어요. 전체 행사에 대한 브리핑을 한번 해 주고 자원봉사자가 여기서 많이 필요하고 여기서 더 필요하니까 인원조정을 그때그때 '어떻게 해 달라'라고 요구하는데 두 개의 조직이니까 힘들죠. 그 다음부터는 행사를 하면 가능하면 하나의 자원봉사 단체에서 연결하는 식으로 잡아요. 아니면 전혀 다르게 분류될 수 있는 업무들을 따로 준다거나 하니까 훨씬 원활하게 이루어지는 것 같아요. 자원봉사자가 그럴 수밖에 없죠. 자기네 조직도 자원봉사 기관과 친해지고 싶고 밀접해지고 싶고 서로들 그런 욕구들이 있으니까 경쟁심이 생기고 그런 게 있더라고요.

– 자원봉사관리자

(2) 기관과 자원봉사자 간의 갈등

사회복지 기관에서는 기관과 자원봉사자 간의 갈등, 예를 들어 자원봉사자의 활동이 만족스럽지 못할 경우에 이를 바로 잡는 데서 생기는 갈등이 있다. 이때는 완곡한 방법으로 얘기함으로써 그 상황에 맞게 처리한다.

사례

예를 들어, 자원봉사자들이 많이 오시면 한 아이를 놓고 배 마사지 서비스를 해 주는데 하는 분은 한 분인데, 그 주위에 둘러앉아서 수다를 떨고 계시는 경우 선생님들이 지나가시다가 일정 시간은 그냥 놔둬요. 쉬시라고 놔두었다가 어느 정도 시간이 지나면 가서 얘기하죠. "어머니, 쉴 만큼 쉬셨으면 얼른 일 하시죠." 이런 식으로 말씀드린다거나 "쉬셨다가 일손이 필요하니까 나중에 와 주세요." 하고 얘기를 하죠. 자원봉사자들에게 강제적으로 "일해야 하니까 와 주세요." 하는 것은 별로 안 좋죠. 그 상황을 보고 상황에 맞게끔 하는 게 좋죠.

– 자원봉사관리자

한편 기관 업무에 방해가 되는 자원봉사자의 경우도 있다. 이런 경우 간담회나 평가회의 같은 공식적인 방법을 통해 얘기하고 비공식적으로 접촉해서 재배치하거나 활동을 종결시키는 것으로 마무리한다.

(3) 자원봉사자와 유급직원 간의 갈등

자원봉사자와 유급직원 간 갈등은 대부분 직원들이 자원봉사자를 꺼리는 이유에서 비롯된다. 직원이 자원봉사자를 꺼리게 되는 이유를 보면 능력 있고 오랜 기간 봉사활동을 해 온 자원봉사자는 신입직원의 업무를 위협하여 직원이 자신의 위치를 불안하게 여길 수 있는 요인이 되기 때문이다. 직원은 자원봉사자들이 일을 잘하지 못할 것이라는 우려와 일을 못하는 자원봉사자에 대한 부담감, 자원봉사 프로그램 계획에 대한 참여 부족, 자원봉사자와 직원 간의 업무가 모호하거나 자원봉사자의 지나친 요구로 인한 직원의 업무시간 부족 등 직원이 아무리 일을 잘해도 자원봉사자만을 드러내고 직원에게는 아무런 보상이 없을 때 갈등의 원인이 될 수 있다. 그리고 자원봉사가 기관의 최고 담당 실무자에게 우선순위가 아닐 때, 관리자가 자원봉사자에 대한 관리를 어떻게 해야 할지 모를 때, 자원봉사자의 업무의 질에 대한 통제를 할 수 없을 때, 이전에 직원이 자원봉사자와의 별로 좋지 않은 경험 등에서 비롯될 수 있다.

직원과 자원봉사자의 관계를 증진시키는 방법으로 우선 자원봉사에 관하여 분명하게 쓰인 조직의 정책(자원봉사운영관리규정)이 필요하다. 이 정책에는 자원봉사자의 참여를 승인하고, 유급직원과의 관계 및 자원봉사자와 유급직원의 역할에 대한 분명한 언급이 있어야 한다. 이렇게 잘 마련된 정책 안에서 자원봉사자의 봉사활동 참여에 대해서는 직원과 같이 계획을 세우도록 하는 것, 직원과 자원봉사자가 서로를 잘 알 수 있도록 직원회의나 친교모임과 같은 모임을 만드는 것, 자원봉사자가 해야 할 일과 업무 스케줄, 지도·감독 체계, 인정과 보상체계가 쓰인 직무설계서를 준비해야 한다. 직무설계서는 직원과 자원봉사자가 모두 가지고 있어야 하며 봉사활동 시작 전에 상호 검토하여 봉사활동에 임하고 활동 중에 필요에 따라 조정될 수 있어야 한다.

직원이 질서를 위한 권위를 가지기 위해서는 자원봉사자가 해야 할 일, 필요한 기술들과 자원봉사자의 최종 선발과정에 직원이 최종적인 결정권을 가지도록 해야 한다. 그리고 직원들에게 자원봉사활동과 자원봉사자에 대한 오리엔테이션을 실시하고 자원봉사자가 자신의 일을 수행하는 데에 필요한 훈련을 받도록 적극 배려해야 한다. 누가 어떤 자원봉사활동을 하고 있는지 알고 그들의 다양한 동기, 기술, 능력, 관심과 욕구가 무엇인지 이해하도록 도움을 주어야 한다. 활동을 마치면 직원, 자원봉사자 그리고 담당 실무자들이 같이 참여하는 봉사단위, 주, 월, 분기, 연간 등 적절한 시기의 평가과정을 가지도록 하며 자원봉사자를 효과적으로 잘 관리한 직원에게도 적절한 보상을 하도록 해야 한다. 자원봉사자들에게도 직원이 하는 일, 직원의 기술, 훈련 정도, 동기, 욕구 그리고 업무분담 등에 대해 알리고 이해를 구하는 것이 좋다.

자원봉사자와 직원이 팀으로 일을 잘 하였을 때는 양쪽 모두 인정을 해야 하며, 함께 팀을 이루어 일을 하였을 때 많은 것을 성취할 수 있음을 경험하도록 해야 한다. 이러한 경험을 통해 자원봉사자들과 모든 직원들이 우호적인 관계를 지속하도록 하고 담당 실무자가 그들을 위해 일하고 있음을 믿도록 하며 중개자로서의 역할을 하고 분명한 의사소통을 촉진하도록 해야 한다.

(4) 동료 자원봉사자들 간의 갈등

좋은 동료관계는 자원봉사자의 헌신과 노력을 고취시키는 요인이 되기도 하지만 반대로 동료들과 갈등을 일으키거나 관계가 어긋나면 활동을 중단하게 되고 결국 조직을 떠나게 된다. 자원봉사자들이 헌신과 희생으로 봉사활동에 참여하고 있지만 각기 독특한 특성을 가진 여러 사람들이 모인 집단이므로 자원봉사자 사이의 갈등이 종종 발생하는 것을 볼 수 있다.

자원봉사자는 담당 실무자나 동료 그리고 봉사 대상으로부터 자신이 만족스러운 존재로 인정받기를 바란다. 그러므로 활동에 대한 보상과 인정이 반드시 이루어져야 하고 공정해야 한다. 갈등의 예를 보면 팀과 함께 일할 때 봉사 대상자로부터 다른 동료보다 더 많은 관심을 받기 위해 서비스 경쟁을 하는 경우 긍정적인 측면도 있지만 대개 오래 지속되지 못하고 스스로 소진되거나 동료 간의 갈등으로 팀이 깨어지는 결과를 가져오기도 한다.

동료 자원봉사자들 간의 갈등을 원만히 해결하기 위해서는 담당 실무자가 자원봉사자 사이의 바람직한 관계형성에 세심한 주의와 배려를 아끼지 않아야 한다. 무엇보다 자원봉사관리자의 공정하고 일관된 태도가 필요하며 갈등을 유발시킬 수 있는 요인들에 대한 자원봉사 정책과 해결방안이 직무설계서에 명시되어 있을 때 갈등이 보다 명쾌하게 해결될 수 있다.

(5) 자원봉사 대상자와의 갈등

자원봉사자와 클라이언트 사이에서도 갈등이 발생하게 된다. 예를 들어, 자원봉사자와 클라이언트 사이에 다툼이 생겼을 경우 관리자는 상담을 통해 둘 사이를 조정해 주거나 자원봉사자를 설득한다. 그래도 해결되지 않으면 재배치와 재교육이 이루어지는데 사례에 따라 다르게 처리된다. 예를 들면, 도벽이 있는 봉사자가 클라이언트의 물건에 자꾸 손대는 것을 알게 된 기관에서는 그 자원봉사자의 활동에 대해 중단을 유도하고 봉사활동을 종결시키게 된다.

자원봉사 대상자와의 갈등의 원인으로는 다음과 같은 것들이 있다.

① **자원봉사자의 일방적 태도**: 자원봉사자와 봉사 대상자와의 갈등 요인은 자원봉사자가 대상자 입장을 일방적으로 해석하고 일방적으로 직무를 수행할 때 발생할 수 있으며, 봉사 대상자의 욕구를 이해하지 못하고 직무를 수행할 때도 발생할 수 있다. 즉, 봉사 대상자가 원치 않는 활동을 일방적으로 주는 것, 대상자를 불편하게 하는 것 등이 포함된다. 예를 들면, 자원봉사자가 자신의 종교를 강요하거나 대상자의 생활 리듬을 고려하지 않고 자신의 계획에 따른 일방적인 활동 등을 자주 나타낼 때이다.

② **자원봉사자의 주도성**: 자원봉사자가 자신은 자선을 베푸는 우월자로서, 봉사 대상자는 베풂을 받는 열등자로서 생각하게 하는 것, 동정심으로 봉사활동에 임하여 대상자를 비참하게 하거나 무력감을 가지게 하는 것, 지나치게 감정적으로 대상자를 대하여 의존심을 야기시키는 것은 주도적인 태도로서, 봉사 대상자를 수치스럽게 하거나 의존하게 만들 수 있다.

③ **자원봉사자의 자기도취성**: 자원봉사자는 자신이 사랑이 넘쳐나고 희생정신이 강한 사람처럼 행동하는 경우가 있을 수 있다. 자원봉사자로서 해야 할 일과 해서는 안 되는 일을 구별하지 못하거나 자기 자신에 도취되어 영웅주의적으로 행동할 때 대상자와의 갈등이 야기될 수 있다. 관리자는 이러한 성향의 자원봉사자에게 신중하게 봉사활동의 동기와 의미를 설명해야 한다.

④ **자원봉사자의 충동적 봉사활동**: 자원봉사자가 특정 목적을 위해 자신의 의도대로 즉흥적으로 활동하거나 봉사활동의 체계적인 과정에 따른 활동이 아닌 다른 활동을 할 때 자원봉사서비스를 받는 대상자가 당황스러울 수 있다. 이러한 일이 반복적으로 일어나면 대상자와의 문제뿐만 아니라 직원과의 관계에서도 갈등이 생길 수 있다. 그러므로 일시적으로 봉사활동을 하고자 하는 자원봉사자는 이벤트성 봉사 영역 등에 배치하고 대인관계 봉사에 투입을 원할 경우에는 최소 6개월 이상 지속할 수 있도록 하는 것이 바람직하다.

2) 갈등 해결방법

(1) 갈등 자체의 해결

갈등이 어떤 종류인지 진단해 보고 문제를 직면해야 한다. 나타난 갈등상황이 가져올 수 있는 직접적인 영향에 대해 생각해 보고 갈등관계에 연관되어 있는 사람들이 방어적이지 않도록 하는 것이 필요하다. 또한 갈등의 상황 자체를 해결해야 하고 사람을 비판하지는 말아야 한다.

(2) 적극적인 경청

갈등을 해결하는 방법으로 적극적으로 다른 사람들의 관점에 대해 들어야 한다. 자신이 다른 사람의 관점을 바로 이해했는지 그 사람의 말을 반복함으로써 의사소통 전달을 분명히 해야 한다. 그리고 다른 사람들의 말과 감정을 존중해야 한다.

(3) 적극적인 지지

마지막 단계로 문제해결은 모두가 문제 상황이 바뀌어야 한다는 것에 동의할 때에만 시작할 수 있다. 그러므로 갈등에 관련된 모든 사람들이 봉사활동의 본래 목적을 상기하도록 하여 개인의 감정을 해소할 수 있도록 지지·격려가 필요하다. 업무 재배치로 문제를 해결할 수도 있다.

(4) 업무 재배치

갈등을 다루고 문제를 해결하는 데는 많은 노력이 소요되고 많은 이들의 협력을 필요로 한다. 갈등과 문제를 해결하고자 할 때는 서로에게 유익한 Win-Win 전략으로 성공할 수 있다.

3) 자원봉사자의 봉사활동 종결

봉사활동 중 자원봉사자로서의 품격을 떨어뜨리거나 문제행동을 하는 자원봉사자는 생산적으로 일하려는 다른 자원봉사자들에게 좋지 않은 영향을 줄 수 있다. 그러므로 문제를 일으키는 자원봉사자에게는 반드시 어떠한 조치를 취해야 한다. 자원봉사자가 문제를 일으킨 상황에 대해 가능한 신속하고 명백하게 그리고 단호하게 잘못된 것에 대해 말해야 한다. 그리고 자원봉사자에게 봉사활동 종결 사실을 알리되 논쟁은 하지 않는 것이 좋다. 또한 상담도 하지 않는 편이 나은데 이는 자원봉사관리자의 상담은 대안적인 행동으로 이미 시도했었기 때문에 상담으로 그들이 실무자의 충고를 받아들이지 않으려는 경우가 많기 때문이다. 아무리 문제를 일으킨 자원봉사자라 할지라도 활동을 종결하기란 즐거운 일이 아니다. 하지만 문제가 있다고 결정된 자원봉사자에게 서면으로 기관과의 관계 종결을 공식적으로 알리며 이번 봉사활동의 종결을 완료해야 한다.

4. 인증관리

1) 자원봉사자 인증관리의 필요성

자원봉사는 자발적으로 보수를 받지 않고 행하는 활동으로서 자기만족과 자아실현을 포함하는 활동이기도 하지만 활동에 대한 상응하는 인정과 보상이 이루어지지 않으면 지속적으로 활동을 전개하지 못하는 경우가 있을 수 있다. 그러므로 자원봉사자의 중도탈락을 예방하고 그들이 지속적으로 봉사활동에 참여할 수 있도록 하는 동기부여가 무엇보다도 필요하다. 자원봉사활동을 활성화시키기 위한 방안은 다양하지만 자원봉사자에 대한 적극적인 유인과 지속적인 참여를 위해서는 자원봉사활동의 실적과 수준에 따라 인정과 보상을 제공하는 인증관리의 실시가 우선되어야 할 것이다(김남순, 1997).

자원봉사활동 인증관리는 자원봉사활동을 개인의 일방적인 '희생과 보람'에서 '인정과 보상' 체계로 전환하여 자원봉사 활동실적이 일정 수준 이상인 사람이 필요시 자원봉사서비스를 되돌려 받을 수 있도록 하는 제도이다. 이것은 자원봉사가 사회구성원들 간의 상호부조와 협력관계의 일환이며, 사회적공동생활을 이해하고 운명공동체의 의식을 확인하는 것이라는 철학에 기초를 두고 있다. 즉, 자원봉사활동 인증관리는 자원봉사를 활성화시키고자 하는 목적과 자원봉사에 대한 보상을 동시에 추구하는 제도인 것이다.

2) 자원봉사자 인증관리의 기본 원칙

자원봉사자의 활동에 대한 인증은 1일 8시간 이내를 원칙으로 하며, 실제 활동시간에 한하여 인증해 주도록 하고, 자원봉사활동 확인·실적 인정은 활동 종료 3개월 이내에 이루어지도록 함을 원칙으로 하고 있다. 자원봉사자의 인증관리는 다음과 같은 기본적인 원칙에 의해 이루어져야 한다(행정안전부, 2020).

① 자원봉사활동의 인증은 자원봉사자와 관련 기관단체 간 상호신뢰를 바탕으로 자원봉사활동에 관한 정보와 기록·관리에 있어 위조, 변조, 누락, 추가 등으로 인한 왜곡이 발생하지 않도록 해야 한다.

② 인증대상이 되는 봉사활동은 자원봉사의 공익성(공공성, 비영리성), 무보수성의 기준을 충족하여야 한다.

③ 매 활동 혹은 누적시간에 따라 인증관리를 해야 한다.

④ 봉사자가 요구 시 자원봉사활동에 대한 소정의 인증서를 발급해야 한다.

⑤ 자원봉사활동인증은 자원봉사자의 연령제한이 없이 자원봉사자 개인단위로 해야 한다. 단, 가족단위 봉사활동 중 미취학아동 봉사자가 직접 봉사활동에 참여한 경우에는 시간인증이 가능하다.

⑥ 자원봉사활동을 실제 시간보다 늘리거나 양도하는 것은 금지한다.

⑦ 자원봉사활동 신청의 승인은 활동 전 7일 전까지, 자원봉사활동의 인증은 활동 종료 후 1개월 이내에 하는 것을 원칙으로 한다.

⑧ 자원봉사활동의 인증 및 관리방법, 절차는 가능한 간편하고 효율적이어야 한다.

3) 온라인 자원봉사 인증관리

자원봉사자의 온라인 자원봉사는 비영리와 공공성의 목적으로 수행된 직접적인 봉사활동이 온라인을 기반으로 이루어지는 자원봉사활동이다. 이것은 시간·공간적 제약을 받지 않고 쉽게 자원봉사에 접근하여 참여할 수 있으며, 자원봉사 영역을 확장하여 자원봉사 참여 문화를 확산하기 위한 것이다. 활동유형으로는 ① 번역 및 통역으로 국제행사 및 사회적 약자(청각장애인 등)를 위한 온라인 통·번역 활동, ② 상담 및 자문으로 마케팅, 법률 등의 온라인 상담 및 전문 자문 제공, ③ 모니터링 활동으로 환경, 안전 등 공익적 모니터링 활동, ④ 인식개선 및 홍보-사회문제해결을 위한 다양한 온라인 활동, ⑤ 전문기술 제공으로 콘텐츠 제작 등 다양한 분야의 기술 제공 등이 있다. 온라인 자원봉사활동은 1365 자원봉사포털을 통해 활동인증서를 발급하는 방법으로 인증을 하고 있다(행정안전부, 2020).

한편 자원봉사활동의 인증관리는 자원봉사자에게 인정과 보상을 제공하여 자원봉사를 활성화시키는 데 중요한 역할을 수행하게 될 것이다. 그러나 자원봉사활동 인증관리가 단순히 베푼 것을 되돌려 받는다는 인상을 주게 해서는 안 되며, 자원봉사자가 자긍심을 갖고 활동하도록 하는 것이 무엇보다도 중요하고, 자원봉사활동을 적극적으로 수행하는 과정 속에서 인정과 보상을 받는다는 이미지를 갖게 해야 한다. 또한 자원봉사활동 인증관리는 자원봉사활동에 대한 엄정한 실적관리와 실적에 따른 효과적인 서비스의 제공을 통하여 신뢰성과 효율성을 확보해야 한다.

SUPPLEMENT

부록

자원봉사활동 기본법

[시행 2017. 7. 26.] [법률 제14839호, 2017. 7. 26., 타법개정]

제1조(목적) 이 법은 자원봉사활동에 관한 기본적인 사항을 규정함으로써 자원봉사활동을 진흥하고 행복한 공동체 건설에 이바지함을 목적으로 한다.
[전문개정 2014. 1. 7.]

제2조(기본 방향) 자원봉사활동의 진흥을 위한 정책은 다음 각 호의 사항을 기본 방향으로 하여야 한다.

1. 자원봉사활동은 국민의 협동적인 참여 능력을 높일 수 있는 방향으로 추진하여야 한다.
2. 자원봉사활동은 무보수성, 자발성, 공익성, 비영리성, 비정파성(非政派性), 비종파성(非宗派性)의 원칙 아래 수행될 수 있도록 하여야 한다.
3. 모든 국민은 나이, 성별, 장애, 지역, 학력 등 사회적 배경에 관계없이 누구든지 자원봉사활동에 참여할 수 있도록 하여야 한다.

4. 자원봉사활동의 진흥을 위한 정책은 민·관 협력의 기본 정신을 바탕으로 하여 추진하여야 한다.

[전문개정 2014. 1. 7.]

제3조(정의) 이 법에서 사용하는 용어의 뜻은 다음과 같다.

1. "자원봉사활동"이란 개인 또는 단체가 지역사회·국가 및 인류사회를 위하여 대가 없이 자발적으로 시간과 노력을 제공하는 행위를 말한다.
2. "자원봉사자"란 자원봉사활동을 하는 사람을 말한다.
3. "자원봉사단체"란 자원봉사활동을 주된 사업으로 하거나 이를 지원하기 위하여 설립된 비영리 법인 또는 단체를 말한다.
4. "자원봉사센터"란 자원봉사활동의 개발·장려·연계·협력 등의 사업을 수행하기 위하여 법령과 조례 등에 따라 설치된 기관·법인·단체 등을 말한다.

[전문개정 2014. 1. 7.]

제4조(국가와 지방자치단체의 책무) 국가와 지방자치단체는 자원봉사활동의 진흥에 관한 시책을 마련하여 국민의 자원봉사활동을 권장하고 지원하여야 한다.

[전문개정 2014. 1. 7.]

제5조(정치활동 등의 금지 의무) ① 제14조, 제18조 및 제19조에 따라 지원을 받는 자원봉사단체 및 자원봉사센터는 그의 또는 그 대표의 명의로 특정 정당이나 특정인의 선거운동을 하여서는 아니 된다.

② 제1항에서 "선거운동"이란 「공직선거법」 제58조 제1항에 따른 선거운동을 말한다.

[전문개정 2014. 1. 7.]

제5조의2(자원봉사활동의 강요 금지) 누구든지 개인 또는 단체에 대하여 자원봉사활동을 강요하여서는 아니 된다.

[본조신설 2016. 12. 27.]

제6조(다른 법률과의 관계) 자원봉사활동의 진흥 등에 관하여는 다른 법률에 특별한 규정이 있는 경우를 제외하고는 이 법에서 정하는 바에 따른다.

[전문개정 2014. 1. 7.]

제7조(자원봉사활동의 범위) 이 법의 적용을 받는 자원봉사활동의 범위는 다음 각 호와 같다.

1. 사회복지 및 보건 증진에 관한 활동
2. 지역사회 개발·발전에 관한 활동
3. 환경보전 및 자연보호에 관한 활동
4. 사회적 취약계층의 권익 증진 및 청소년의 육성·보호에 관한 활동
5. 교육 및 상담에 관한 활동
6. 인권 옹호 및 평화 구현에 관한 활동
7. 범죄 예방 및 선도에 관한 활동
8. 교통질서 및 기초질서 계도에 관한 활동
9. 재난 관리 및 재해 구호에 관한 활동
10. 문화·관광·예술 및 체육 진흥에 관한 활동
11. 부패 방지 및 소비자 보호에 관한 활동
12. 공명선거에 관한 활동
13. 국제협력 및 국외봉사활동
14. 공공행정 분야의 사무 지원에 관한 활동
15. 그 밖에 공익사업의 수행 또는 주민복리의 증진에 필요한 활동

[전문개정 2014. 1. 7.]

제8조(자원봉사진흥위원회) ① 자원봉사활동에 관한 주요 정책을 심의하기 위하여 국무총리 소속으로 관계 중앙행정기관 및 민간 전문가로 구성된 자원봉사진흥위원회를 둔다.

② 자원봉사진흥위원회는 다음 각 호의 사항을 심의한다.

1. 자원봉사활동의 진흥을 위한 정책 방향의 설정 및 협력·조정
2. 자원봉사활동의 진흥을 위한 국가기본계획과 연도별 시행계획에 관한 사항
3. 자원봉사활동의 진흥을 위한 제도 개선에 관한 사항
4. 그 밖에 자원봉사활동의 진흥에 필요한 사항

③ 제2항에 따른 심의 사항을 미리 검토하고 관계 기관 간의 협의 사항을 정리하기 위하여 자원봉사진흥위원회에 실무위원회를 둘 수 있다.

④ 자원봉사진흥위원회 및 실무위원회의 구성·조직 및 운영에 필요한 사항은 대통령령으로 정한다.

[전문개정 2014. 1. 7.]

제9조(자원봉사활동의 진흥에 관한 국가기본계획의 수립) ① 행정안전부장관은 관계 중앙행정기관의 장과 협의하여 자원봉사활동의 진흥을 위한 국가기본계획(이하 "기본계획"이라 한다)을 5년마다 수립하여야 한다. 〈개정 2014. 11. 19., 2017. 7. 26.〉

② 기본계획에는 다음 각 호의 사항이 포함되어야 한다.

1. 자원봉사활동의 진흥에 관한 기본 방향
2. 자원봉사활동의 진흥에 관한 추진 일정
3. 관계 중앙행정기관의 자원봉사활동에 관한 추진 시책
4. 자원봉사활동의 진흥을 위하여 필요한 재원(財源)의 조달방법
5. 그 밖에 자원봉사활동의 진흥을 위하여 특히 필요하다고 인정되는 사항

[전문개정 2014. 1. 7.]

제10조(연도별 시행계획의 수립) 관계 중앙행정기관의 장과 지방자치단체의 장은 기본계획에 따라 연도별 시행계획을 수립·시행하여야 한다.

제11조(학교·직장 등의 자원봉사활동 장려) ① 학교는 학생의 자원봉사활동을 권장하고 지도·관리하기 위하여 노력한다.

② 직장은 직장인의 자원봉사활동을 촉진하기 위하여 노력한다.

③ 학교·직장 등의 장은 학생 및 직장인 등의 자원봉사활동에 대하여 그 공헌을 인정하여 줄 수 있다.

[전문개정 2014. 1. 7.]

제12조(포상) 국가와 지방자치단체는 국가와 사회에 현저한 공로가 있는 자원봉사활동을 한 자원봉사자, 자원봉사단체, 자원봉사센터 등에 대하여 대통령령으로 정하는 바에 따라 포상할 수 있다.

[전문개정 2014. 1. 7.]

제13조(자원봉사자의 날 및 자원봉사주간) ① 국가는 국민의 자원봉사활동에 대한 참여를 촉진하고 자원봉사자의 사기를 높이기 위하여 매년 12월 5일을 자원봉사자의 날로 하고 자원봉사자의 날부터 1주일간을 자원봉사주간으로 설정한다.

② 자원봉사자의 날 및 자원봉사주간의 행사에 필요한 사항은 대통령령으로 정한다.

[전문개정 2014. 1. 7.]

제14조(자원봉사자의 보호) ① 국가와 지방자치단체는 자원봉사활동이 안전한 환경에서 이루어질 수 있도록 노력하여야 한다.

② 자원봉사자에 대한 보험의 가입 등 보호의 종류와 내용에 관하여 필요한 사항은 대통령령으로 정한다.

[전문개정 2014. 1. 7.]

제15조(자원봉사활동의 관리) 자원봉사단체 및 자원봉사센터는 자원봉사자에 대한 교육훈련 및 안전대책 등이 체계적으로 관리될 수 있도록 노력하여야 한다.

제16조(국유 · 공유 재산의 사용) 국가와 지방자치단체는 「국유재산법」 또는 「공유재산 및 물품 관리법」에도 불구하고 자원봉사활동의 진흥을 위하여 자원봉사단체 및 자원봉사센터가 대통령령으로 정하는 특정한 사업을 수행하기 위하여 국유·공유 재산이 필요하다고 인정하면 이를 무상으로 대여하거나 사용하게 할 수 있다.
[전문개정 2014. 1. 7.]

제17조(한국자원봉사협의회) ① 자원봉사단체는 전국 단위의 자원봉사활동을 진흥·촉진하기 위한 다음 각 호의 활동을 하기 위하여 한국자원봉사협의회를 설립할 수 있다.

1. 회원단체 간의 협력 및 사업 지원
2. 자원봉사활동의 진흥을 위한 대국민 홍보 및 국제교류
3. 자원봉사활동과 관련된 정책의 개발 및 조사、연구
4. 자원봉사활동과 관련된 정책의 건의
5. 자원봉사활동과 관련된 정보의 연계 및 지원
6. 그 밖에 자원봉사활동의 진흥과 관련하여 국가 및 지방자치단체로부터 위탁받은 사업

② 한국자원봉사협의회는 법인으로 한다.

③ 한국자원봉사협의회는 정관을 작성하여 행정안전부장관의 인가를 받아 등기함으로써 설립된다. 〈개정 2014. 11. 19., 2017. 7. 26.〉

④ 한국자원봉사협의회의 조직과 운영 등에 필요한 사항은 대통령령으로 정한다.
[전문개정 2014. 1. 7.]

제18조(자원봉사단체에 대한 지원) 국가 및 지방자치단체는 자원봉사단체의 활동에 필요한 행정적 지원을 할 수 있으며 「비영리민간단체지원법」에 따라 사업비를 지원할 수 있다.

[전문개정 2014. 1. 7.]

제19조(자원봉사센터의 설치 및 운영) ① 국가기관 및 지방자치단체는 자원봉사센터를 설치할 수 있다. 이 경우 자원봉사센터를 법인으로 하여 운영하거나 비영리 법인에 위탁하여 운영하여야 한다.

② 제1항 후단에도 불구하고 자원봉사활동을 효율적으로 추진하기 위하여 필요하다고 인정할 경우에는 국가기관 및 지방자치단체가 운영할 수 있다.

③ 국가는 자원봉사센터의 설치·운영이 활성화될 수 있도록 적극 노력하여야 하며, 지방자치단체는 자원봉사센터의 운영에 필요한 경비를 지원할 수 있다.

④ 자원봉사센터 장의 자격요건과 자원봉사센터의 조직 및 운영 등에 필요한 사항은 대통령령으로 정한다.

[전문개정 2014. 1. 7.]

제20조(벌칙) 자원봉사단체 및 자원봉사센터가 제5조에 따른 정치활동 등의 금지 의무를 위반한 경우에는 「공직선거법」 제255조 제1항 제11호에 따른 벌칙을 적용한다.

[전문개정 2014. 1. 7.]

REFERENCE

참고문헌

» 강문희(2005). 목포지역 사회복지기관·시설의 자원봉사관리에 관한 연구. 목포대학교 대학원 석사학위논문.

» 고수현(2001). 한국사회보장론. 형설출판사.

» 고양곤 외(2003). 노인과 자원봉사활동. 학지사.

» 교육부(2013). 봉사활동 시간인정 기준 시행계획.

» 교육부(2014). 대학사회봉사활성화를 위한 제도 구축 방안에 관한 연구.

» 교육부(2018). 2018년 교육기본통계 주요내용.

» 구자행(2005). 시민운동과 자원봉사활동의 연계·협력: 자원봉사관리자포럼. 한국자원봉사관리협회.

» 구혜영(2008). 자원봉사실천론. 신정.

» 국가인권위원회(2008). 장애인차별금지 및 권리 등에 관한 법률 설명회 자료.

» 권민균 외(2005). 아동발달. 창지사.

» 권순미(2000). 청소년 자원봉사활동의 지속성에 영향을 미치는 요인에 관한 탐색연구. 서울여자대학교 대학원 박사학위논문.

» 권승숙(2009). 가족 자원봉사활동과 가족건강성의 관계에 관한 연구. 한양대학교 대학원 석사학위논문.

» 권중돈 외(2008). 자원봉사의 이해와 실천. 학지사.

» 권치영 외(2006). 자원봉사 프로그램 매뉴얼. 서울특별시 자원봉사센터.

» 김경자(2019). 대한노인회 조화로운 갈등교육 교재.

» 김기태 외(1998). 자원봉사활동에 있어서 장애인 인력활용에 관한 연구. 사회복지연구, 8.

» 김동배(2005). 시민사회와 자원봉사. 학지사.

» 김매이 외(2014). 대학 사회봉사 활성화를 위한 제도 구축 방안에 관한 연구. 교육부.

» 김명숙(2000). 자원봉사활동에 있어서 전문인력 활용에 관한 연구. 계명대학교 대학원 석사학위논문.

» 김명현 외(2013). 결혼이주여성의 생활세계. 경인문화사.

» 김범수 외(2004), 자원봉사의 이해. 학지사.

» 김범수 외(2018). 자원봉사론. 학지사.

» 김성이 외 편저(2003). 자원봉사총론. 양서원.

» 김성희 외(2018). 2017년 장애인실태조사. 보건복지부, 한국보건사회연구원.

» 김숙경(2001). 사회복지분야 자원봉사자의 지속적 활동에 영향을 미치는 요인에 관한 연구. 대구대학교 대학원 박사학위논문.

» 김영민 외(2016). 청소년지도방법론. 한국방송통신대학교출판문화원.

» 김영호(1997). 자원봉사활동의 활성화 방법. 학문사.

» 김영호 외(1998). 자원복지센터 설치 및 운영에 관한 연구. 강남대학교출판부.

» 김영호 외(2006). 자원봉사의 이론과 실제. 창지사.

» 김오남(2008). 결혼이민자가족의 이해. 집문당.

» 김은경(2002). 부모의 자원봉사활동 참여와 청소년 자원봉사활동에 관한 연구. 명지대학교 대학원 석사학위논문.

» 김은미 외(2009). 다문화 사회. 나남.

» 김익균 외(2013). 자원봉사론. 정민사.

» 김정옥 외(2003). 가족 건강성증진을 위한 가족자원봉사 프로그램 개발에 관한 연구. 한국가족관계학회지, 8(3).

» 김종천(1996). 정신장애인의 욕구 결정요인. 중앙대학교 대학원 박사학위논문.

» 김한겸 외(2013). 대학봉사 발전방향 제안. 한국대학사회봉사협의회 정책과제 보고서.

» 김혁옥 외(2008). 자원봉사활동 관리 표준매뉴얼 개발 연구. 행정안전부.

» 김혜령 외(2011). 가족자원봉사 프로그램개발과 만족도에 관한 연구. 대한가정학회지, 49(2).

» 김혜선(2004). 자원봉사에 대한 인센티브제공이 자원봉사활동에 미치는 영향. 인천대학교 대학원 석사학위논문.

» 김혜영 외(2018). 자원봉사론. 어가.

» 남복현(2010). 한국과 베트남 국제결혼을 통해 본 다문화가족의 이해. 장서원.

» 남진아(1998). 일본의 자원봉사에서 본 우리나라 자원봉사활동관리에 관한 연구. 숭실대학교 대학원 석사학위논문.

» 동아일보(2007. 12. 5.). 보도자료.

» 류기형 외(2009). 자원봉사론. 양서원.

» 류정희(2018). 아동종합실태조사. 한국보건사회연구원.

» 박상철(2008). 노화의 새로운 개념. 건강의 벗. 유한양행.

» 박세경 외(2010). 민간복지사와 확충을 위한 자원봉사활성화 방안의 모색. 한국보건사회연구원.

» 박윤애(2007). 자원봉사관리자의 역량강화를 위한 비전 만들기. 제11차 자원봉사관리자포럼. 한국자원봉사관리협회.

» 박태영 외(2016). 자원봉사론. 공동체.

» 보건복지부(2019). VMS 사회복지 자원봉사 통계연보.

» 보건복지부(2020). 장애인등록현황(2019년).

» 보건복지부, 중앙아동보호전문기관(2018). 2018 아동학대 주요통계.

» 볼런티어21(2001). 자원봉사 관리자 교육. 볼런티어21.

» 볼런티어21(2002). 자원봉사 관리자 교육매뉴얼. 볼런티어21.

» 볼런티어21(2004). 자원봉사 관리자 아카데미 일반과정.

» 삼성사회봉사단(1996). 자원봉사의 이해와 활동방법.

» 서울특별시자원봉사센터(2006). 바람직한 자원봉사센터의 운영모형. 서울특별시자원봉사센터.

» 서혜경(2002). 노인에 의한 자원봉사 프로그램. 따뜻한 세상을 여는 노후 자원봉사. 한국노년학회, 노인자원봉사연구회, 사회복지공동모금회.

» 성민선(1997). 기업의 자원봉사, 사회복지 리뷰. 가톨릭대학교 사회복지연구소.

» 안은영(2002). 자원봉사관리과정이 자원봉사활동 지속성에 미치는 영향에 관한 연구. 연세대학교 대학원 박사학위논문.

» 양수민(2012). 가족자원봉사활동이 청소년의 가족건강성 및 학교적응에 미치는 효과. 동아대학교

대학원 박사학위논문.

» 양점도 외(2010). 대학생 자원봉사활동의 실증적 연구. 복지행정논총, 10.

» 엄명용 외(2011). 사회복지실천의 이해. 학지사.

» 여금숙(2001). 사회복지관 사회복지사 전문성에 영향을 미치는 요인에 관한 연구. 대구대학교 대학원 석사학위논문.

» 여성가족부(2019). 청소년 백서.

» 여성부(2004). 정부의 자원봉사 정책과 여성 자원봉사 발전방안 연구.

» 오윤선 외(2018). 청소년지도방법론. 양서원.

» 오효근(2006). 자원봉사의 이론과 실제. 지혜의샘.

» 유성호(1997). 자원봉사 프로그램의 관리와 리더십. 아시아미디어리서치.

» 유지민(2001). 지역공동체 형성을 위한 지역교환프로그램 운영개선에 관한 연구. 중앙대학교 대학원 석사학위논문.

» 윤혜미 외(2005). 아동복지론. 청록출판사.

» 이강현(1995). 자원봉사프로그램의 기획과 관리를 위한 일백한 가지의 아이디어. 한국자원봉사단체.

» 이강현(2002). 자원봉사의 의미와 가치. 도시와 빈곤, 57.

» 이경은(2001). 가족자원봉사 경험과 가족의 건강성에 관한 연구. 한국사회복지학, 52.

» 이근홍(2020). 노인복지론. 지식공동체.

» 이금룡(1999). 노인자원봉사활성화에 관한 연구. 밝은 노후를 만들어 가는 사람들의 모임.

» 이배근 외(1997). 국제협력 자원봉사. 자원봉사프로그램백과: 국제협력. 한국사회복지협의회.

» 이번송 외(1995). 서울시 자원봉사자 활용증진방안에 관한 연구. 서울시정개발연구원.

» 이병순(2004). 자원봉사를 위한 아름다운 시작. 성인기본 교육교재. 송파구자원봉사센터.

» 이병순(2005). 노년자원봉사활동의 지속성에 영향을 미치는 요인에 관한 연구. 경기대학교 대학원 박사학위논문.

» 이성록(1996). 제4의 물결 자원봉사활동. 학문사.

» 이성철(2003). 대학 해외봉사현황과 활성화 방안. 한국대학사회봉사협의회.

» 이소래(2001). 학교중도탈락에 영향을 미치는 요인에 대한 분석 연구. 한국학교사회복지학회지, 4(4).

» 이소희 외(2004). 사회복지개론. 현학사.

» 이수철(2002). 국내자원봉사분야의 최근동향 및 현황. 사회복지시설 · 기관실무자교육자료.

» 이숙희(2001). 기업자원봉사 지원제도 활용에 관한 연구: S기업 임직원을 중심으로. 계명대학교 여성학대학원 석사학위논문.

» 이순자 외(2017). 아동권리와 복지. 정민사.

» 이연숙 외(2008). 가족과 함께하는 자원봉사. 신정.

» 이자영(2004). 기업 자원봉사활동이 기업과 기업구성원에게 미치는 영향에 관한 연구. 중앙대학교 대학원 석사학위논문.

» 이재훈 외(2015). 기업의 가족자원봉사가 브랜드 애착과 브랜드 신뢰에 미치는 영향. 브랜드디자인학연구, 13(4).

» 이지원 외(2008). 가족자원봉사활동이 가족건강성에 미치는 영향에 관한 연구. International Journal of Human Ecology, 46(6).

» 이해숙 외(2008). 자원봉사와 생활. 성안당.

» 장덕희 외(2001). 가족자원봉사 프로그램 개발에 관한 연구. 한국가족복지학, 6(2).

» 전주시 자원봉사센터(2000). 전주시 자원봉사활동 지속유인에 관한 조사연구 보고서.

» 정규석 외(2017). 청소년복지의 이해. 학지사.

» 정병오(1997). 사회복지조직의 효과적인 자원봉사 관리방안에 관한 연구. 연세대학교 대학원 석사학위논문.

» 조남호(2005). 지방자치단체 자원봉사 프로그램의 주민참여 연구. 가톨릭대학교 대학교 석사학위논문.

» 조정래(2012). 서울 마을공동체 만들기 사업 추진방향 연구. 입법담당관 정책보고서 제3호.

» 조휘일(1990). 한국 사회복지 분야의 자원봉사 행동과 관련된 개인 및 조직 특성에 관한 연구. 숭실대학교 대학원 박사학위논문.

» 조휘일(1997). 자원봉사에 대한 이해. 한국사회복지협의회.

» 조휘일(1998). 현대사회와 자원봉사. 홍익재.

» 주성수 외(2017). 2017 자원봉사활동 실태조사 및 활성화 방안 연구. 행정안전부.

» 중앙노인보호전문기관(2019). 2018 노인학대현황보고서.

» 천희(2009). 자원봉사관리의 새로운 패러다임. 제2회 한국자원봉사관리자상 기념포럼집. 한국자원봉사관리협회.

» 최경덕 외(2008). 자원봉사론. 공동체.

» 최명민(2004). 정신장애인 자원봉사 프로그램의 임파워먼트 효과. 한국사회복지학, 56(3).

» 최성문(2004). 종합사회복지관의 자원봉사 관리에 영향을 미치는 요인 및 개선방향 연구관리자 요인을 중심으로. 서울여자대학교 대학원 석사학위논문.

» 최성재 외(2006). 사회복지행정론. 나남출판사.

» 최승호(2009). 지역마을공동체 만들기 운동의 발전 방안 모색충남 홍성군 홍동 풀무마을을 중심으로. 한독사회과학논총, 19(1).

» 최유미(2015). 자원봉사관리론. 공동체.

» 최유진(2000). 자원봉사 정책수립과 직무설계. 제4차 자원봉사관리자 아카데미.

» 최윤정 외(2019). 2018년 전국다문화가족실태조사 연구. 여성가족부.

» 최일섭 외(1993). 사회계획론. 나남출판사.

» 한국국제협력단(2020). 해외봉사단 현황.

» 한국노년학회(2000). 노년학의 이해. 대영문화사.

» 한국노인의전화(1996). 노인들을 위한 노인에 의한 자원봉사교육교재.

» 한국노인종합복지관협회(2009). 노인인식개선사업 사회복지사 전문교육교재. 한국노인종합복지관협회, 사회복지공동모금회.

» 한국대학사회봉사협의회(2007). 미국대학과 사회봉사.

» 한국보건사회연구원(2017). 2017년 장애인 실태조사 결과보고.

» 한국사회복지관협회(1997). 자원봉사 프로그램 백과.

» 한국사회복지협의회(1987). 자원봉사의 이론과 실제.

» 한국여성개발원(1990). 자원봉사활동의 기능과 역할. 현대사회의 자원활동.

» 한국여성복지연구회(2008). 가족복지론. 청목출판사.

» 한국유아교육학회 편(1996). 유아교육사전.

» 한국중앙자원봉사센터(2012). 자원봉사센터 업무매뉴얼 모집 · 배치.

» 한국청소년개발원(2005). 청소년 자원봉사 및 동아리활동론. 교육과학사.

» 한덕웅(1990). 사회심리학. 학지사.

» 한벗재단(2007). 자원봉사자 교육 책자.

» 한승희(1995). 청소년자원봉사활동의 의의와 방향. 한국청소년단체협의회.

» 한양대학교출판부(1995). 대학의 사회봉사. 한양대학교출판부.

» 행정안전부(2008). 2008 자원봉사 인정보상 시행실태 조사 및 모형개발 연구.

» 행정안전부(2017). 자원봉사활동 실태조사 및 활성화방안 연구.

» 행정안전부(2019). 자원봉사활성화를 위한 자원봉사센터 운영지침.

» 행정안전부(2020). 2020 자원봉사활동 실태조사 및 자원봉사활동 기본법 개정 연구.

» 현외성(2006). 자원봉사론 강해. 학지사.

» 홍봉선 외(2013). 청소년복지론. 공동체.

» 米山岳廣(2006). 볼런티어활동의 기초와 실제. 박문사.

» Wilson (2000). 기업사회공헌과 자원봉사. 전국경제인협회.

» 2018 평창 동계올림픽대회 및 동계패럴림픽대회 조직위원회 자원봉사부(2017). 자원봉사자 기본교육 교재.

» Daniel, T. C. (1995). *The volunteer management handbook*. Jonh Wiley & Sons, Inc.

» Dunn, P. C. (1995). Volunteer management. National Association of Social Workers. *Encyclopedia of social work* (19th ed.). Washington D.C.: NASW Press.

» Ellis, S. J. (1989). *Volunteer centeer: Gearing up for the 1990s*. Washington D.C. : United Way of America.

» Gilbert, N., Specht, H. & Terrell, P. (1993). *Dimensions of social welfare policy* (3rd ed.). Englewood Cliffs, NJ: Prentice-Hall.

» Gugerty, C. R., & Swezey, E. D. (1996). Developing campus community relationships. In B. Jacoby et al. (Eds.), *Service-learning in higher education*. San Francisco, CA: Jossey-Bass.

» Ilsley, P. J. & Niemi, J. A. (1981). *Recruiting and training volunteers*. NY: McGraw-Hill Book Company.

» Independent Sector Giving and Volunteering in the United States (1998). *Findings from a national survey* (1996 ed.). The Edmonton Journal.

» Jacoby, B. (Eds.) (1996). *Building service-learning in higher education: Concepts and practices*. San Francisco: Jossey-Bass.

» Kenton, N. (2001). *A model of volunteer progression: Supporting and sustaining volunteerism in a primary prevention project*. Wilfrid Laurier University.

» Kraft, R., & Kielsmeier, J. (1995). *Experiential learning in schools and higher education*. Dubuque: Kendall/Hunt Publishing Company.

» Lewis, J. A., & Lewis, M. D. (1989). *Community counseling*. California: Brooks/Cole Publishing Co.

» Macduff, N. L. (1987). Voluntateer retention a marketing approach.

» McCurley, S., & Lynch, R. (1996). *Volunteer management*. IL: Henitage Art Publishing.

» Moore. C., & Joseph, A. (1996). The effects of volunteering on the young volunteer. *Journal of Primary Prevention*.

» Murray, V., & Harrison, Y. (2002). *Virtual volunteering: Current status and future prospects*. Canadian Centre for Philantrophy.

» Points of Light Foundation (2003). Family volunteering. https://www.pointsoflight.org

» Runeric, R. (1999). *Dimensions of benefits from volunteering: Development and testing of one model*. The University Akron.

» Salamon, L. (1995). *Partners in public service*. Baltimore: Johns Hopkins University Press.

» Salamon, L. M., & Anheier, H. K. (1996). *The emerging nonprofit sector: A comparative analysis*. Manchester: Manchester UK.

» Smith, D. H., Reddy, R. D., & Baldwin, B. R. (1972). Types of voluntary action: A definitional essay. *Voluntary action research Lexington*. MA: D. C. Heath.

» Stenzel, A. N., & Feeney, H. M. (1976). *Volunteer training and development : A manual*. Seabury Press.

» Wilson, M. (1976). *Effective management of volunteer program*. Boulder, Colorado: Volunteer Management Associates.

» 강북장애인종합복지관. http://www.gangbukrc.or.kr

» 경기도자원봉사센터. http://ggvc.or.kr

» 국제워크캠프기구. http://www.workcamp.org

» 뉴시스 http://newsis.com

» 대구광역시자원봉사센터. http://dgvolunteer.co.kr

» 보건복지부. http://www.mohw.go.kr
» 삼성사회봉사단. http://www.samsunglove.co.kr
» 서울아동복지센터. http://www.child.seoul.go.kr
» 중앙아동보호전문기관. http://korea1391.org
» 통계청. http://kostat.go.kr
» 한국국제협력단. http://www.koica.go.kr
» 한국대학사회봉사협의회. http://kucss.kcue.or.kr
» 한국자원봉사협의회. http://www.vkorea.or.kr
» 한국청소년진흥센터. http://www.kysc.or.kr
» AmeriCorps. http://www.nationalservice.gov
» i뉴스쟁이. http://www.inewsj.com
» Peace Corps. http://www.peacecorps.gov
» UNV. http://unv.org
» 1365자원봉사포털. http://www.1365.go.kr